The Woman Who Changed Her Brain

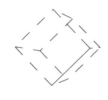

改變自己大腦的女人

從多重學習障礙到創辦學校的國際教育家

Barbara Arrowsmith-Young
芭芭拉·亞羅史密斯—楊

蕭秀姍、黎敏中——譯

各界好評

令人驚豔之作。

——《每日郵報》

扣人心弦。

——英國《衛報》

這本書像緊抓住我的衣領那般，深深震撼了我。

——《Actionable Books》

一段激勵人心且發人深省的人生故事。

——《科克斯書評》

作者的經歷是場絕望與毅力之間的拔河。而毅力最終勝出。

——CNN資深製作人 麥克．舒勒（Michael Schulder）

作者以個人特有且令人驚歎的簡單方式，解說了某些極為複雜的神經學概念。

——《環球郵報》

這是本在神經學與人類決心上，十分引人入勝的研究著作。

——暢銷書暨開卷年度好書《背離親緣》（*Far From the Tree*）作者
安德魯．所羅門（Andrew Solomon）

這本辛酸慘痛卻又振奮人心的著作，描述了作者從天生即有重度學習障礙的孩童蛻變成為認知教育領域的強大先驅。對於任何一位在學習障礙、腦傷、自閉症或中風之中痛苦掙扎的人士而言，作者的改變為他們帶來了希望……這是本重要著作。

——《記憶之宮》（*The Memory Palace*）作者 米拉．巴爾托克（Mira Bartók）

我們在書中見識到一位加拿大女性的行動力、見解與所激發出的能力！

——《智慧之矛盾》（*The Wisdom Paradox*）作者 高德伯博士（Elkhonon Goldberg, Ph.D.）

若你有兒子、女兒、病人、伴侶，或至少有顆腦袋的話，這就是本非讀不可的書。本書能開闊你的心智，讓你見識到如何處理大腦塞車的可能新方法。

——SharpBrains.com執行長暨共同創辦人 艾華路．費南迪茲（Alvaro Fernandez）

CONTENT

CONTENT

〈推薦序〉

找到天賦，刻意練習，就能改變大腦

——2016 TED x Taipei講者 余懷瑾

《改變自己大腦的女人》這書名很吸引我，我的雙胞胎孩子七個月早產，因缺氧造成腦傷，一直是我心裡很大的痛。當我翻開書看到「大腦特定部位受損」「不只大腦塑造我們，我們也在塑造我們的大腦」這樣熟悉的字眼於我心有戚戚焉。

生下平平安安一週後，醫生說：「平平狀況還好，應該會持續好轉。妹妹安安，最糟的狀況是全身癱瘓。」想像得到的畫面就是一個孩子終其一身躺在床上，我很難用再多的字眼形容那樣的無助，我跟先生坐在加護病房外，什麼也沒說，看著保溫箱裡全身插滿管子的孩子，眼淚便會滲出眼眶。我問醫生：「她有可能會說話嗎？」「會影響認知能力嗎？」醫生很認真地看著我們，「如果認真復健的話，是有可能的。」

「有可能」三個字是我這十幾年努力的目標。我有意識的選擇忽略「全身癱瘓」帶給我的莫大壓力，當別人的孩子都在爬行時，安安還在學習怎麼擺脫鼻胃管，自己喝奶；當別人的孩子已經放手走路，復健就像三餐一樣陪伴著安安，我總認為她會好起來，所謂的好起來，指的是能夠不需要長時間坐著輪椅就足夠了。除了安安肢體的復健，認知上的學習也讓我們吃足了苦頭，我甚至懷疑她「腦中一片空白」，對我們的回應緩慢而呆滯，長期帶給我許多焦躁與不安，一直到她三歲那年突然開口叫爸爸媽媽，那一瞬間全家的歡呼伴隨著這幾年壓力釋放後的淚水，我看到了曙光，相信努力不會白費。

我更勤奮的帶安安四處上課，回到家除了睡覺時間之外，就是不停的學習，怕她枯燥，怕她反感，又是積木，又是黏土，又是紙卡，還有故事書，只要老師建議的，我們家裡都有，進步非常的微小，小到稍不留神就會被忽略。記得小學一年級，作業寫「A」，安安從一開始只能畫一直線，兩小時之後還是直線，兩條直線無法交集就寫不出來「A」，我急得慌，不知道該怎麼辦？不再和顏悅色的鼓勵她，破口大罵，聲嘶力竭，四個小時下來，安安仍舊畫直線，書桌上滿滿的練習紙，全部都是直線，我坐在沙發上放聲大哭。那一次之後，我知道再這樣下去我會崩潰，我盡可能的找時間讓安安練習，找到她的優勢就鼓勵她，發現她有一丁點的進步就反覆加強，到了小學五年級，安安除了可以讀出所寫的字母，也會講些單字。現在看到這本書，對我而言如獲至寶，芭芭拉用她自身的經驗告訴我們大腦是會改變的，這幾年我從安安身上也看到了這樣的轉變。

芭芭拉有著多種嚴重的學習障礙，她花了三十年的時間研究，解開了因腦傷所帶來的學習障礙與挫折，那些被賦予「反應遲鈍」和「難以教育」的標籤都是有解的，透過找到天賦，透過不斷的刻意練習，可以訓練大腦強化那些薄弱的部分。她更在一九八〇年成立了亞羅史密斯學校讓更多需要的人有著顯著的進步。

這是一本激勵弱勢者學習的書，它讓腦傷不至成為停止學習的藉口，就像芭芭拉一樣「一頭栽進練習中，就像不眠不休的引擎」，就能夠改變大腦的學習。

〈推薦序〉

不努力、不聰明之外的可能性

——輔仁大學心理學系副教授 黃揚名

在台灣，師長們很容易用不努力、不聰明，來責難表現不如預期的孩童。但我們似乎都忽略了個體的獨特性，若只是一昧地期盼他們用同樣的方式學習，一起競爭同樣的目標（例如都要念建中、北一女），只會造成更多有問題的孩童。

然而，其實每個孩童都是不同的，有些孩童因為腦發展的缺陷，造成他們即使智商在正常範圍，但卻有一些特殊的障礙。這些缺陷造成的影響可大可小，若能在初期，就能夠找出障礙的源頭，並且對症下藥，對於孩童是相當有幫助的。

所以，我鼓勵讀者們在閱讀的同時，可以想想自己周遭的親朋好友，是否有類似的現象。如果答案是肯定的，可以建議他們參照書中介紹的方式*，嘗試做一些介入，或許就能夠對他們的生活有顯著的改善！

*很可惜，作者創辦的亞羅史密斯學校，在台灣沒有分校，所以無法提供認知缺陷的

診斷及相關訓練課程，但大家還是可以上他們的網站查詢相關資料（http://www.arrowsmith.org）。但針對兒童發展的問題，各大醫院都有門診及一些相關的介入，家長們可以另外做諮詢。

〈推薦序〉如果是缺陷

——諾瓦中小學暨幼兒園創辦人、董事長　蘇偉馨

翻開這本書，我同時回想著自己兒時的樣貌。我無法判斷時鐘上長針和短針所代表的意義、無法明白為什麼3×5=5×3。我無法完成每天的作業，課本和作業對我來說，是找不到任何關聯線索的一片空白，我索性將所有的作業簿都丟進糞坑裡，即便因此得到每天的責罰，我還是持續地將母親新買的作業簿丟進糞坑。

回想起來，我竟然不知道「消滅作業和被責罰」之間的因果，所有事件對我都是單一存在的。本書作者芭芭拉敘述自己兒時的學習障礙現象，我幾乎每一項都與她相同，唯一不同的是，我出生時是健康寶寶，沒有任何大腦的損傷或缺陷。

當接到為這本書寫推薦序時，我毫不遲疑地答應了，重新翻開書本時，才陷入了提筆的困境。原來當時閱讀這本書的時候，許多描述學習困難的絕望和痛苦字句我無法認同，因此中斷了繼續閱讀。我不認為兒時的學習困難，會產生這諸多的沮喪和悲慘，即便我度過了每天被責罰的求學階段。而再一次的閱讀此書，讓我能更深入思考關於學習環境的要求標準和

父母期望等相關議題，也在此書中再次印證，大腦神經元可塑性的發展和訓練，對於腦傷造成的學習困難，確有其效。

看見作者因學習困難而產生許多巨大的悲慘和痛苦，我慶幸著自己情緒層面的發展遲緩，無論是同儕的嘲弄、老師的責罰抑或是父母的擔憂，對我都未曾造成心靈上的傷害，也從未因此而產生任何負面的念頭，同學的第一名和我的最後一名並無關聯性，看不懂的書本，也與我無關。認真地探究當時的我，就好像是場景之外的人，存在自己的世界裡，那個「沒有關聯性」保有了我完好的心靈。

以我在教育職場的經驗裡，孩子的學習障礙有許多不同的表現。先天的缺損、疾病、個別差異和家庭環境、教養方式等，都足以造成孩子學習困難的表象，本書所提的案例，是以大腦損傷的學習困難為出發點論述，這是必須特別提醒讀者的地方，如果忽略此項基準，以書中附註的十九項缺陷來評估自己或孩子，可能都能得到「嚴重缺陷」的結果。

關於神經可塑性的治療法，是綜合俄國神經心理學家亞歷山大．盧利亞的診斷概念以及美國柏克萊大學心理學家馬克．羅森茲維格實驗證實而形成的。亞羅史密斯課程，針對腦傷學生列出了十九項缺陷，以評估腦部損傷的區域，進行一系列的刺激，至於課程究竟如何訓練和刺激，本書並無特別的詳述，若讀者有興趣，可以至學校網頁搜尋。亞羅史密斯學校的存在，對於腦傷患者，在生活中出現學習困境所提出的治療方式，幫助了許多深陷其中、動彈不得的患者。

人類世界制定了一套標準，再以其標準來評估優劣。在標準線的過與不及中，人心產生了許多面向的正負情緒。此書作者將離標準線的痛苦和創傷多以「巨大」、「沉重」等字詞表述，用意或許在凸顯課程治療進步後的顯著成就，用字遣詞鮮明對比的內文，也提醒了我們在面對學習困難的離線者，應給予更多的理解與寬容。

人生而不同，個別差異和表現，其中形成原因錯綜複雜，無論是先天基因或是周遭環境、人、事、物都有關聯，本書的案例都是參考數據，能提供讀者更多判讀和思考的方向，相信讀者能在書中發現，作者透過自身努力不懈的成就，已經是我們學習的榜樣了。

〈推薦序〉

克服學習障礙的曙光

——暢銷書《改變是大腦的天性》作者 諾曼・多吉（Norman Doidge）醫師

臨床醫師們受教於「大腦就像是由零件所組成的一部機器」這個觀念已有四百年之久。當身處現代的我們以一部電腦來比喻大腦，又被告知大腦為「固定不變」時，前述觀念仍以電腦版本與我們同在，彷彿大腦迴路在人類童年時代就已定型。二十世紀的後半段，多數的臨床醫師都在這樣的觀念下接受訓練。時至今日，仍有少數醫師依然接受著這樣的教育。

認定大腦猶如機器般固定不變的理論，對於罹患學習障礙的幼童與成人造成了嚴重影響。只因為機器就是機器，沒有自我重組的能力。人們最多只能教導這些病童，試著運用代償方式來解決自身的問題。

幾項約於三十年前所進行的神經科學實驗，就已經推翻「大腦固定不變」的理論。然而，這些實驗的結果卻常被忽略；就算有時受到注意，那些堅守舊時理論的學者也認定這些實驗的方法不夠嚴謹、或者這些結果只適用於動物，就算能套用於人類身上，也只適用於人類大腦中的一小部分。這些實驗結果證實了大腦具有神經可塑性，也就是說大腦是可以改變的，只要透過心智體驗與腦力訓練，就能夠改變大腦自身的結構。

經過二十多年，神經科學界的主流才開始相信，這些實驗的結果不但正確並且完全適用於人類；不單單只適用於部分人類大腦，而是可以全面應用到所有大腦部位。時至今日，這些實驗可以說是經過千錘百鍊的實驗證明了。全球各地的研究與臨床試驗已經證實，神經可塑性可以運用於治療腦傷、中風、強迫症（obsessive-compulsive disorder）、學習障礙、疼痛、各種思覺失調症（schizophrenia）與其他身心症。「神經可塑性」突然間成為炙手可熱的名詞，而這也被許多行銷人士所利用，以新瓶裝舊酒地的方式將各種簡單的動腦遊戲，重新包裝為「可促進神經可塑性的動腦遊戲」。

然而，就跟許多其他事情一樣，處理大腦運作問題的困難之處也在於細節。諸如大腦改變的步調、如何給與「適量」的腦力訓練，以及該鎖定哪一個大腦功能區域為目標等等細節，都必須深入去了解才能達到功效。其中，「該鎖定哪個大腦功能區域」更是極重要的一環，因為一個簡單的障礙，可能源自於數個不同大腦區域的缺陷；以閱讀障礙為例，只要其中一個大腦區域有問題，就會出現閱讀障礙的症狀。所以，處理大腦運作問題時，需要的不只是一項全方位的腦力訓練（這樣的訓練其實也不存在），更需要的是一份以腦部功能為依據的個人障礙評量。然而要發展出適當的評量與腦力訓練，必須歷時數年的研究與改良。所以在了解到神經可塑性將對教育帶來強烈的衝擊之後，全球實驗室中的神經學家開始傾力投入相關的研究當中。

三十年前，在第一批神經可塑性實驗結果剛出爐之後，有位女士就開始將神經可塑性的原理應用在自己身上，然後再推廣至學生身上。三分之一個世紀前，當芭芭拉．亞羅史密斯－楊與實驗室團隊開始將神經可塑性的原理應用在學習障礙時，這間位於多倫多只有一個教室大小的實驗學校，就掌握了神經可塑性的未來。我曾在自己的著作《改變是大腦的天性》（*The Brain That Changes Itself*）的「為自己建構一個更好的大腦」章節中提到芭芭拉的故事，這段能與海倫．凱勒（Helen Keller）媲美的英雄事蹟，在本書中亦有生動的描寫。

芭芭拉一出生就患有數種極為嚴重的學習障礙，包括無法了解邏輯以及因果關係，也無法即時了解正在進行的事情。當她得知已有動物實驗證明認知訓練能引發神經可塑性時，她就開始發展屬於自己的腦力訓練。這真是個驚人的創舉，其原因有二。首先，儘管芭芭拉患有學習障礙，但她卻能堅持不懈地多次閱讀具有難度的文章，直到自己可以除去腦中的茫然感並了解文章的內容為止。其次則是她還能運用自己所學，創造出能夠一勞永逸解決其大腦問題的有效腦力訓練。在科學界，通常需要思考卓越的智者以嚴重腦傷患者為研究對象，才能創造出劃時代的腦傷治療法，但芭芭拉卻可以一人兼飾兩角。因為自身患有多重的障礙問題，所以芭芭拉持續創造出數種腦力訓練來解決其他的學習障礙。最終芭芭拉也發現，她已有能力設立一所學校來治療許多罹患重大學習障礙的患者。

自一九八〇年成立以來，芭芭拉的學校花費了超過三十年的時間，不斷在腦力訓練上精益求精，也建立了一套專門針對學習障礙的大腦診斷方式。這間學校不採用代償方式解決大腦問題（這是目前多數學校仍採行的標準教學方式），而是直接針對問題，以腦力訓練來強健學生腦中功能不彰的部位。就我所知，他們也是目前唯一完全採用這種方式的學校，而且也比其他同類型的學校，治療過更多的學習障礙患者。而以我心目中的未來神經可塑性教育來說，我認為芭芭拉以多重腦力訓練為核心的建校理念適用於今日的多數情況，是最能讓學生儘速回歸常軌的典範作法。

不過，並非每個試過芭芭拉腦力訓練的人都能收到成效；她從來就沒有這樣保證過，也謹慎地阻止那些過度推崇因而作出此項結論的人。無論在任何時代，沒有一項治療能保證對每個人都具有效用。我認為有部分是因為，具有神經可塑性的人類大腦其發展因人而異，每個人的基因與經驗都是造成差異的原因。大腦中總是有些健康的組織能讓神經可塑性有效運作。雖然在一些腦傷孩童的大腦中，健康的組織非常有限，但這畢竟只是少數。就一所學習障礙者的理想學校而言，我會在這些小孩身上加強神經可塑性的發展。芭芭拉的腦力訓練對於處理大腦皮質問題非常有用（不過專門針對下皮質問題的研究也已有了新成果），更在神經回饋與語音介入的增進上扮演重要角色。

我投入亞羅史密斯學校可不是只有數天的時間，而是每週多日不間斷地持續了數年。在這段期間，我不但觀察到前述成果，也認識了多位案例中的學生。看著他們參與學校的課程多年，也見證了他們的成長與進步。我觀察到他們在學業成績上的改變，看過學校統計出的分組數據，對學生進行大腦評估，還親自嘗試這些腦力訓練再指點他人，因此可以證實絕大多數的學生的確都有顯著的進步。讓人印象深刻的是，大多數的學生過去都曾嘗試以「代償」療法來解決自身的問題，但都沒有成功。我並不反對代償療法，因為對於大腦中只有一兩個部位出現問題的患者，這種療法通常具有功效。然而多數患有學習障礙的幼童卻如同本書所述，即使只出現閱讀障礙單一症狀，但其大腦中卻有多處功能受損的區域，有時這些孩子的大腦根本沒有足夠的其他大腦區域來代償他們的問題。對這些孩子而言，他們必須藉由腦力訓練建立出新的大腦運作區域。此外，代償療法還有一個我們容易忽略的問題，那就是當我們訓練周邊區域來代償問題大腦區域的功能時，會導至問題區域本身的功能更加不彰。

跟芭芭拉一樣，我一直以來也都使用「學習障礙」（learning disability/learning disorder）這樣的詞彙。我注意到某些地區基於善意正在推動正名運動，試圖不再使用這樣的詞彙。他們認為這是種帶有污蔑涵義的詞彙，不具正向意義。同時還認為，以「個別差異」或一些婉轉的類似名詞來稱呼這些孩子，是種保護孩子們的方法。但我認為本書中各個案例的故事告訴我們，這些孩子的苦痛大多不在於他們所被貼上的標籤，而在於他們所經歷的巨大困難，但許多醫師與教育工作者對這些難處仍知之甚少（的確，真的要說的話，學習障礙目前依然容易受到忽略，不但未受到充分重視，也常被誤診為注意力缺乏症〔ADD〕）。

是的，身為成人精神科醫師暨心理學家，我看到那些年幼時未被診斷出學習障礙的人士，因而出現失去夢想、厭惡自我、憂鬱與藥物濫用等重大問題時，才第一次了解那景況多麼令人絕望。學習障礙與其後所衍生的心理問題、藥物濫用、工作問題與婚姻失敗等等，在統計數據上所呈現出的相關性皆相當驚人。因此，真正能夠保護這些孩子的方法不是婉轉的稱呼，而是提供他們適當的協助。

的確，芭芭拉在學習障礙上的許多發現，是綜合俄國偉大神經心理學家亞歷山大・盧力亞的診斷概念而成，這位偉大的心理學家專精外力造成的腦部外傷與腦內損傷。事實上，多數重度學習障礙造成的影響，有時與中風及其他腦部損傷所造成的問題無異（而且本書中的一些案例中，病童原本就是腦傷患者）。我猜想，要將這些障礙更名為「學習能力的個別『差異』」其實是出於絕望所致，因為許多病童的父母認為除了協助「正名」孩子的不同以外，他們根本幫不上什麼忙。是的，每個人在學習上都有個別差異。不過，所謂的「學習能力上的個別差異」，與在學習上總是遇到困難、無論多麼努力仍遠遠落後同儕，是完全不同的兩回事。經由本書中所提到的動腦療程，我們可以把焦點放在正確的地方，給與這些孩子更好的治療方法。今天雖然已經有了可以幫忙多數這類病童的神經可塑性治療法，但了解這些方法的人卻十分有限，這樣的情況真是令我心痛。不過感謝老天，亞羅史密斯學校就位於我居住的城市，在適當的情況下，我可以轉介認識的病童到這間學校就讀。不過一想到全球各地多數坐在教室中的病童們，因為許多教育工作者依然受到「大腦固定不變」教條的影響，讓他們每天產生「自己是笨蛋、自己很沒用是個失敗者」的想法，我還是一樣的心痛。希望我們無需等到世代交替之時才能導正此一觀念。

因此，本書的重要性對於教育工作者而言，不亞於其對學習障礙者（包括幼童與成人）

與其家人的重要性。閱讀本書後再輔以霍華德・伊頓（Howard Eaton）同樣根據亞羅史密斯教學法所著的《大腦學校》（*Brain School*），就能對此教學法有較完整的認識，並更加明瞭什麼症狀能夠得到有效的協助。如果學校高層願意讓自己旗下的特教老師接受這些訓練，便可以成為全球各地的學校效法的典範。只要學校可以從小學低年級開始納入書中所提到的大腦評量，去找出哪些孩子適合接受這些訓練，不知道可以減少多少孩子的苦難。

當我首次見到芭芭拉這位遭受苦難卻大膽聰穎且深具同理心的先驅時，心中的興奮之情真是難以言喻。芭芭拉的教學手法揭開了人類本能的全新面貌，當我明瞭每個人都能運用芭芭拉從盧力亞偉大發現中轉化而成的方式，對自己進行一種能增進自我了解的全方位大腦認知評估時，我有了恍然大悟的感覺。藉由芭芭拉的方法，即使是正常人也能開始了解學習障礙者常發生的「大腦塞車」情況，雖然這在學習障礙者身上經常發生，但理解此種情況的人直到現在才多了些。多數閱讀本書的讀者都會從書中獨特的案例中獲得新的想法，來思考人們面對世界時所遭遇到的困難。而本書也讓人們得以用全新的角度，來了解自身或他人的大腦缺陷以及其所引發的更深層問題。

最後我要說的是，這是一本獨一無二且充滿個人經驗的書籍。現在的芭芭拉已經能以淒美且令人難忘的方式，描述出有重度學習障礙的經驗，當然還有脫離這份重擔的感受。

致謝

除了我之外，還有兩位朋友參與了此書的撰寫，沒有他們的協助，這本書也不會問世。我由衷感謝安妮特·古德曼（Annette Goodman）與勞倫斯·斯坎倫（Lawrence Scanlan），謝謝你們在整個過程中傾力運用自己的獨特天賦。安妮特，感謝妳與我共同撰寫本書，對於妳那與生俱來的文采，還有讓這本書超乎我所期待的創意，我十分感激；謝謝妳在一開始就抓出章節的概念，找出每個故事中的關鍵元素以支持其中正在形成的概念；也感謝妳透過討論與寫作，找出讓這些構想易被理解與接受的方法；謝謝妳對於這些構想有著源源不絕的完美想法；也謝謝妳以優美的文筆寫下自身學習障礙的經驗感受，豐富了書中描繪認知功能的部分；妳總是有份使命感，想要減緩人們的痛苦並給與孩子們尋求自身出路的工具，好讓他們能在沒有學習障礙負擔的情況下面對世界，對於這份使命感我亦十分感激。

另外還要感謝的是記錄下本書所有歷程的勞倫斯，他記錄了我們與所有故事分享者的會談，傾聽與了解他們所說的每字每句。勞倫斯，謝謝你找出每篇故事中的絕美之處並轉化成文字，你熟練的作家筆觸與天賦，將文句運用得恰到好處，讓內容讀起來栩栩如生；也感謝你躍然紙上的寫作功力，讓人能親身體驗到學習障礙者的感受。謝謝你清楚地解釋科學概念，讓這些概念淺顯易懂；謝謝你讓我知道有時多一句不如少一句，簡單最美；也謝謝你在整個過程中總是以幽默感與耐心面對一切。最後要說的是，你竟然可以將這樣大量的思緒構想，用筆化成觸動人心的文字，生動地表現在書頁之中，我真的由衷感謝。

獻給亞歷山大·羅曼諾維奇·盧力亞
（Aleksandr Romanovich Luria, 1902-1977）

里爾克（Rilke）詩篇改編版

（原為《時辰祈禱》〔*The Book of Hours*〕第一冊第一首詩的第一小節）

某個白日變成實體；
在我面前現身——天空、氣流、光線；
一種存在。在它開始沉落之前
自正午高點，它傾身向前
彷彿以劍身敲擊我肩膀
授予我榮耀與任務。這一日鐘聲
噹噹響起——或那覺醒的鐘聲根本就是我自己，
我聽見的是全部自我
訴說著也吟唱著它唯一所知：我做得到。

——丹妮絲・萊維托芙（Denise Levertov）

前言

一九四三年三月二日，俄國西部維亞濟馬市

這樣一個陽光普照、溫暖潮溼的日子，軍鞋已溼透的士兵們卻個個冷得打顫。年僅二十三歲的中尉萊歐瓦・札茲斯基（Lyova Zazetsky）率領著一排火槍步兵準備應戰。入侵的德國士兵就埋伏在河面凍結的沃亞河陡峭岩岸高處，札茲斯基所屬部隊的任務就是擊退他們。

札茲斯基中尉望向部隊即將進攻的西方，向同袍們信心喊話，鼓勵這些整整等候兩天、早已沒有耐性的士兵們。經過長久的等待，進攻的指令終於下達，此時札茲斯基所能聽見的，就只有裝甲車移動發出的刺耳聲響。在敵軍的炮火中，札茲斯基蹲低身子，快步穿過結凍的河面。當他聽到機關槍子彈從頭上呼嘯而過的聲響時，本能地就在槍林彈雨中撲倒，然後再起身向前挺進。不過接著他就不醒人事了。

札茲斯基接下來只記得：「在燈火通明的帳篷中……我所記得的就是醫護人員扶我躺下……我喘著氣大叫……溫熱黏稠的鮮血流過我的耳朵與脖子……我的嘴嚐到了一股鹹味。

1」一顆子彈穿過札茲斯基的鋼盔及頭骨，在左腦頂葉與枕葉處形成大片損傷，造成他長時間昏迷與思考能力嚴重受損。因為此區受損，理解事物間之關係的能力也隨之喪失。即使耐心地對札茲斯基解釋數個小時，他就是無法理解大象比蒼蠅來得大的這種概念。（雖然知道大象身軀大，蒼蠅體形小，但無法抓到二者之間的對比關係；他對「較大」與「較小」這樣的字眼感到困惑無比。）

後來醫護人員給札茲斯基觀看毛色不同的貓的照片，並要求他比較大小。這個要求也超出他的能力範圍了。

札茲斯基寫道：「自從我受傷後，我只能一個詞與一個詞地相比較——也就是一次只能比較一個概念。然而世上充滿著諸多不同的事物，實在讓我深感困惑。[2]」由於無法了解事物間之關係，他眼中的世界變得支離破碎。即便是像時鐘分針與時針間之關係這樣簡單的概念，他也無法了解。札茲斯基再也無法理解邏輯、因果關係、文法與電影對白。對他而言，電影中的對白來得太快。他寫道：「在我有機會理解演員的對白是什麼意思之前，下一幕就開始了。[3]」

天資聰穎、曾在理工學院研習三年的札茲斯基，竟然要花上數個月的時間才能了解基本幾何圖形，而且這份得來不易的知識在幾個小時後就消失無蹤了。

札茲斯基腦中負責接受與處理資訊以了解世界萬物的部位，已受到子彈損害。他的視覺沒有問題，但大腦無法將這些感官知覺或想法做聯結，導致他生活在支離破碎的世界中。如同札茲斯基在日記中所寫：「我常陷於一片茫然之中……腦中總是不斷閃過一些片斷畫面與模糊不清的影像……我就是無法了解這些究竟是什麼。[4]」

儘管如此，札茲斯基仍寫下一份頁數高達三千頁的日記，將這二十五年來的痛苦歲月記錄在一本本油布封面的記事本中。在某些日子裡，他甚至只能寫出一兩句話：「我的記憶一片空白，想不出任何一個字……任何我所記得的事情都是零零碎碎、一片散亂。[5]」

札茲斯基大腦受影響的部位十分廣大，不只局限於受傷部位。舉例來說，他腦中原有的資訊受到嚴重破壞。他記不得母親及姊姊的名字，也忘了自家的住址。札茲斯基跟不上廣播中的談話，在家鄉的街道散步時也會迷路。他學過的六年德文與三年英文，以及高等化學課程，皆化為烏有。

札茲斯基手握針線時，隱約知道針線的功用，卻記不起針線以及其他許多東西的名稱。當他急著要使用便盆，他也說不出那是什麼東西。出現在札茲斯基腦海中的竟是「鴨子」與「小鳥」等字眼，但他也無法分辨哪個是哪個。

鼻子堅挺、眉毛粗濃的札茲斯基有張英俊而開朗的臉龐，乍看之下外表毫無問題，但這一切都是假象。他看不見也無法想像出自己右側身體的模樣。雖然經過六個月的密集訓練課程，讓他重拾了書寫的能力，但過程曲折緩慢，而且他對自己寫下的文章，不但記不得也無法閱讀。此外，就算他可以說話，也得歷經千辛萬苦才說得出來。

札茲斯基完全了解自己在神經功能上的缺陷，然而除了以扣人心弦的痛苦筆觸寫下自身的遭遇外，他對整個狀況卻無能為力；也許這才是最糟糕的一件事吧。

札茲斯基寫著：「我得到的這個怪病[6]，讓我沒頭沒腦地過生活。[6]」

一九四三年五月底，莫斯科

亞歷山大．羅曼諾維奇．盧力亞這一位甫從醫學院畢業的四十一歲心理學家暨醫師，接手了札茲斯基的醫療照顧。盧力亞在俄國國軍醫院領導一個研究團隊，專門研究可以協助腦傷士兵代償其神經功能的方法。能遇上這位新醫師，也算札茲斯基好運了。這份好運來自兩方面。首先，盧力亞的專長與畢生興趣都在失語症上，失語症的症狀就是中風或腦傷有時會伴隨產生的言語困難、閱讀困難與書寫困難。第二，盧力亞不只有專業才幹，還帶著少見的同情心。札茲斯基離開醫院許久之後，他們依然關係密切。在他們長達三十年的往來當中，幾乎每個星期都會見面或聊天。一張兩人的黑白照片顯示出他們毫不做作的情誼，照片中兩人相視而笑，盧力亞感人地握住札茲斯基的左手。

札茲斯基曾以匿名的方式，將其手稿公布在盧力亞一九七二年出版的著作《一個世界支離破碎的人：大腦損傷患者的歷程》（*The Man with a Shattered World: The History of a Brain Wound*）中。札茲斯基把自己手稿的標題定為《我要持續奮戰》，顯現出這位腦傷患者想將自己零碎的記憶整合為一體的強烈決心。札茲斯基的手稿代表著他對人生意義的渴求，希望自身的探索除了可以幫助自己，還可以協助他人——無論是研究大腦的科學家，或是狀況與他一樣的患者。

人與人之間總是相輔相成。若是札茲斯基沒有遇到盧力亞，受到盧力亞的鼓勵（盧力亞稱札茲斯基的手稿為「鉅著」），他幾乎不可能寫出這樣驚人的日記。

盧力亞畢生著迷於大腦研究（今日他被視為神經學的先驅與神經心理學之父），而札茲斯基讓他的知識更上一層樓。盧力亞寫道：「教科書中關於這方面的明確知識少之又少，書中只有模糊不清的假設以及單憑想像做出的猜測，這讓大腦分布圖的可信度與出自中世紀地理學家之手的世界地圖相差無幾。[7]」

盧力亞寫道：「他（札茲斯基）的描述極為清楚詳細。[8]如果我們一步一步地跟隨著他的腳步，也許就可以揭開人類大腦的一些謎團。」盧力亞透過札茲斯基了解了特定大腦區域的分布與功能，在開發大腦知識上有極大的貢獻。如果我在一九七七年（也就是盧力亞逝世那年）沒有碰巧看到《一個世界支離破碎的人》此書，那麼你們現在也看不到我寫的這本書了。我在書中分享了盧力亞求知的慾望，以及札茲斯基的思考缺陷與他的決心。札茲斯基的決心驅策他自己傾力寫下日記，因為他極力想要了解這個突如其來、讓他的世界失去意義的災難性「怪病」是什麼。而我的決心則是驅策自己為這個與生俱來的同一種神經缺陷尋求解決方法。

我後來才知道，我與札茲斯基這種共同的決心，實際上都是大腦額葉的作用，大腦額葉是掌管我們訂定計畫與尋找解答的大腦部位。擁有一份為達成目標而努力的動力決心，就是大腦額葉運作良好的證明。

一九五七年，加拿大安大略省彼得堡

六歲的我聽到了老師與母親的對談，讓我心中充滿了無聲的恐懼。那時我跟著母親參加一場家長與老師的課後座談會，老師對我學習緩慢的情況有些擔憂，所以在會中針對此項問題進行討論。

老師向我母親解釋：「芭芭拉的心智上像是有阻礙物。」雖然我還是個孩子，但我了解這的確是事實。很明顯地，有塊木頭阻塞了我的大腦，而這塊木頭應該要被拿掉。

老師的說法幾乎無誤。有「阻礙物」的說法雖然不盡正確，但「阻礙」一詞卻十分接近實際情況。在我人生的前二十六年歲月中（目前正在下筆的我五十九歲），我處在與札茲斯基毫無二致的茫然雲霧裡。

同樣地，我對時鐘長針與短針的關係也是毫無概念。除此之外，即使是以直式加法來計算幾個兩位數數字的簡單題目，我可能也只會隨機將左側的十位數或是右側的個位數加起來。基本的數學邏輯、判定時間的概念，以及了解所見所聞之事的能力，我一項都沒有。在遊樂場中，我跟不上其他孩子的對話，也無法了解簡單的遊戲規則。

根據考試題目內容的不同，我的測驗成績可以落在二十九到九十二分。我之所以能順利度過小學、中學及大學，甚至完成研究所學業的關鍵，是因為自己還有一些特殊的能力。我擁有正確度高達百分之九十九的聽覺與視覺記憶能力（我還是青少年時，會在晚間六點與十一點觀看電視新聞，然後如同鸚鵡一般複述新聞內容，猶如新聞稿就在我面前一樣）。我還擁有積極解決當前問題的超主動精神，這股精神轉化成一種追求成功的敬業精神與強大決心。

老師們對我的評語差異極大。從「具有天賦」、「學習緩慢」到「學習困難」等等不勝枚舉。我的大腦某些部位能像一流樂器般作用無誤，但其他部位卻無法讓人信賴。當時還沒有任何名詞能描述我的這種情況。「學習障礙」一詞也是到了一九六二年才由一位名為塞繆爾·柯克（Samuel Kirk）的芝加哥心理學家提出[9]，而且直到一九七〇年代末期這個名詞才較為通用。五十年前我還是孩子的時候，學生們就只能被區分為聰穎、遲緩，或是介於兩者之間的類別而已。

一九五〇年代的教育系統顯然決定了我幼年的遭遇。在當時的低年級教育中，閱讀速度相近的學生會被分在同一組。而我所在的組別不是最快速的「松鼠組」，也不是速度一般的「兔子組」，而是最慢的「烏龜組」，一個被其他孩子嘲笑揶揄的組別。令人沮喪的是，我的閱讀問題出在顛倒了字母與單字，而這是我無力解決的問題。當時舉世皆認為大腦天生就是固定不變，所以大家就只能認命。就這樣，沒什麼好談的。在那個多數人都選擇認命的年代，我只被告知要去學習接受這命定的一切。

然而，災難還沒有結束。與札茲斯基一樣，我的其他大腦區域也受到了影響。我當時總是繫不好鞋帶、出門總會迷路，也無法分辨左右手。我總是不斷地撞到東西，弄得全身瘀青、牙齒碎裂、傷口還得縫合，這都是因為左側肢體對我來說，就像陌生人一樣。我真是「多災多難」，而這一切災難的原因都跟我的大腦有關。

舊時照片中的我，是個臉上長著雀斑的長髮漂亮女孩，就是那種混著英格蘭、蘇格蘭與愛爾蘭血統般的模樣（我的祖先在十七世紀初來到北美洲）。不過我當時臉上總是掛著非常拘謹的笑容，無聲地訴說我的躊躇與靦腆。

老師，甚至朋友與家人，都不知道這些學習挑戰對我造成的莫大痛苦，也不知道我要多麼努力才能不被留級。當我升過一個又一個的年級時，所面臨的挑戰就愈發地困難，這讓我必須加倍努力，不斷地更加倍努力。

橫亙在眼前的似乎只有絕望。在陰鬱的青少年時期，自殺似乎是我唯一的選擇。

一九七七年，加拿大安大略省多倫多

我二十五歲就讀研究所時，無意間接觸到盧力亞的著作《一個世界支離破碎的人》，其中有篇札茲斯基所寫的生活紀錄。當我讀到他的一段文字時，仿如五雷轟頂般震驚到無法言語；他寫道：「我常陷於一片茫然之中……腦中總是不斷閃過一些片斷畫面與模糊不清的影像。[10]」雖然這位腦傷士兵描述的是自己，但我彷彿看到了自己。我想，我就是札茲斯基，札茲斯基就是我。

我們的相似性，從時間的判讀上就可以看出一些端倪。當大腦特定部位受損時，會讓人失去判讀時間的能力。如果札茲斯基是俄國戰後時期一位無法判讀時間的人，那麼我就是數十年後出現在加拿大的另一個他。不過他是因為腦部受到子彈貫穿[11]而無法判讀時間，而我卻是天生的腦部損傷所致。我們問題的源頭截然不同，結果卻一模一樣。

對我而言，讓我終生受苦的這一切總算真相大明。這本書證明，我自身的學習障礙全都是生理上的問題，每個障礙均源自大腦的某個特定部位。明瞭這件事也成為我一生的轉捩點。

讀過盧力亞的《一個世界支離破碎的人與神經語言學的基本問題》（*The Man with a Shattered World and Basic Problems of Neurolinguistics*）後，我了解到無論是對我或對札茲斯基而言，主要問題都出在左大腦半球中三個區域的交會處；這三區即是：連至聲音與語言的顳葉（temporal）、連結視覺影像的枕葉（occipital）與銜接動作感覺的頂葉（parietal）。從外界進入大腦的資訊與其他大腦部位傳來的資訊，都必須在此交會處找出彼此之間的關聯性，大腦才能再行處理這些資訊，並理解其所代表的意義。札茲斯基與我雖然耳聰目明，卻無法理解自己看到與聽到的是什麼。

我這一輩子都不會忘記自己首次讀到盧力亞這本著作時的興奮之情。書中的每一頁都有我畫上標記、一讀再讀的名言錦句。

盧力亞寫道：「貫穿病人腦部的那顆子彈，的確損傷了大腦中負責將相關複雜事物分析、整合與組織為一致性架構的那些皮質區域。」

無論是札茲斯基還是我，對於想法、數學概念或甚至是簡單字詞之類的象徵性概念，皆無法產生有意義的聯結。如同札茲斯基所言：「我知道『媽媽』與『女兒』兩個字詞的意義，卻無法了解『媽媽的女兒』這樣的陳述。對我而言，『媽媽的女兒』與『女兒的媽媽』聽起來都一樣。[12]」同樣地，我也無法分辨「父親的兄弟」與「兄弟的父親」有何差別，即使這樣的陳述可以對照到具體的生活經驗當中（我的父親確實有位兄弟）。

札茲斯基與我都可以攫取到片斷的對話，但卻無法了解全貌。對我們而言，對話字句出現的速度快到讓我們無法了解其中的意思。不斷重複一段簡單的對話、一首歌的歌詞與電影中的對白，已成為我的習慣，我可以重複數十次之多，以設法了解其中的涵義。但是我要怎麼樣才能完整了解一個句子呢？當我還在努力理解句子的前半段時，就已經錯過句子的後半段了。就像札茲斯基一樣，我對邏輯、因果關係與文法也是一片茫然。

就在此時，我讀到美國加州柏克萊大學心理學家馬克・羅森茨維格（Mark Rosenzweig）對老鼠所進行的研究報告。[13]羅森茨維格證實大腦經由刺激可以產生實質上的改變。於是我想，若是老鼠能夠改變自身的大腦，那麼人類或許也能做得到。我綜合羅森茨維格與盧力亞的研究結果，設法創出一套能夠改變自己大腦的方法。

我知道這個方法必須針對我自身大腦功能不彰的部分。假設我的大腦在理解人際關係上有問題，那麼持續一段時間精準地練習理解這些關係，也許大腦就能處理這個問題了吧？

我不知道這個方法是否有用，但除了得耗費時間之外，我也沒什麼損失。反正我也不曾擁有過時間。盧力亞說過，大腦頂葉、枕葉與顳葉交界處受損的人們，難以從指針時鐘上讀出時間。所以我猜想，練習讀出時鐘上的時間，也許就能刺激到大腦的這個部位。

所以我做了一組速讀卡，與媽媽在小學一年級時用來教我數字的那套差不多，不過這套速讀卡並不是用來死記強背些什麼。於是一九七八年二十六歲的我，著手嘗試去活化過去從未適當運作過的某些大腦部位。因為我自己無法精準讀出時間，所以必須用上一只手表，還得在朋友的幫助下將表上指針調到正確的時間，然後畫下手表指針的位置圖。我每天進行此項練習的時間，最高可達十二小時，當自己的表現愈來愈好，就再做一些更複雜且更具挑戰性的速讀卡，加入更多樣化的時間點。而這些速讀卡所代表的就是具有關聯性的事物。

如同我一向的作風，我一頭栽進這項練習之中。我的兄弟當諾總是稱呼我為「不眠不休的引擎」。

我練習的重點在於快速與精確，看看自己判讀時間的速度能有多快。先從判定簡單的時間練習起，然後再設法讀出複雜的時間。原先無法判讀時間的我，藉由這種逐漸加快練習速度與增加難度的方式，真的就能比一般人更容易讀出時間嗎？如果真能成功，如果我真可以更快速精確地了解時鐘指針的關聯性，那麼要改善因大腦受損而產生的各種相關症狀，像是無法理解書面資訊、難以掌握數學內容與缺乏立即了解的能力，似乎就有了那麼些希望。

當我開始感受到這個練習所產生的成效時，那股興奮之情真是難以言喻。一些邏輯上的要點變得清晰，文法中的各種結構也變得有意義，當然數學也不例外。過去我必須不斷反覆思索才能了解的對話內容，現在馬上就可以理解了。那片茫然感煙消雲散，不再出現。永遠消失無蹤！

這是怎麼一回事？我大腦中應該理解各種象徵事物間之關聯的部位（我身上最明顯的例子就是時鐘指針間的關聯），在過去幾乎沒有作用。但速讀卡的練習卻啟動了我大腦中這個毫無生氣的部位，讓神經元群活化，進而產生了新的神經傳導路徑。此大腦部位在我人生的前二十六年都在沉睡，而這個時間練習法竟然喚醒了它。

那麼我的其他問題呢？像是笨手笨腳以及容易迷路等問題，是不是也能在大腦中找到問題的源頭，然後藉由刺激個別的大腦部位來改善或甚至消除呢？不過，這些問題又是由哪些大腦部位所引起？必須做什麼樣的練習刺激才有用？於是，運用上述實驗中習得的經驗來喚醒自身大腦的其他部位，從此成為我終身追尋的目標。這樣的練習進行了將近三十四年後，我的心得就是：如同大腦形塑我們一樣，我們也能形塑自身的大腦。

第一章 阻力的剖析

為什麼教育界人士到現在仍然告訴家長，學習障礙是種持續終身的障礙？為什麼即使強而有力的證據已經證實了神經可塑性，認知訓練仍然沒有廣泛應用於學習障礙的治療？我們現在認定大腦與生就具有可塑性，也就是大腦不只有能力改變，還能持續進行改變。人類大腦可以自行重組，發展出新的神經連結，甚至在一生當中的任何時間都能長出新的神經元。

在我就讀大學的一九七〇年代，學到的觀念就是「大腦為固定不變」，也就是我們終生所有的一切在出生時就已經決定。認為學習問題是終生障礙的這個理念，對教育與學習影響深遠。教育只不過意味著將學習內容灌入大腦這個固定不變的系統罷了。雖然曾經一度有理論認為，在幼年時期的某些關鍵時刻，大腦能進行較有效率的學習，一旦這些學習的窗口關閉，學習就會變得困難許多。不過在當時這最多也只是表示，大腦是個具有短暫可塑時期的固定不變系統罷了。

記得在一九八〇年代末期某課堂中的講者告訴我們，有著學習障礙的兒童就好比各有所長的不同動物。老鷹可以在高空中翱翔、俯瞰世界，松鼠能夠快速跑動並爬到樹上，而鴨子則能優雅地在湖中游水。他提醒我們：千萬不要試圖想讓鴨子爬樹、老鷹游水或是松鼠飛翔，而是要去發現每個孩子獨一無二的天賦，努力開發這些天賦，因為孩子們可以利用這些天賦來彌補他們欠缺的部分。

我所受的教育就是建立在這樣的觀念基礎上。但我從自身的經驗得知，即使耗盡心力應用這些旁敲側擊、不正面解決問題的方法，所得的成效依然十分有限。

《改變是大腦的天性》一書的作者諾曼・多吉認為，幾世紀以來認定「大腦如同機器而非能夠自我改變的器官」此一觀點，造成了他所謂的神經學宿命論，也就是「與生既有的學習障礙將伴隨終生、直到死亡」的信念。[1]

我們在任何領域中的研究方式與可行之事，都會受到預設所左右（我所研究的領域恰巧就是學校心理學）。這些預設會形塑我們對現實的看法，根深柢固地被我們認定是事實，而鮮少對它們有所質疑。

而以下觀點也是神經可塑性作用下的產物：每個人都有一張自己認定的大腦運作藍圖，那是一張以自身知識與所學為基礎所描繪出的藍圖。然而對於具有神經可塑性的大腦運作藍圖，許多人目前不但毫無概念也完全不了解，更遑論此藍圖與教育相關的部分了。

以下即是多吉醫師對其所謂的「可塑性的矛盾」之描述。大腦可塑性的特質就在於它會同時產生具有彈性與難以變通的行為。因為受過訓練的神經元活化產生的訊號較未受訓練的神經元清楚快速，所以當我們反覆學習某件事物的時候，就會形成勝過其他神經迴路的強大神經迴路。所以過沒多久，當神經活化時就會傾向依循最常使用的神經路徑了。如果你是位負責補救教學（remedial programs）的老師，那這就代表：「我們總是這樣教學生，讓我們繼續採用相同的方式吧。」一旦在某種框架下的思考與練習模式成為習慣，這一切就變得根深柢固，想要重整舊有的思考模式並建立新的練習方式，就得耗費許多精力了。

雖然我們現在知道年齡、訓練與經驗可以讓大腦產生持續性的改變，但許多教育人士仍然不了解該如何運用神經可塑性的原則（這裡指的是在治療學習障礙方面）。即使是已承認大腦可改變的教育人士，也依然使用著根據舊有「大腦固定不變」信念所發展出的專職訓練方式。的確，要把新知識融入慣用教學方式中，不但需要時間，還得付出精力與進行學習；就目前而言，對於幼兒學習障礙的多數治療方式，主要還是以大腦固定不變且障礙持續終身這類舊時理念為依歸。

湯馬斯・孔恩（Thomas Kuhn）在他五十年前發表的經典著作《科學革命的結構》（*The Structure of Scientific Revolutions*）中，解釋了科學新發現的發展過程，也說明了當典範轉移（paradigm shift）時會發生什麼樣情況。每一個科學領域都有其基本信念，那是此領域中每一分子皆會學習到的宗旨；其中一部分就是孔恩所謂的「讓學生做好準備，並賦與其進行專業訓練的啟蒙教育」[2]。這些信念與假設決定了學科之中的教學與研究內容。建立於典範之中的研究，就只是設計在這個典範框架內汲取知識罷了。不過也如孔恩所述，在研究發展的過程中，總會出現此典範無法解釋的例外情況。這些例外情況一開始會被忽略與駁斥。然而隨著時間過去，人們明瞭這些例外情況打破了典範，需要進一步的探究。最後，舊的典範開始轉移，而新出現的典範就會包含那些例外的情況了。孔恩認為，典範的轉移在本質上就是一種科學革命，而新式科學理論必不被舊式理論所接受。科學就是在這樣的情況下前進發展。而神經可塑性就是這類新典範之一。

我們目前急需在教育領域中建立一個新的典範——一個可以跨越神經科學與教育間強大分歧的典範。這個新典範不但必須以神經可塑性為原則，還要完全採納大腦終身可改變的這項觀念。新典範的最終成果將使得學習者的學習能力產生重大改變。目前哈佛大學已經創辦了心智、大腦與教育研究所（Mind, Brain, and Education Institute），致力於跨越神經科學與教育間的鴻溝。此研究所的目標在於整合這些原則，帶領教育人士與研究學者一同探索認知科學、神經科學與教育上的最新研究，並將這些知識運用於教育訓練之中。為了更進一步推動此一目標，此機構還發行一本名為《心智、大腦與教育》（*Mind, Brain, and Education*）的期刊。

凱蒂．朗絲黛（Katie Ronstadt）與保羅．葉林（Paul Yellin）兩位學者在二〇一〇年秋天發表的〈將心智、大腦與教育連結至臨床運用上：跨領域合作的計畫〉文章中提到：「神經學家正一步步地，將腦力發展、學業能力與學習障礙對應到相關的神經作用上。要將這些新興知識融入教育向來就不容易，因為這需要跨學科的通力合作才行。[3]」他們提到其中一部分的挑戰就是，神經學家與教育人士所使用的語言與架構不同，連優先考量的選項也不一樣。

一九八〇年我在多倫多成立了亞羅史密斯學校。我以自身運用神經可塑性原則解決學習障礙的個人經驗，逐步建立了這所學校。那時我已更加了解，傳統教導學習障礙學生的方式其實成效非常有限。亞羅史密斯學校的教學課程並不是源自教育理論，而是根據神經科學的研究成果發展出來。因此，經由改變大腦來改善學習者的學習能力，就成為我一貫的基本教學理念了。

神經可塑性原則一向只是神經科學領域裡的一部分，並非師範學校的傳統課程之一，也並非教育系統中被廣泛研究的領域。負責督導學生的老師們，在師範學校中學到的工作宗旨也只是傳道授業而已。去思考要如何重組大腦（好增進學生的課業學習能力），明顯與他們傳統的工作內容相差十萬八千里。

當我在三十年多年前著手進行這項工作時，神經可塑性只不過是某幾間實驗室中正在進行討論與研究的概念，不但鮮少人知道，也尚未完全被人所接受。直到一九九〇年，神經可塑性才受到廣泛研究；當時布希總統還曾宣布九〇年代是大腦的年代，那多少也促成了這樣的發展。[4]有件事我一直記憶猶新，那是一九九九年五月在多倫多發生的事情，當時我正站在校外的楊格街上，興奮地告訴同事說，自己剛在《科學人》雜誌（*Scientific American*）上讀到由格爾德・坎卜曼（Gerd Kempermann）與佛列德・蓋吉（Fred H. Gage）所發表的〈成人大腦的新生神經細胞〉[5]。就是這篇文章讓我首次了解大腦中的神經不只具有可塑性，還擁有再生的能力——成人大腦中負責記憶與學習的重要部位「海馬迴」（hippocampus）竟然真的能夠再生出新的神經元。大腦比我原先所設想更具可塑性與改變的能力啊！

直到二〇〇〇年，哥倫比亞大學的艾瑞克．肯德爾（Eric Kandel）才以一篇證實「為適應環境所進行的學習確實可以改變大腦」的研究而獲得諾貝爾獎。[6]而我們從神經可塑性的研究中所獲得的實證也愈來愈多了。肯德爾贏得諾貝爾獎後，神經可塑性的概念在媒體的關注之下，歷時數年終成主流。就在前幾年，這個理論總算被廣為接受。就科學歷史與對創新概念的接受度而言，這就只是一眨眼的功夫而已。

被認為是神經學界偉大先驅之一的西班牙神經學家拉蒙．卡哈（Santiago Ramón y Cajal, 1852-1934），曾在我們運用先進科技證實神經可塑性的許久之前，就以理論推斷出神經可塑性的概念了。在他的假設之中，大腦是可以重組的，只要給與正確的刺激，大腦本身的結構與組織都可以產生改變，不過當時他並無法驗證這個假設。他曾經說過：「試想在這個可能性之下，如果一個人真的執意改變大腦，那麼任何人都能成為自身大腦的雕塑家，就算是毫無天賦者也可以，這就像最貧瘠的土地經過開墾與施肥，依然能夠豐收一樣。[7]」這位身兼組織學家的西班牙神經學家，在一九〇六榮獲諾貝爾獎（他研究組織的顯微結構）。直到將近一個世紀後，肯德爾的研究才證實了卡哈的假設：大腦具有可塑性，大腦的這些改變出現在神經元間的突觸連結處。

「神經可塑性」（neuroplasticity）以及「大腦可塑性」（brain plasticity）聽起來像是新創用語，那是因為這兩個名詞直到最近才被廣為使用。事實上這些名詞早已出現許久，關於神經可塑性的研究早已默默進行了兩百年以上——雖然大多數都只是沾上邊而已，不過還是算數。

一七八三年，一位名為馬拉卡內（Michele Vincenzo Malacarne）的義大利解剖學家研究訓練對腦部所造成的影響。[8]他自一窩同批出生的小鳥中選了兩隻進行實驗，一隻給與密集的訓練，另一隻則無。接著他又以狗為對象進行同樣的實驗：一隻狗接受了極為密集的訓練，另一隻狗則沒有給與任何的刺激。當這些動物安樂死後，馬拉卡內發現受過訓練的動物的腦部，比另一隻未受訓動物的來得大，尤其是負責控制動作與平衡的小腦（cerebellum）部位。而一百六十五年後的一九四八年，一位波蘭神經生理學家杰澤．科諾爾斯基（Jerzy Konorski）則在自己的著作《制約反射與神經組織》（*Conditioned Reflexes and Neuron Organization*）中，創造了「神經可塑性」以及「大腦可塑性」這兩個名詞。[9]

今日，神經可塑性讓向來鮮少好消息的復健醫學為之一振。某些正在進行且具有希望的研究已被多吉依序列入他的紀錄冊中。美國加州大學洛杉磯分校醫學院傑佛瑞．史瓦茲（Jeffrey Schwartz）副教授的研究就是其中一例，史瓦茲正將多吉所謂的「自我導向神經可塑性」（self-directed neuroplasticity）應用於強迫症（obsessive-compulsive disorder，OCD）的治療上。[10]強迫症的經典例子就是，患者因無法停止擔憂細菌的存在，而無法停止自己為了殺菌不斷洗手的行為。史瓦茲正應用神經可塑性的原理，在病患大腦中打造新的傳導路徑。患者直接學習到，大腦可經由告訴自己「衝動就不過是種衝動而已」的方式，來改變自身結構。透過病患大腦的掃描圖像，就可以看到伴隨想法轉變而發生的生理變化。

加拿大蒙特婁麥吉爾大學精神疾病學系亞蘭・布魯奈特（Alain Brunet）副教授，則運用大腦可塑性來治療創傷後壓力症候群（posttraumatic stress disorder）的患者。[11]這些患者可能是強暴、童年受虐、車禍、綁架等等的受害者，對他們而言，那些事件依然歷歷在目。布魯奈特進行中的研究顯示，結合了藥物與神經可塑性的治療方式確實有所成效。他們先給與患者藥物來抑制這些回憶所引發的相關情緒，然後請患者反覆回憶這個事件。藉由這個方式，患者（無論男女）就是在進行一種大腦重組，這樣可以阻斷此事件記憶與引發恐懼系統間的連結。這個過程讓每個人得以將這些過往記憶儲存在大腦另一的新資料夾中，換句話說，不是儲存在「虛擬的現在」這個資料夾中，而是儲存在它本該存在的位置，也就是「已發生的過去」資料夾中。這正是神經可塑性原則的作用：個別活化的神經元，就不會連結在一起。這些精神創傷的新式治療法善加利用了這個道理：當你記起傷痛事件時，記憶網絡會進入一個容易改變的狀態，然後再於這種神經具有高度可塑性的情況下進行治療。

最後要提到的是，加州有些研究學者正運用認知訓練，來協助思覺失調症患者對付此病疾所引發的認知問題。因為這些患者在資訊的接收、處理與記憶上有困難，所以蘇菲亞・維諾葛拉朵芙（Sophia Vinogradov）與麥可・莫山尼克（Michael Merzenich）這兩位神經學家，運用經過特殊設計的電腦程式來協助患者改善認知功能。他們的研究成果也經由大腦影像獲得證實，證明了認知訓練確實可以讓思覺失調症患者的大腦前額葉區域產生變化，讓他們的大腦更趨近於正常大腦（大腦前額葉區域涉及了調節注意力與解決問題的能力）。

除此之外，有一種名為腦源性神經滋養因子（brain-derived neurotropic factor，BDNF；又稱「大腦肥料」）的蛋白質，在思覺失調症患者的大腦中濃度向來低下。此滋養因子不但是神經元存活的關鍵，更在神經學家所謂的「活動依賴型可塑性」（activity-dependent plasticity，此專有名詞是用來描述在特定持續性刺激下大腦的改變能力）中扮演著舉足輕重的角色。這些認知訓練讓腦源性神經滋養因子的濃度上升至正常水平——這也是大腦神經具有可塑性的進一步證據。

維諾葛拉朵芙說：「我們知道大腦就像肌肉一樣，如果能以適當的方式進行訓練，就能強化它的能力。大腦會因周遭的相關事物而不斷產生改變。經由正確的訓練，我們可透過改善大腦運作路徑的方式來改善原先功能不足的認知運作。[12]」她的同事莫山尼克博士接著說：「無論是在生理上、化學上與功能上，大腦都能產生改變。[13]」

多吉最近告訴我：「即使神經可塑性的存在已獲得實驗室的證實，然而期待這些證明馬上就能抹去許多人心中『大腦固定不變』的教條則非常不切實際。知識性的革命需要時間來發酵。那些少數了解神經可塑性且馬上就進行臨床應用的人，當前還是必須面對懷疑的眼光，甚至是反對的聲浪。這就是走在潮流尖端會發生的情況，那種滋味真是孤獨。但這眾多的反對聲浪終將退去，因為在過去幾年中，幾乎所有主要的教科書都加入了神經可塑性的章節。對於長期的臨床接受度，我是一點也不擔心了。」

第二章 居家童年

一九五一年

一九五一年十一月二十八日星期三早上九點十五分，我來到了這世上。我出生在加拿大安大略省多倫多市的惠仁醫院（Women's College Hospital）。母親一切平安，但我的肢體卻不大對稱。

「醫師接生時，一定是抓著妳的右腳用力拉出。」母親之後總以開玩笑的語氣這樣說。由於右腳比左腳長，因此我的骨盆傾斜。我右手臂的角度也很奇怪，總是伸不直，而右眼也比左眼更能注意到周遭變化。還有脊椎扭曲所造成的輕度脊椎側彎。我小小的身體從出生時就有些缺陷，大腦也是一樣，不過那時狀況還不明顯。

我上有艾力克斯與葛瑞格兩個哥哥，下有當諾與威爾兩個弟弟。我的母親瑪麗・楊（Mary Young）在十年間生養了五個孩子。她身兼教師、營養師與學務委員等身分，更與父親創辦了「一神論團契」（Unitarian Fellowship），並協助設計教會主日學的課程。以拯救世界為己任的母親，加入一個又一個的委員會，執行一個接著一個的計畫。身兼學務委員的她不但思想積極，更支持如輔導課以及將法文列為第二語言這類的創新課程。她不但是個實踐家，也是一位領導者。

用餐之前，我們總是會進行禱告，圍繞在餐桌旁的大家雙手合十，感謝上帝賜給我們食物，除此之外我們還會祈求社會公理得以伸張並能幫助他人。我父親最愛問的一句話就是：「你們今天做了什麼能讓世界更美好的事情啊？」這句話暗喻著，天生我才必有用，每個人都能造福社會。

我的父親傑克・楊（Jack Young）不但是天生的發明家，也擅於思考與解決問題。他在彼得堡的奇異電廠（General Electric plant）擔任工程師；我進入小學前，舉家從多倫多搬遷到這裡來。父親是位安靜且言詞溫和的人，不但才華洋溢也熱愛工作。在父親出門工作時向他揮手說再見，已成了我幼時的習慣。就算父親在家，他還是常常坐在客廳火爐邊一張面對街道的書桌前埋首工作。將電力從一種形式轉換成另一種形式以驅動巨大的發動機組，是父親工作上的極大挑戰。某種程度上，他的工作就是讓火車順暢運轉並能有效利用電能。時至今日，我坐在加速順暢的火車上時就會想起父親，並在心中默默地感謝他。

諷刺的是，在我所有的兄弟都渴望建造自己的機子與小玩意時，我卻是對父親的發明最感興趣的那一個，父親也會讓我看看他的發明。我雖然難以了解這些發明的作用，卻能感受到父親在創作過程中的熱情與興奮。

我的祖母露薏．梅．亞羅史密斯（Louie May Arrowsmith）出生於猶他州的普羅沃，不過當她八歲、也就是一八九一年時，全家就搭乘篷車踏上長達一年的旅程，長途跋涉北遷至加拿大布列顛省，並與他人協力創建了克雷斯頓小鎮，那裡也是我父親的出生之地。我的別名原為麥可當諾（Macdonald），這是為了向加拿大第一位首相的家族致意所取的名字，但當我弟弟出生後，當諾變成了他的名字，於是我的別名就改成亞羅史密斯。細細思量後，我覺得這個新名字非常適合自己，因為我從中深深感受到，祖母的開創精神一直與我同在。

我最早的記憶之一，就是三歲時大膽地跳過父親棄置後院的聖誕樹。結果我跳不遠就跌落在樹中間了，那時父親還得幫我拔除扎在臉上的針葉。現在回想起來，我完全能了解當年小小的自己跳不過聖誕樹的原因：因為我可能根本不清楚樹的正確位置。由於嚴重的神經缺陷，我左側的肢體不像自己所有，彷彿出生時就中風了那般。

另一段幼時記憶也發生在三歲，當時的我在車道上玩耍。跟其他孩子一樣，我也會自個兒發明新遊戲，自創了鬥牛遊戲。我把自己當作公牛，車子當做鬥牛士。遊戲的構想是要全力衝到爸媽的車子前再即時轉彎。不過結果完全不是這麼回事，我一頭撞上車子，還縫了好幾針。我誤判了跑步的速度以及自己與車子間的相對位置。到現在我還記得自己坐在這輛被撞的車子中，用毛巾壓住血流不止的地方，讓母親開車帶我到醫院去。這是第一次受傷到要送醫，但絕對不是最後一次。

我母親發動車子時轉頭對我說：「妳這樣子如果還能活得過一年，我就服了妳了。」

最後我終於了解自己這樣笨頭笨腦的原因。我有肌動知覺（kinesthetic）與空間上的複合性神經缺陷，在這些問題還未解決之前，這樣的意外與災難仍會不斷地發生。

第三章 學習（左右顛倒的）英文字母

一九五八年

一九五八年六月，我帶回家的一年級成績單，顯示出我那時的學業問題，老師的評語是：「芭芭拉缺乏自信，在回答問題與進行閱讀時，顯得非常躊躇不敢出聲。」我的成績單中沒有任何一個科目得到「十分出色」或「極佳」的評語。我希望算術這一科的成績能得到「佳」，而不是「弄不清楚2或3等等數字」這樣的評語，但我不知道該怎麼做。而在寫作科目上我也只得到「中等」的評語，老師的評語是：「沒有適當地寫在格線中。」為了逃避閱讀或算術課程，我會故意舉手去上廁所，然後在裡面躲個四十五分鐘。在一年級的學年結束前，母親就安排了一個午休輔導課程，與我在家一同進行二十分鐘的速讀卡練習。卡片的題目如下：

2+2=?

4+1=?

6+3=?

母親會在卡片的一面寫上問題，另一面寫上答案，以便知道我的回答是否正確。進行輔導課程時，我會設法讓母親坐在房中光線最明亮的地方。結果就是每當陽光照耀的日子，我似乎會因為某些因素而變得更聰明些。母親最後終於了解我利用光線來看透寫在卡片背面的答案，所以她就用大指拇蓋住答案。

我所進行的訓練跟所有罹患學習障礙的幼童都一樣：對問題點進行旁敲側擊，找出自己擅長的代償方式。母親從一九七八年起的競選海報是以「有能力、重承諾且待人親切」為訴求，下方列出她在擔任學務委員時的豐功偉業。其中提到她在學校心理諮商處擔任了七年的義工——「協助患有學習障礙的孩子們」。然而她唯一幫不上忙的學習障礙孩童，就是自己的女兒。

母親保留了我當年的作業本，本子裡看可以看到左右相反的數字與字母，還有老師畫上許多大叉叉、叫我訂正的地方。本子中全是叉叉叉。那年我在課堂上崩潰了，不斷地啜泣，並用頭去撞桌子。老師叫某個同學把其他人全帶到教室外（他們就聚在一樓窗外，全程目睹了這場好戲）。學校也致電請我母親到校處理。

當年我的老師是個剛投入教學行列的新手，她認為我認不出6跟9、還有b跟d是故意要搗亂。曾經有一次，老師在全班面前用皮帶鞭打我，我那時感受到的不只有抽打的疼痛，

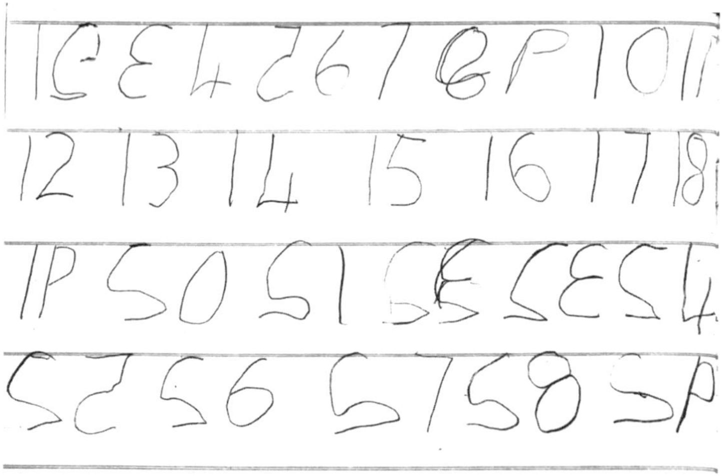

圖1：一年級：從1寫到29，當中有許多數字左右顛倒。

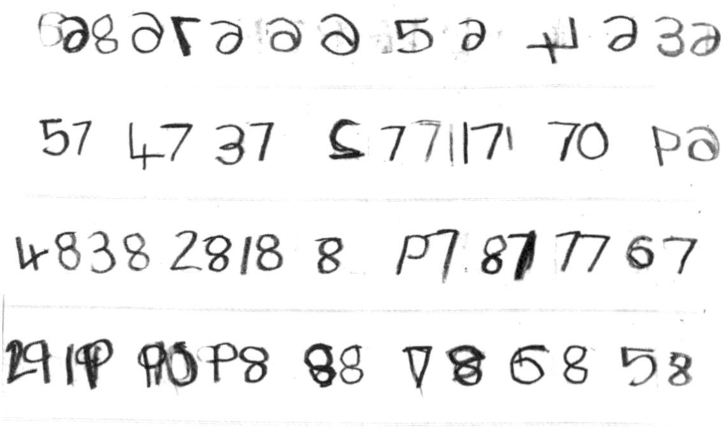

圖2：一年級：寫十位數數字，當中有數字左右顛倒。

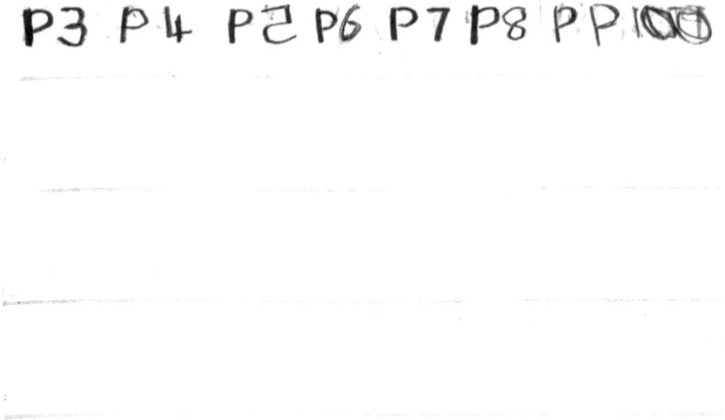

圖3：一年級：從39、49、59……寫到100，當中有數字左右顛倒。

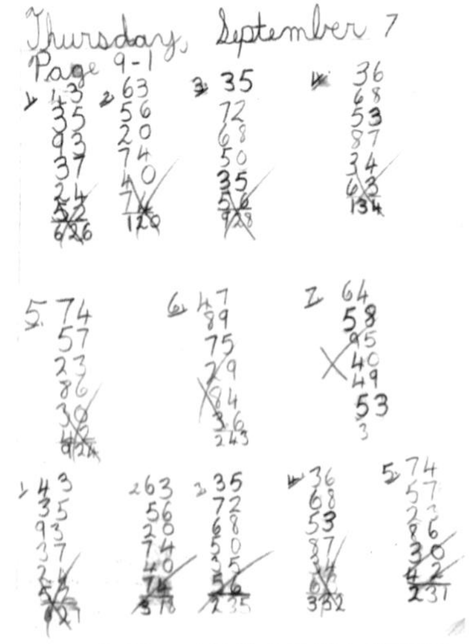

圖4：五年級：試著做十位數加法題兩次，兩次的答案都非正解。

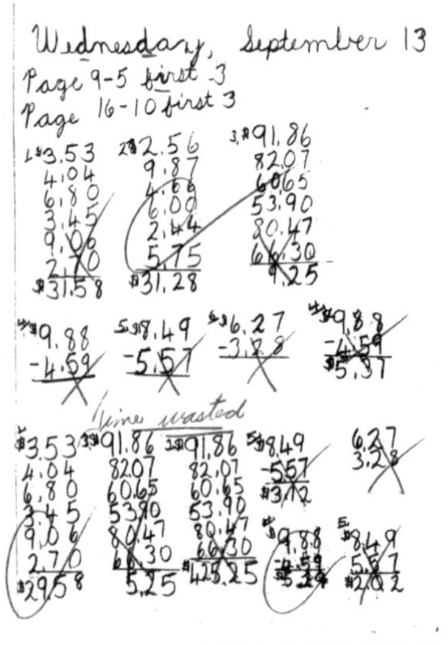

圖5：五年級：試著做小數點後兩位的加法題兩次。試著做四題減法題，只有一題做對。老師評語：「等於在浪費時間。」

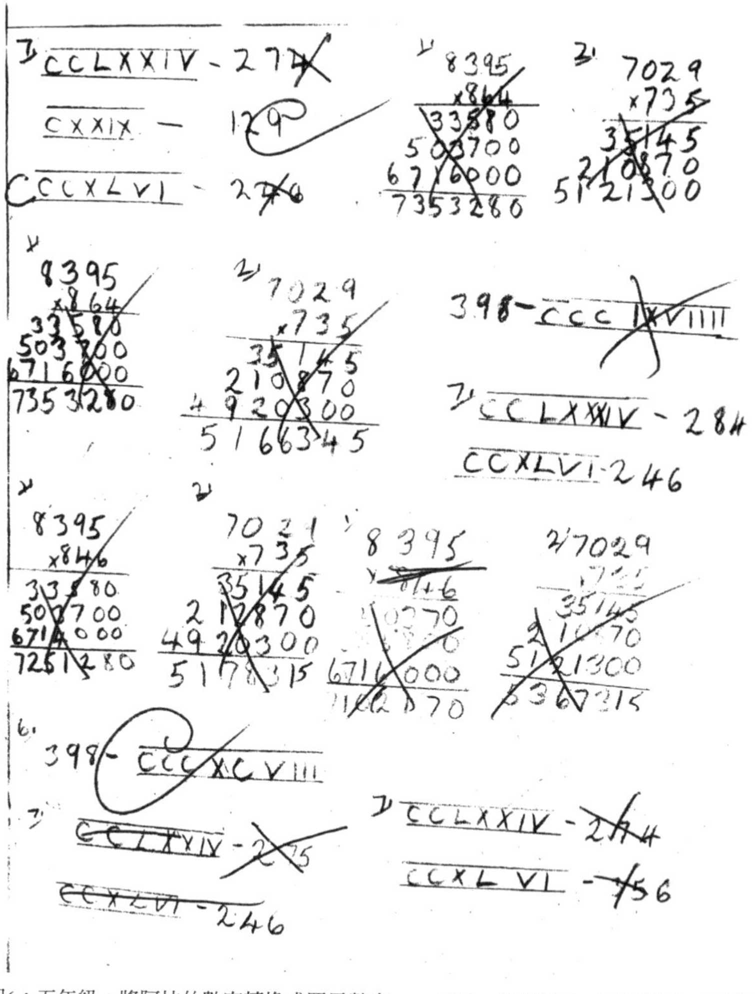

圖6：五年級：將阿拉伯數字轉換成羅馬數字——六題，多次嘗試，兩題答對。兩題乘法，嘗試解題三次，沒有一題答對。

還有更勝於皮肉痛的屈辱感。老師的其他處罰方式還包括叫我一遍又一遍地罰寫正確的字母。但我做不到，這讓我感覺更無助。因為我常習慣從右邊往左邊書寫，所以因緊張造成的手汗總會弄髒頁面。然而這只會讓老師更生氣，再度將這樣的狀況解讀為故意搗亂。

這就是我一年級的生活，我只能發狂地念書寫作業。也因為這樣我才能熬過第一年的學校生活。

公立瑪麗皇后小學就在我家的對街。我的兄弟投顆棒球就能擊中它的紅磚牆面。隨著年級一年年升高，學校成了令我愈來愈痛苦的深淵。我仍然一直顛倒字母與數字（不過有時顛倒數字會對我有利。問我「12＋13」是多少時，我會加成「21＋31」而得到「52」這個答案，再將此數字顛倒過來，就成了難得的正確答案「25」了）。

有些日子，我就是無法承受到校上課。這從我三年級學期評量卡上請「病假」的情況就能看得出來，但讓我真正生病的原因其實很簡單：我恨學校。於是我會假裝生病，將體溫計貼在燈泡上，好讓媽媽相信我真的發燒了。從成績單上可以看出，英文與自然科學是兩門讓我很頭痛的科目。而老師對算術科目的評語則是「十分努力克服算術上的問題」，就好像算術對我而言是座需要跨越的高山。

四年級時，老師的評語更顯得不耐煩：「運算能力其差無比。所有需要書寫的科目完成速度極慢，不但字跡潦草還漫不經心。書寫時還需更為專注小心。」出席率部分則出現缺席三十九天的驚人數字。

五年級時，數學與閱讀科目對我而言依然困難，老師在評語中的建議就是持續重複練習（像是練習加法以及記下九九乘法表），情況就會好轉。其實老師錯了，但這樣的方式一直伴我度過整個小學生活。

八年級時，我總算學會數學運算法了，不過仍比別人需要多一點時間才能計算完成。然而課堂中的「速算」練習引發了我的嚴重焦慮，為了減少焦慮我想盡了辦法。速算練習的任務就是在五分鐘內完成滿滿一整頁的計算問題。於是我在前一天晚上就偷偷把書帶回家，先算完所有的問題，再以鉛筆淡淡地寫在書上；隔天上課時，我需要做的就只是將答案照描一遍。這是我在限定時間內能完成這個測驗的唯一方法。雖然我確實做完了這項練習（不過是在家中完成的），但我仍覺得自己在作弊。

我弟弟當諾還記得我當年試著學習的一個場景，那是個令人痛苦的回憶。那時父親在客廳中試圖向他唯一的女兒解釋簡單的數學概念，然而在其他方面還算機靈的我，竟然無法了解他在說什麼，讓他幾乎快要流下眼淚。我想讓他開心，所以竭盡所能地試著去了解，有時還會假裝我真的懂了。當諾說那時他看不下去了：看到父女二人無法跨越彼此之間的巨大鴻溝，讓他痛苦到不敢再看。

第四章 一片茫然

一九六五年

我是父親唯一且摯愛的女兒，但他卻在無意之間給了我極大的壓力。

「我有四個兒子，但只有妳這個女兒，」在我十三歲時他曾這麼對我說：「你已經做得很好了。」雖然是種讚美，但我認為他不得不放下對我的期望，因為我根本無法達到他的要求。很明顯地，我是他最疼愛的孩子（我的兄弟們也都承認這一點），而我也完全不想讓他及其他家人失望，所以我下定決心勤奮苦讀，希望能夠達到目標。但面對所有的挑戰時，我真的懷疑自己是否有能力克服。因為害怕讓大家失望，我在學習上的奮戰精神變得更為強烈。

到了高中時期，我更加了解自己無法像其他同學一樣理解事物。在課堂中需要進行邏輯推理與思考的情況愈來愈多，但我卻一項也做不到。對我而言，去了解象徵事物、隱喻用法、歷史事件的因果關係、數學與化學上的方程式等等知識，就像要抓住一道光線那麼困難。

要我（真真切切地）去了解一篇報紙文章或是一則電視新聞，根本完全超出我的能力範圍。每每讀完文章後，對作者想表達的事物仍然毫無概念，所以只好讀個五次十次；即便如此，也從來沒有完全明白文章的內容。我無法了解上課的內容，也不知哪些是要記下的重點，所以就只能把老師所說的一切全部記下來。

只要小組討論主題的複雜度超過天氣，我就會不知所措。因為理解得慢，所以我總是慢半拍。不過驚人的記憶力讓我能在之後重複一遍討論內容，只有這時我才有些微不足道的貢獻——只是為時已晚。

當超過一個以上的人發表意見，我就更難了解討論的內容了。對話中總是先討論主題，然後某人發表意見，然後又有其他人的觀點。資訊排山倒海而來，讓我應接不暇。那些還待整合的新想法陌生得就像外星怪物一樣。我必須緊抓著自己熟悉的東西，因為其他的想法也許會威脅到我現在所有的。想要努力跟上討論並整合資訊總讓我暈頭轉向，但我也知道，我一旦因為放鬆下來而沒有抓住這些新資訊，那麼每樣內容就會剩下片斷，自己也會陷入一片茫然之中。我就像個不斷向空中拋球及接球的小丑，但一次只能拋接一顆球就是了。難怪別人會覺得我一點彈性也沒有。

我摸不著頭緒，不只字與字之間的關聯性，個別單字本身的字義也是一樣。當老師在數學課中教授乘法或除法時，我難以了解當下提到的是到底哪一個。所以只好在這些運算符號上標記不同的顏色，像是以紅色標記除號、綠色標記乘號等等。對我而言，顏色比文字符號還有用。同樣地，當我說完「我需要一台吸塵器來修剪草」這樣一句話後，還得在腦中搜尋一遍正確的字眼才行，因為我要說的其實是「我需要一台割草機來修剪草坪」。

後來我知道這叫做「語意型錯語症」（semantic paraphasia），錯語症是指一種會說錯事物名稱的病症。語意型錯語症人士會誤用意思相近的字眼來取代正確的名稱。這是我常犯的錯誤。像是我會請哥哥或弟弟幫忙修理「收音機」，但其實我要講的是「錄音機」。我當然知道兩者的差別，但錯誤的名稱就是會脫口而出。我腦中的字詞與其所代表事物間的關係鬆散，而且字與字之間還會相互排擠。

這種神經功能缺陷，我都稱為「象徵符號關係理解缺陷」（symbol relations deficit），它的一項重要指標就是，不能以自己的話說出剛剛聽到或是讀到的內容。要以自己的話說出某一事物，需要先了解別人到底在說什麼。

我還記得自己在文學課的筆記中寫下老師所說的一段話：赫爾曼・梅爾維爾（Herman Melville）小說《白鯨記》（*Moby Dick*）裡那隻大白鯨，象徵著一個虛幻且難以實現的目標，一種具毀滅性的狂熱。但對我言，白鯨就只是白鯨而已。

而「mammal」（哺乳動物：在某種程度上是指雌性以餵乳方式養育幼兒的一類動物）與「mammary」（乳腺：分泌乳汁的器官）雖然有同樣的字根，但我還是無法將它們聯想在一起。我的世界全是由一堆無關聯的事物所組成——雖然記得住，卻從來沒有了解過。

我曾用生活在一片茫然之中這樣的意象來描述自己的困惑。另一個意象則彷彿深陷棉花糖之中：我覺得自己好像被黏黏軟軟的棉花糖所包覆，不但看不清、摸不到這個世界，也無法感覺與了解這個世界的模樣。二十七歲以前，我從來沒有在讀到或聽到什麼事情時有恍然大悟的感覺。雖然我能攫取事物的片斷內容以及普通常識，但那些都不是邏輯思考下的產物——至少不是我可以百分之百確定的東西。同樣地，我無法從別人的言談中找到邏輯不一致的地方，因此很容易受騙上當。也由於無法了解別人話語中的笑點，所以我只好學會在其他人大笑時一起跟著笑。

雙重否定的情況把我難倒了。像「對於他的工作，我可不是一點也不熟悉」或「我沒有說我不同意」這樣的句子，無論反覆思量多久，還是無法了解其中的意思。

在我耳裡，「那個男孩在追那隻袋鼠」與「那隻袋鼠在追那個男孩」的意思差不多。我必須實際在紙上或腦海中創造出一個影像，才能確定句子的意思。我的筆記中充滿了塗鴨，那是我試圖了解語言的圖解說明。

別人對著我說話時，我會藉由他（或她）臉上的表情與說話的語調來大致了解談話的內容，不過我從來沒有確定過。

在課堂上，從沒弄懂過問題的我，怎麼可能給得出答案？而在考試時，我從來無法確定自己是否真正了解問題，也不確定寫下的答案是否能正確表達自己心中的想法。

因為知道自己的成績可能高達九十分，也可能低至不及格，所以我總是焦急地等待考試結果。還好超強的記憶力讓我即使在不了解的情況下也可回想起課程內容，因而免除了全部科目都不及格的情況。我的成績總是上上下下起伏很大，老師們則認為如果我能夠表現出色一次，應該就能再有同樣的表現。在他們眼中，對於我這種情況唯一可能的解釋就是：我不夠用功。

為了考試而念書，就像掙扎地想走出流沙一樣，是種艱苦的經驗。我有些考試前會進行的例行公事。其中之一是走到地下室，用頭去撞烘乾機。也許那時我真的是想藉此把一些知識撞進自己的腦袋中。拉頭髮則是另一種方式。或者把書攤在床上，發自內心開始哭泣。最後，我會去找家裡養的貓「星星」。這隻兄弟們口中的「貓先生」，總是耐心地聽我傾訴自己的痛苦。

當然，我那時還不知道自己的身體正強制進行著某種策略，一步步地排解掉杏仁核中的恐懼與情緒[1]，好讓我能專心讀書（杏仁核是位在大腦顳葉深處的兩個杏仁狀核組織，在儲存與處理情緒上占有一席之地。對我來說，沒有什麼比為考試而念書更能引發我的負面情緒了。當我覺得自己得進行根本無法完成的任務時，盲目的恐懼便會排山倒海而來）。雖然我本能地感受到巨大痛苦，卻仍會期待著些許焦慮消除後，能更加領略自己應該學會的內容。然而，這點從來沒有實現。雖然我記憶力不錯，也靠著這份能力撐過了小學、中學，並進入大學，但我依然沒有了解事物的能力。

對於朋友與同學，我有股疏離感，也少有接觸。支離破碎的世界觀，讓我自己的自我認知變得脆弱不堪；不但抱持著負面的自我概念（self-concept），我的個人自尊心（self-esteem）也極低。我也因此變得抑鬱寡歡。我的生活如同墜入五里霧般，總是一片茫然。

到了十四歲時，身心俱疲的我有了輕生的念頭；好想結束心中的苦痛與精疲力竭的感覺，還有那持續不斷的混亂與掙扎。我拿起刀片，輕輕地在兩隻手腕各劃了一刀，以為自己會就此沉睡，隔日不會再醒來。但隔天早上，我埋怨自己連尋死的權利都沒有。

那時，我愈來愈難信任別人。事實上，我的朋友很少，我一次只能應付一個人。許多人驅之若鶩的社交場合，卻會引發我的恐慌。我知道自己無法了解別人的對話內容，只能獨自默默地坐著，希望沒有人會試圖與我交談、想知道我的意見。對我而言，派對就是地獄。如同札茲斯基一樣，我能了解自己不適合社交場合，卻無力改變這一切。我是有些朋友，比如說我要買計算機時就得靠他們幫忙。購買東西代表著我得進行選擇，估量各個選項。雖然我覺得這實在太難了，但仰賴朋友幫我做出選擇也一樣困難，因為我不喜歡依賴別人。

下面這段文字，是我寫在日記本中，試著釐清自己經驗感受的一段描述：「有人給我建議時，我無法確定這建議是否合用，我就是無法了解。所以我變得不知變通、固守己見；因為對我而言，自己的決定才具有意義，是我歷經千辛萬苦才對情況有了些許了解。我無法放掉這僅有的安全感。有人請我去做某件事時，我不只無法了解『為什麼』要去做，通常連那件事是『什麼』我都不知道。這是個令我感到十分困惑的世界。」

我就是跟別人不一樣，卻不知道為什麼。我的世界看似由隨機的事件組成，我一度無法了解這一切也無能為力。我就像攀附在懸崖上的人般，唯一的問題只有：「什麼時候會掉下去？誰會救我？」答案很明顯就是：「很快」以及「沒有人」。

在一九六六年的楊家聖誕新訊上，母親以「有條不紊、認真盡力」來形容我。[2]其實，我是竭盡所能地隱藏真實的自我。

第五章 大腦運作：亞羅史密斯原則

我在一九七七年開始探索神經可塑性時，神經可塑性還是一片未知的領域，對教育領域來說更是如此。到了現在，「大腦具有可塑性，能夠有所改變」已是不爭的事實。這是過去四百年來關於大腦的最偉大發現，讓我們脫離了諾曼・多吉所謂的「神經可塑性黑暗期」，推翻了幾世紀以來「大腦結構無可改變」的傳統教條。

艾瑞克・肯德爾（Eric Kandel）於二〇〇〇年因證實了突觸可塑性而榮獲諾貝爾獎[1]，所謂的突觸可塑性就是，學習與長期記憶所帶來的刺激會強化神經元之間的連結。這就是赫柏定律[2]的作用（赫柏定律是加拿大心理學家當諾・赫柏〔Donald Hebb〕於一九四九年所提出的一種概念）。簡單來說，赫柏定律就是：一同活化的神經元會連成一氣。這群神經元愈常一起活化，彼此之間的連結就會更為強化。

在一九五〇年末與一九六〇年初期，馬克・羅森茨維格以老鼠所進行的實驗[3]，證實了神經可塑性的存在，也給了我很大的啟發。羅森茨維格在自己的科學論文〈環境複雜性的作用以及大腦化學與結構上的訓練〉中，這樣總結了自己的發現：在迷宮測試中，處在

「豐富」環境中的老鼠，表現優於處在「貧乏」環境中的老鼠（所謂「豐富」環境是指有玩具、梯子、滾輪與管道的環境，而「貧乏」環境則是指空無一物的籠子）。解剖後的結果也發現，處在豐富環境中的老鼠，大腦的重量要來得重些。

後續的動物研究[4]也再度證實了羅森茨維格的發現。受過環境刺激的老鼠大腦確實會產生大範圍的變化：就突觸層面而言，負責協助建立與維持突觸的神經膠質細胞（glial cells）增多，這些神經膠質細胞對神經傳導不可或缺；其他改變還有血管擴張，讓更多的血液流入大腦；以及在神經傳導物質合成與分解過程中所需的酵素也有所增加。受過環境刺激的老鼠不但大腦中的灰質增多（大腦灰質內有神經膠質細胞與樹突），突觸連結處的樹突（dendrites）分支以及脊狀突起也增加許多，讓突觸的連結更為密集（樹突為神經細胞用於接受訊號的分支）。簡單來說，受過環境刺激的老鼠擁有學習與問題解決能力較強的大腦。上述這些神經變化是不分年齡的：無論是在嬰兒期、兒童期還是成長期，只要處於可以刺激大腦的環境，就會出現同樣的結果。

羅森茨維格研究最讓我振奮的是：不同的刺激會產生不同的功效。換句話說，如果一隻被矇眼的老鼠處在一個充滿觸覺刺激的環境中，觸覺相關的大腦部位就會發生改變。這項研究發現成了我研究的核心。

對大腦進行刺激所帶來的生理性與化學性改變，會轉化成學習上的進展。如果能集中刺激最需要被刺激的大腦皮質區域，那麼也許就能改變那個目標區域的大腦部位。

要量測人類大腦內的這些生理變化更為困難，因為在人類身上只能使用大腦造影之類的非侵入性技術。不過有數篇研究顯示，科學家已經能夠量測到人類大腦經密集式特定學習所造成的灰質增加情況。[5]舉例來說，倫敦的計乘車司機，在考取執照前必須記下龐大的路線分布圖，所以他們的右側海馬迴（hippocampus）的灰質明顯比一般人多；右側海馬迴是一個與空間導向有關的區域，本書第十七章會有更加詳細的說明。此外，時常進行冥想的人士，其大腦有關情緒控制的區域也會發生灰質增加的情況。其他還有進行雜耍表演的人士，其大腦相關視覺與動作活動區域的灰質也會增加。

想了解灰質增加為何有其重要性，

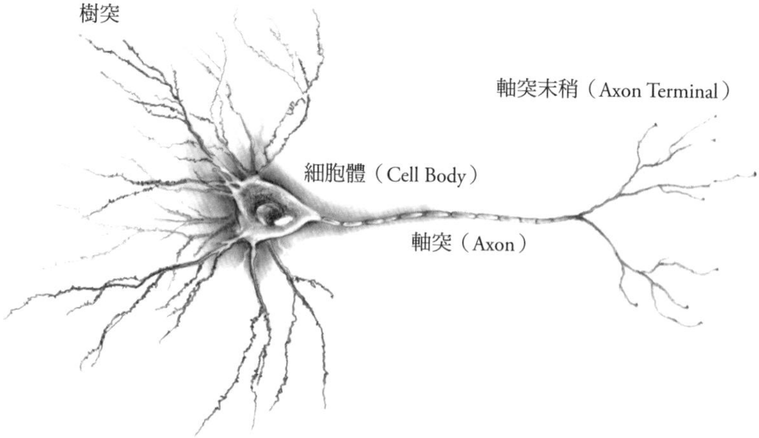

圖7：神經元

就讓我們來看看簡易版的大腦神經元交流方式。大腦中的每個神經元是以軸突為中心，而兩個神經元間會有個稱為突觸的空隙。每個神經元以兩端與其他神經元銜接，其中一端為樹突，另一端則為軸突（請參考圖七）。電刺激的訊號活化傳到軸突時，會造成軸突末梢釋出一種稱為神經傳導物質的化學物質到突觸中，這些物質接續再被相鄰神經元的樹突所接收。這些電刺激訊號有些具有抑制作用，有些則具有興奮作用。如果所有訊號的淨總和大過零，那麼訊號就會持續傳遞至其他神經元。

那麼，為何在神經傳導的過程中，神經膠質細胞與樹突是愈多愈好呢？神經膠質細胞也會參與大腦傳訊交流的過程。它們環繞神經元，穩固供給神經元營養的血流；並藉由移除過多化學物質及回收其他化學物質的方式，來調節化學物質的濃度；它們還能控管流入大腦活動區域的血流量；而且神經膠質細胞不但能彼此交流，也會與神經元交流。

樹突群則是神經細胞用於接受其他神經元訊號的介面。樹突分支愈多，代表連結就愈多，能接收的訊號就更多。除此之外，近期的研究也顯示，樹突也具有釋放神經傳導物質的能力。

下頁圖八上的兩個神經元分別取自兩種動物，其中一種動物生長在有外在刺激的環境，另一種動物則生長在無外在刺激的環境。來自環境的刺激愈多，樹突的分支就愈多，大腦神經元間的通訊交流也愈多。這一切就造就了更佳的大腦功能。

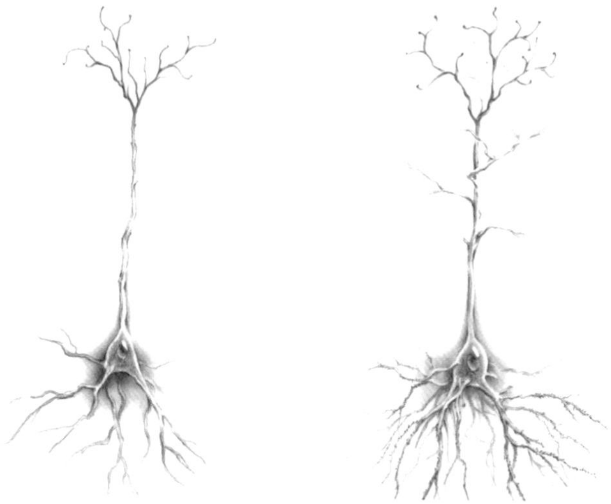

圖8：神經可塑性
圖左為在一般環境中生長之老鼠的神經元；圖右則為在豐富環境中生長之老鼠的神經元。注意圖右的神經元有較多的樹突，且樹突上有較多的脊狀突起（此圖出自喬韓森〔Johansson〕與貝立奇安克〔Belichenko〕二〇〇二年的論文，經授權後適當調整使用）。7

四十五年前，羅森茨維格就已經發現神經可塑性的非凡潛能。6 他在一九六六年寫道：「我希望人們想進行的研究，最終增加的不是身高的高度，而是人類大腦的容量。」我讀到這些文字時，就感受到挑戰正迎面而來。我要創造可以幫助大腦功能缺陷或學習障礙人士的腦力訓練。我下定決心，要從造成學習障礙的認知功能問題著手。我想解決的是學習障礙的根本問題，而非應付它的表面症狀。

在人類大腦中，包括資訊處理、記憶的形成與保留、空間導向、辨識熟悉面孔與分析言談語法等等任務，都是神經網絡設定要去執行的特定功能。盧力亞對此的想法是：「複雜行為的執行過程，事實上並非由大腦單一區域處理，而是分散在各區中，每個皮質區域（或大腦區域）對整個功能系統（或神經網絡）都有特定貢獻。[8]」根據這樣的理解，可以知道「當大腦某神經網絡中，某區域的功能較此網絡中的其他區域不彰時，就會導致此神經網絡負責執行的學習運作出現明顯的問題」，這就成了我對學習障礙的定義。此外，因為單一大腦區域可能同時是多個神經網絡中的一部分，所以單一大腦區域的問題就會廣泛影響到這些神經網絡所掌控的各種學習了。

在大腦造影技術得以精確找出問題區域的年代之前，我就已經開始創造專以問題區域為目標的認知訓練了。感謝盧力亞，讓我了解我所謂的大腦各區「認知功能」，藉由這份知識，我能根據學生的大腦問題區域，為他們量身訂做能使用到問題區域的認知訓練。

我在書中提到大腦區域的認知功能時，其中都隱含了神經網絡相互連結的這個原則。認知功能與學習問題可能發生在許多層面，也許是在單一大腦區域，或者在相鄰兩區的連接處，或是在網絡本身。

為了改變大腦，就需要一個能啟動神經學家稱為「活動依賴型可塑性」的認知療程。[9]一九七八年時，我直覺地想將這個概念融入我正在建構的認知活動。簡單來說，活動依賴型可塑性就是：「持續給與某大腦區域特定的外界刺激一段時間後，就會讓此區大腦產生變化。」所以我以羅森茨維格的研究為基礎，將此概念再向前推進一步：認知的療程或訓練必須直接刺激與作用於目標大腦區域。為了讓特定刺激的作用更為強化，進行此認知訓練的學生被要求不能用到其他大腦區域的功能，像是那些認知能力較佳區域的功能，因為這樣會轉移目標區域所需接收的刺激。此外，進行認知訓練時必須集中注意力一段時間，好讓足量的刺激能作用在目標大腦區域。

我也明瞭，每項認知訓練都必須包含神經學家現在所說的「努力歷程」（effortful processing）。[10] 換句話說，必須依據個人大腦功能的程度謹慎考量認知訓練的難度。如果認知訓練的難度太高或過低，大腦就無法在訓練過程中有效運作。因此，我為每個認知訓練設計了多個等級。

執行腦力訓練時的精準度、自發性與持續性都非常重要。如果你花了三十分鐘完成一個應該一分鐘就要完成的任務，或是以亂槍打鳥的方式完成了任務，那表示你對此認知訓練還不夠熟練。我們已經針對每個認知訓練訂出了熟練運作的標準。一旦學生精熟此項訓練，他（或她）就可進入下一個難度等級的訓練，好讓他們的大腦再度付出努力。我們也訂定了學生達到標準時的獎勵辦法。紐澤西州伊莉莎白市一位上過亞羅史密斯課程的老師蘿斯・坎朵（Rose Kandl），找到一個向學生解釋整個學習歷程的好辦法。她請學校的科學老師將燈泡連至一個曲柄上；當學生轉動曲柄時，燈泡就會亮起。坎朵告訴我：「我讓學生快速地轉動曲柄，好讓燈泡發亮。並告訴學生：『現在你必須持續轉動曲柄。這就是亞羅史密斯課程的宗旨，你一定要持續下去。如果你只是讓燈亮了之後就停手，燈泡就會熄滅，那就什麼事都不會發生。你要做的是讓燈泡一直亮著。』我告訴每個孩子：『一分耕耘，一分收穫。』」如果他們轉得夠久，燈泡最後就會一直亮著了。

一位在精神科接受訓練的醫師曾用了一個極為貼切的比喻來描述學生上過亞羅史密斯課程後，那種燈泡持續發亮的生活。「這就好像我剛到自己鄉下的房子時，」她說：「會花大約十小時清理大房子裡的蜘蛛網。蜘蛛網遍布整間房子。不過一旦我把它們全部清理乾淨，整個房子就會顯現出原有的模樣，沒有東西會特別引人注目。我們的大腦就像這樣。一旦大腦以自己該有的樣子來運作時，就會被視為理所當然，就像一直以來都是這樣。」

一旦大腦的功能有所增長，這份能力就會永遠持續。我自己的假設是，一旦大腦新增功能正常運作，正常地使用就足以供給其所需要的刺激量了。持續追蹤亞羅史密斯畢業生這三十年來，我並未發現他們有任何功能喪失的情況。也就是說，改變過後的大腦依然能保有那份改變。

在創造這許多腦力訓練的漫長歲月中，我不只要驗證自己的假設，也得運用直覺與想像力。小兒麻痹會造成嚴重的後遺症，而最先製造出小兒麻痺疫苗的約納斯・沙克（Jonas Salk）在一九五〇年代艱苦地努力尋找對付此疾病的方法時，想像自己「變身」成身體的免疫系統。我記得自己讀到這段描述時，分外覺得親切。因為我運用了與他相同的方式，想像自己「變身」成大腦。

沙克在其著作《現實剖析：直覺與理性的結合》（*Anatomy of Reality: Merging of Intuition and Reason*）中寫道：「我不記得確切在什麼時候，我開始應用這種驗證事物的方法，不過在我很小的時候，當我對某個東西有興趣，我就會想像自己變成那個東西。成為科學家後，我也會把自己想像成病毒或癌細胞之類的東西，並試著感受那會是個什麼樣的情況。我也會想像自己是免疫系統，並試著重建出免疫系統對抗病毒或癌細胞的情況。[11]」

這也是我的「真實」寫照。雖然天生的功能障礙讓我喪失經由邏輯與理性去了解世界的能力，我卻也擁有以右側大腦直覺感受世界的天賦能力。

我活在一個感受體驗勝過邏輯理性的世界。對我而言，「意象」是對實體世界的生活體驗，而非語言上的修飾名詞。當我需要學習某件事物，會想像自己潛入那個東西，然後就能真切地感受到自己進入了正在學習的事物之中，就彷彿我全身正浸入注滿想法的水池中。寫詩時（這是我從十二歲開始就有的習慣），我也會變身為自己所寫的東西。如果寫到花瓣上的露水，我就會感受到決定露水是否會留在花瓣上的那些黏滯力、溼潤度、表面張力、水分子附著力，以及表面能量等參數。

盧力亞筆下關於大腦的論述總是十分複雜，有時還需耗費心力理解，人們十分納悶我是如何能夠了解。其實我仰賴的就是同樣的方式。要了解大腦某區的功能，我就把自己變身為那個大腦區域，感受自己進入盧力亞所描述的那個區域以及其功能裡，讓自己徜徉在盧力亞所描繪的世界，也就是那區大腦的本質與特性之中。

為了創造適用不同大腦部位的訓練，我想像自己進入某大腦區域，試著設計出能讓此區運作的腦力訓練。什麼樣的活動可以刺激這個大腦區域？什麼樣的器材確實有用？要如何開始訓練？如何提升訓練的難度與精益求精？以盧力亞的論述為指南，我試著想出專為神經設計的健美操。

開發各種認知訓練，並觀察受訓者所發生的改變，就好像是在進行自然實驗一般。根據大腦功能改善的情況，我也愈來愈了解大腦的每個區域。各種認知功能聯合運作時，我就愈清楚它們的運作方式。隨著時間過去，我開始明瞭當某大腦區域放棄運作，會引發什麼樣的狀況。由於大腦的每個神經網絡各負責不同的學習任務，所以大腦每一區域內的功能缺陷，對我們造成的衝擊也有所不同。

有些來到我們學校的學生，顯然是集某些高認知功能與某些低認知功能於一身的突兀綜合體。

想像一下，若某人大腦的其中一部分具有強大的能力，同時也有某些大腦部位功能不彰，會是什麼樣的情況？這就像是有人擁有出色的聽覺記憶，卻在了解概念上有嚴重的障礙。這樣的大腦能輕鬆地搜集資訊，卻無法理解這些資訊的內容。

想像你是天生的發明家，總有源源不絕的想法，卻記憶力不佳，所以在你真的記下自己巧妙的發明之前，同樣的東西會重複發明好幾次。

再想像一下，若是你擁有出色的視覺記憶，卻有說話表達上的困難。所以即便你的默讀與手寫詞彙程度極高，說得出口的卻只有簡單的語彙，也使得你的文章傳達給外界的印象，與他人對你的口語表達印象完全不同。

上述關於學習障礙人士的情境描述，全是過去三十年在亞羅史密斯學校裡所見到的案例。

因為對神經科學有所貢獻，而於一九八一年榮獲諾貝爾獎的美國神經學家羅傑・斯佩里（Roger Wolcott Sperry）曾經提過，人類大腦要比我們身體其他生理構造加總起來還要複雜。他是這樣說的：「我們每個個體大腦的天生特徵與差異程度——包括大腦的表面構造、內部纖維、組織、顯微結構與化學物質等等——可能就是造成人們臉孔特徵或指紋深淺不同的主要原因。」換句話說，大腦造就出我們獨一無二的個體。

在深入了解個體差異以及個體在想法、學習、處理資訊與情緒反應上的不同上，神經科學具備極大潛力——這一切有極大部分都是由我們非凡的大腦結構所決定。在了解大腦可塑性的本質後，我們可以利用此特質正向改變大腦的功能運作。[12]

那些大腦障礙人士的故事，就是驅策本書出版的動力。其中大多數都是就讀亞羅史密斯學校的學生，他們在努力練習下克服了自身的學習障礙，努力做著腦力訓練。書中還有些尚未克服自身障礙的人士也分享他們仍在艱苦奮戰的心路歷程。無論是使用真名還是匿名，本書面談的每一位人士，都熱切地訴說著自己的故事。雖然我們在某些人士的個人資料上做了些修改，不過無損故事本身的真實性。

我為本書揀選的故事都是能對大腦認知區域提出最佳說明的案例。除了年輕學生的故事之外，也選擇了一些成人的故事，好讓大家知道直到成人時期才去處理學習障礙問題會出現哪些情況。所有學生致力執行認知訓練的故事都有一個共通點：問題解決前後的大腦認知能力，有著顯著的分野。這些都是蛻變的故事。

我期望在更進一步了解這些問題如何影響人們的生活後，能讓大家更為理解與包容這些患者，不過最重要的也許是，大家能以更慈悲的胸懷來面對他們。

第六章 大學時的陰霾

一九七〇年

一九七〇年，我終於拿到高中畢業證書，儘管過程千辛萬苦，但我要上大學是無庸置疑的。我以平均七十分的成績從彼得堡的高中畢業，那時這樣的成績就可以進入大學。

我選擇了位在多倫多西方一個小時車程的貴湖大學，主要是想跟隨母親的腳步攻讀營養學，而貴湖大學正是此領域首屈一指的學府之一。我確實想在第一學期拿到六十分的及格成績，但是我卻選修了太多科學性的科目，包括有機化學、物理化學與生理學等等；研讀這些科目需要用上我本就沒有的認知理解力。由於我只寫得出參考個別文章且彼此無關的幾段短篇概要，無法從文章中獲取並整合不同的發現以支持自己的推論，所以第一篇研究報告就不及格。同班其他同學都知道自己該怎麼做，只有我不知道。

坐在從彼得堡開往貴湖的公車上，我時常感到恐慌。唯一的辦法只有下車，站在路旁的田野上，想著自己就在那裡度過餘生。我進退兩難，這世界沒有我立足之地。我再一次成為失敗者。於是我決定改念兒童研究。

我曾在彼得堡的一神論學前兒童團契中幫忙。我告訴父母，我一進到大學就發現自己真正有興趣的是與兒童有關的工作。雖然自己的確喜歡跟兒童一起工作，但這不是我轉系的原因，真正的原因在於兒童研究的課程較為簡單，且大多是記憶性科目。不過，回頭想想，我不禁懷疑這一切是否都是命運的安排，才讓我決定進行兒童研究。這會不會是一趟透過思考孩子們學習的方式來讓我了解自己問題所在，進而求得自身圓滿的追尋之旅呢？

可以確定的是我開始有了成果。我對觀察兒童行為的實習課程（無論是教學實習或擔任實習老師）相當拿手。在學校附設的實習托兒所中，我們坐在單向鏡後研究孩童的行為，並寫下我們的觀察報告。這也許是我這輩子第一次被告知自己具有某方面的天賦。此門課程的內容包括非口語性問題的解決，以及檢視非口語性社交的模式。雖然以研究認知發展階段而聞名遐邇的讓．皮亞傑（Jean Piaget, 1896-1980）在當時已被視為卓越的思想家，不過那時還沒有人注意這些觀察到的行為與大腦之間的關係。

我依然努力不懈地與學業奮戰，但努力維持學業成績已讓我精疲力竭，再加上自己沒有把握是否能夠繼續攻讀學位，所以我休學了一年去旅遊。然而無論在何處，我的認知缺陷依然如影隨形。

復學後，我拿到了兒童應用研究（applied science in child studies）學士學位，並留在貴湖大學工作。我在那兒的實習托兒所當了兩年的班主任。我私底下以為，學校雇用我的原因是因為自己表現不佳，所以他們一定不想讓我這樣的畢業生到其他地方工作，怕有損校譽；他們需要更多的時間來提升我的水平。對多數畢業生而言，被母校聘用是項榮譽，但對有學習障礙的我而言，完全不是如此。

在這段時期，我已十分著迷於學習過程以及為何有些人就是無法學習的原因。那時關於學習障礙的重要新式教材也剛要發行，我也開始探索每個孩子在學習上的差異程度。

最後我還是決定繼續攻讀安大略教育研究院（Ontario Institute for Studies in Education）的研究所課程，這次主修的是學校心理學；課程內容是將臨床與教育心理學的原則，應用於行為及學習障礙的診斷與治療。這是我再一次的嘗試，企圖去了解對自己有效與無效的方法，以及自己依然痛苦奮鬥的原因。

這些痛苦掙扎也開始讓我付出代價。一九七六年的楊家聖誕新訊中寫道：「芭芭拉與四位朋友住在多倫多，目前正在攻讀應用心理學的碩士學位。過去一個月她的身體不太舒服，並且感覺課業壓力過大。」小學時的我只是個被課業壓得喘不過氣的孩子，並不算真的生病。但在研究所中長時間進行研究以勉強維持成績所累積的壓力，的確對我的健康造成了影響。

我們現在知道，壓力會對免疫系統造成影響，而我的免疫系統更是四面楚歌。肺炎不但是家常便飯，八年後又被診斷出與免疫力缺乏有關的疾病子宮內膜異位（endometriosis）。我的問題不再局限於認知領域，學習障礙所造成的相關壓力在我身上表露無遺。我真的把自己推向油盡燈枯的狀態。

我的教授們無法想像天賦異稟與學習障礙竟會同時出現在一個人身上。我的優異成績也讓他們不相信我有學習障礙，他們想像不到我為了成績曾多次在圖書館熬夜整晚。警衛進行閉館前的最後巡查時，我就躲起來。我需要在沒有任何打擾、絕對安靜的環境中，再與書本共處八個小時；獨自留在圖書館的每個夜晚為我提供了這些條件。我每晚平均大約只有四小時的睡眠時間。

一九七七年某天，我在安大略教育研究院的學生休息室裡遇到一位同校的學長。我們開始討論大腦的話題。這位學長擁有特殊教育的碩士學位，並且正在攻讀博士學位；他十分聰穎也博覽群書，對大腦有濃厚的興趣。事實上，正是他引領我進入盧力亞的世界。約書亞・科恩（Joshua Cohen）那雙銳利的藍眼睛總以懷疑的眼光觀看世界。他生性不苟言笑，那時我還不知道他將來會成為我的丈夫。

約書亞與我在一九八〇年八月三十日結為連理。那年我二十八歲，而約書亞三十九歲。婚禮原本安排在彼得堡家中的後院舉行，但不祥的閃電烏雲（一個我該注意到的兆頭）卻逼著我們進到屋裡。地區的牧師主持儀式，他示意約書亞進行一項猶太傳統習俗：將包著白色餐巾的酒杯放在壁爐中，以右腳踩碎酒杯。這項習俗的用意有多種說法。最常見的說法是破碎的酒杯象徵耶路撒冷聖殿的毀滅，然而讓我深受感動的是另一種說法：碎玻璃象徵永恆的改變，就像結為夫妻的兩人也因為合為一體而有了永恆的改變。玻璃碎掉後，參與小小婚禮的親朋好友齊聲高呼「恭喜（Mazel tov）」。我多希望當時的我們可以擁有更多的福氣。

第七章 撥雲見日

一九七八年

我的日子就在持續練習自己設計的時鐘腦力訓練中一天天、一月月地過去，籠罩我幾近三十年的濃霧也開始散去。我真的在大腦中打造出新的路徑。時鐘上的長針與短針對我終於有了意義，而我生命中的決定性時刻也接著出現了。

記得一九七八年六月時，我興奮地從書架中拿出哲學書籍來閱讀。我翻開一本書念了其中一頁，馬上就了解書中的內容，於是我又從架上再抽出一本嘗試，直到身旁堆滿超過一百本的書籍。怎麼會有這麼多書？因為我想確定這並非偶然，所以一本本地試讀，直到手邊的證據足夠證明自己可以閱讀並了解這些複雜的內容為止。

我清楚記得，開始練習時鐘訓練不久，有次我觀看《六十分鐘》（*60 Minutes*）這個新聞節目時，突然了解節目中時事評論員的評論內容。我不再需要記下節目對話與倒帶複習，就完全跟上了對話內容，也了解其中意思。我那時是與朋友麥克一同觀看這個節目，麥克向來總是早我八百年就進入情況。我還記得當時我說出一段顯示自己完全立即了解節目對話的評論時，麥克看著我的震驚眼神。這是不曾有過的事情，就好像過去眼盲的我，現在得以看見天日。

一直以來都被我視為剋星的數學開始變得有趣了，現在我可以了解數學邏輯裡的美妙之處。於是我開始按部就班地自修中小學的數學課程，也很享受這個過程。對我來說，數學夢魘不再存在。在大學統計學成績低空飛過後，我又選修了研究所等級的統計課程，由於已了解其中概念，所以那時還拿到A的優異成績。最驚人的部分莫過於，我第一次接觸這些教材就能了解箇中內容。我再也不用花費大量的時間去鑽研書籍與重複課程內容及對談，而是在第一時間即可理解所有的內容。於是我又再度擁有了曾於生命中消失的時間概念。

文學作品中具象徵性寓意的辭彙不再是必須硬記的元素，而是交織融合在整段文字中的一部分。當我開始在字義上建立出連結與層層涵義，不但拓展了自己字彙的廣度，對字義的了解也更為深入。

我的文字也從簡單的敘事，也就是單純寫下流水帳及事情的簡要經過，轉變成另一種風格：有中心主題且架構完整的推理論述。

我曾經憎恨不已的歷史，也變得愛不釋手。

我一直以來都很喜歡攝影，但即便給我全世界的解釋，我還是不能了解曝光值與光圈及快門間的關係。在完成時鐘腦力訓練後，我再一次參加攝影課程，這次就能了解這些參數間的關係，並運用它們拍出好照片。

我現在聽得出笑話中的笑點，特別是那些表面意思與內在涵義不一樣的諷刺笑話。要了解這一類的笑話，必須看出其表面意思與內在涵義間的關係——現在的我做得到了。

我生命中經歷過的那些好似隨機發生、毫無關係的事件，也開始有了意義。我不自覺地開始密集回顧過去，就像是看著螢幕上的一部電影。就像把拼圖的碎片拼湊起來一樣，我第一次可以洞察事件之間的關聯。

認知能力進步的結果，讓我對事理有了通徹的理解。我開始了解自己與父母有著同樣的神經缺陷。我與母親一樣都不太有方向感，難怪我們都容易迷路。早年教會的青年家庭團契有台一九五八年產的米白色雪芙蘭，母親每次駕駛這輛車時都像是在冒險。不過我也遺傳了她精力旺盛與任務導向的個性，也跟她一樣樂在其中。「讓我們畫那隻鴨子！」我母親會對我們這些孩子說：「這一定很有趣！」

我跟父親一樣，大腦布洛卡區（Broca）的功能都出了問題，這表示說話對我倆都是項挑戰，尤其是在身心疲乏、無法集中注意力的時候。這也是我在說話時需要閉上眼睛的原因之一（目前我依然會這樣做），這樣才能維持專注力並保有所想及所言之間的關聯性。不過我也遺傳了父親的創造天分：如果遇上問題，我們就會想個方法來解決。

經過研究所的課程訓練，我對於目前廣泛使用的各類心理與教育測驗都很熟悉。我需要一個測驗自己大腦功能改善程度的基準時，我選擇了用於量測語言推理能力的米勒類推測驗（Miller Analogies Test），測驗中有著諸如「母親之於女兒，就如同父親之於——」這類的題目。當初申請研究所做這個測驗時，我得到非常低的分數，而我之所以會被錄取是因為擁有堅實的學經歷。

我發現只是經過幾個月的腦力訓練，自己對數學概念、文章脈絡與因果關係的理解就大有進步。我不再像從前那樣慢半拍，凡事皆可及時反應。那份不踏實的感覺也消失無蹤。我的米勒類推測驗成績進步了三十分。

同樣地，我在進行腦力訓練四個月後左右，做了廣泛成就測驗（Wide Range Achievement Test）中的運算測驗，發現自己的程度提升了三級。我並沒有花費全部的時間來研習數學（在這段時間中，我根本沒研習數學）。但因為大腦的概念理解能力有所改善，因而提升了數學能力。這結果令人興奮，證明了我所設計的腦力訓練可以改善基本認知功能。讓亞羅史密斯教學法如此與眾不同的中心概念就是：認知訓練課程並不直接教授數學之類的課程內容或相關技巧，而是著眼在打造出大腦內新的神經路徑，好讓之後上數學課時，能夠真正理解數字概念。

我從孩子、少女至青年時期這一路走來總是猜測著事物的意思，因而總是深受挫折感與焦慮所苦，今天這種感覺已經離我十萬八千里。現在的我，可以真正與家人、朋友及同事溝通，並且即時有所反應，那份喜悅興奮之情，真是難以言喻。

我現在已經了解困擾我二十六年的原因是什麼。我知道自己大腦運作不良的是哪些部位——不但知道這些部位的名稱，也清楚它們在大腦中的位置——也知道自己設計的訓練能徹底改善我對世界的理解能力，並且能泰然自若地面對事物。

然而，不易擺脫的卻是對我生命造成重大影響的世界觀。我內心深處仍是那個受到外界驚嚇、害怕自己不能理解外在世界的小女孩。即便現在我的大腦與推理能力都進步了，過去因大腦功能缺陷引發的情緒感受卻依然揮之不去。

第八章 迷失在解讀中

「你想在午餐前還是午餐後去趟商店？」這個讓札茲斯基暈頭轉向的問題，對二十六歲以前的我也一樣。我與札茲斯基都有「象徵符號關係理解缺陷」（symbol relations deficit）。因為這項神經功能缺陷，對於像「在……之上」與「在……之下」之類看似簡單的關係用語，我們得花費極長的時間去理解，因而無法跟上進行中的對話內容。

如果你的這項神經功能缺陷極為嚴重，那麼你就會像我一樣，超乎正常發展預期地把字母b與d還有p與q顛倒混淆。你無法領略為什麼5x3等同於3x5，但3–1卻不同於1–3。也許你會因為擁有其他大腦區域的天賦優勢，而能夠背下整個計算過程（像是借位減法），卻無法明白這個過程的原理為何。你弄不清楚分數、百分比或時速之類的數學概念，像下列這樣的數學文字題就會難倒你：如果麥特以六十英里的時速駕駛車輛，請問他要花多久的時間才會到達一百五十英里外的多倫多？

你也許很聰明，但若是有象徵符號關係理解缺陷，就表示你也許無法了解自己與表兄弟姊妹間的關係，也可能無法了解祖父母就是自己父母的父母。你知道父母、祖父母這些詞彙，但其中的概念難倒你了。

你聽不懂也講不出一個笑話。

因果關係、文法規則與隱喻修辭都讓你無所適從。要了解譬喻性的文字用語成了你的大問題。只能從字面或具象的角度來理解世界的人，難以理解「他瘋狂寵愛那隻寵物」的意境。同樣地，要領會「off the hook」這種雙關語（字面上的意思是「從鉤子上取下」，而另一種涵義則指「擺脫困境」），也幾近不可能。

由於無法聽出別人不符邏輯的言談，因而很容易被騙或造成友誼破裂。象徵符號關係理解缺陷讓你在面對世界時就像霧裡看花。

我記得一位有象徵符號關係理解缺陷的學生在她七歲而哥哥十一歲時，曾對父母說過，四年後她也會變成十一歲。她認為自己就會趕上哥哥，變得跟他一樣大（完全無法理解哥哥與自己的年齡差距是相對性的這種概念）。無論怎麼解釋，還是無法改變她的想法。

有這種神經缺陷的父母曾經對我說，如果他們的孩子剛好沒有這種問題，那麼他們就難以為孩子立下規矩，因為孩子能以投機取巧的方式騙過他們。一位媽媽說，每當她立下一項新規矩，她的兒子就會以無懈可擊的邏輯，假設出一種讓新規矩變得沒道理的狀況，然後問她「這樣要怎麼辦？」，讓她完全無話可說。

另一個案例中，一位負責定價的店經理應以物品的進貨價加上三〇%做為定價。結果他把進貨價七十元的物品定價錯標為一百元（七十元加三〇%應為九十一元），然後想想既然一百元減掉三〇%就是七十元，那反過來應該就對了。他看不出來自己的邏輯有什麼問題。

有這種學習障礙，可能會讓人覺得你冥頑不靈。你很難去衡量不同的選項，一旦心意已決就很難改變。你原本就難以理解自己的想法與感受，更遑論別人的了，這可能會導致你遭到排擠。

要以簡單的概念來解釋這項功能缺陷的話，可以用手來比擬。伸出手來，手掌朝上，手指打開。假設你的手掌是個概念（比如動物或法國大革命），那麼手指就是與此概念間具有邏輯相關的事實，可用以發展或支持這項概念（像是狗與貓都是動物，或是造成法國大革命的各項歷史事件）。現在以指尖對指尖的方式把手指合起來：這些元素就合成一個有意義的整體，內在見解也就因應而生。這個認知區域連結了看似各自獨立的片斷資訊，進而建立、支持與驗證此一概念。

盧力亞這樣描述大腦顳葉、頂葉與枕葉交界處出了問題的情況：「這擾亂了大腦整合個別細節的能力。[1]」他稱此為「語意性失語症」（semantic aphasia），也就是無法從語言中取得意義。[2]

神經學家則將此區視為大腦各連結區域中之連結區，因為它在大腦中占有獨一無二的地位，將大腦負責接收與處理視覺資訊的枕葉區、聽覺資訊的顳葉區，以及觸覺資訊的頂葉區連接在一起。這個大腦中的重要交界處（包括角迴〔angular gyrus〕），讓所有的片斷資料產生了有意義的連結。除此之外，此皮質區域中的神經元具有多項功能，意味著它們可以同時處理來自聽覺、視覺與觸覺的不同刺激。舉例來說，貓的模樣、貓的咕嚕喉音以及貓毛的觸感等等資訊全部在此區整合後，就可以讓大腦定義出這是一隻貓。

若此大腦區域出現明顯問題，會導至接收到的資訊就像散開的手指那般毫無交集。大腦障礙的程度輕微時，患者還可以做出一兩個連結，但建立在一兩個連結上的這份理解十分脆弱，既不深入也不穩固。以如此少量的連結為根基的概念，隨著時間過去逐漸分崩離析，最後對事物的那份理解就不再存在了。家有此種大腦障礙孩童的父母，幾乎都有這樣的經驗：「在我教他的當下，他能夠理解教材的內容，但隔天考試時，他又完全不懂了。」

這個認知區域將看似不同的經驗連結在一起，賦與其意義，將了解周遭世界所需的關係資料聚集成為資料庫。連結愈多，對世界的了解就愈豐富深入，也就更穩固。

幼兒三歲左右時，會用「為什麼？」來問問題。這表示幼兒的探索期開始，因為他們想要了解世界。若是他們無法了解答案，世界就會變得讓人困惑及不知所措。

讓人不知所措的不確定感，就是這種神經功能缺陷一向的明顯特徵（我可是記得清清楚楚啊！）。就如盧力亞所述，患者對於自己了解的意思到底正不正確，可是一點把握也沒有。

若問我有哪個學生的認知障礙嚴重到迫切需要時鐘腦力訓練的協助，那非扎卡里莫屬了。札卡里的大腦有五種不同的嚴重缺陷，其中讓他最為痛苦的跟困擾我的一樣：象徵符號關係理解缺陷。

從家庭錄影帶中可以看見，那時四歲的札卡里呆呆地望著攝影機，一次又一次地重複說「什麼什麼什麼？」或是「咦咦咦？」。由於理解象徵符號關係的大腦部位功能不彰，讓札卡里對身旁所有事物都感到極為困惑，只能不斷地詢問「什麼」，卻不會以「為什麼」為開頭提問，來找尋「什麼」的背後原因。

如果一個人可以了解事件的原因，就會擁有某種程度的自信，並產生規律感與掌控感，不會覺得事件都是隨機發生。札卡里的認知問題嚴重到讓他與世界脫節。對他而言，整個世界就是如此喧鬧不休。

札卡里無法了解大多數人告訴他的事情。他可以聽見那些話語，但不知其中涵義，困惑感將他包圍。對他而言，與他人溝通是如此困難，以至於他不敢與媽媽或保母以外的人對話。媽媽及保母對札卡里的一切都很熟悉，所以能夠了解他想要表達的是什麼，也會耐心反覆地解釋事理給他聽。這兩位女性是札卡里的認知支柱。然而，缺乏與他人對談的能力有時也讓他付出極大代價。札卡里四歲時進行了一項必要的手術，術後他感到劇烈疼痛。但有兩個小時的時間，他沒有對照顧他的醫師及護士說過任何一句話（因為院方不允許他的母親亞萊莎・卡洛理〔Aliza Karoly〕在這段時間進入陪伴）。札卡里總會帶家裡的電話到托兒所，因為他認為如果需要的話，他可以打電話給在工作的媽媽，媽媽會幫他跟別人解釋。

亞萊莎說，四歲的札卡里第一天去夏令營時，「一直都站在外頭。營隊人員不知道必須去問他要不要喝水。那天氣溫大約攝氏三十二度，他一整天都沒喝水，也沒上廁所。他連提都沒提。他也沒去游泳，因為他不知道要怎麼問更衣室在哪裡。」

最後，札卡里只願意在保母的陪同下參加夏令營，因為保母會把營隊輔導員所說的話解釋給他聽。札卡里需要一位翻譯來為他解說，並協助他與別人溝通。

亞萊莎是專門處理人身傷害案件的律師，她在法庭上處理到一位腦傷男童的案子時，才了解札卡里的行為古怪其實是缺乏學習能力所致。那時聘請來評估那位腦傷男童的神經心理學家特別提到，這個男孩外表極為清秀，匆匆一瞥下，你也不會注意到他有任何異常之處。但花時間與他相處後，你會開始注意到跟他對談時要放慢速度，而且要保持眼神接觸；長大後他也許可以找到一份工作，但無法持久，因為他一輩子都需要有人特別解釋給他聽。

「我與同事在法庭上聽到這一切時，忍不住自問：『這不就是札卡里嗎？』我總是與腦傷人士一同工作，我也很習慣放慢速度講話。這對我來說，再正常不過了。」札卡里的腦部沒有因外力受過傷，但他的大腦顯然有某些問題。

亞萊莎相信札卡里很聰明，只是無法與人溝通；他只能比手畫腳。札卡里幾乎沒有朋友，僅有的兩個鄰居朋友與一個學校朋友都有一項共通點，那就是會放慢速度與他說話。這種孤立的感覺讓札卡里感到痛苦。有三年的時間，他每天早上去托兒所或幼兒園前都要大哭一場。在班級裡，他幾乎都會摀住耳朵孤獨地坐在角落（這裡被老師戲稱為「札卡里的辦公室」）。因為聽覺處理上的部分問題（這是由學校診斷出來的結果，依我看來，這是象徵符號關係理解缺陷所造成的結果），札卡里無法了解那位積極且多話的老師所說的話。無論在什麼情況下，他都難以理解別人的言語，而那位老師的作風還帶給他額外的壓力。於是這個男孩會把頭埋在手中去撞東西，然後一次又一次地說：「不要，不要，不要，不要。」

在家時，札卡里對卡通或多數電視節目毫無興趣，因為他無法了解其中的對話內容。他喜歡建造房子的節目，因為他可以從節目人物的行為動作中知道他們在做什麼。節目中會有些與機械相關的東西，無論是過去還是現在，這都是他的強項之一。

因為神經系統問題，札卡里的世界沒有秩序，所以他在實物之中找尋安全感與自在感：他總是穿那幾件運動褲、某種樣式的條紋衫，用固定一枝筆，留長髮，每天在學校也總是坐在同一個位置上。

札卡里的感官負荷過度，他的世界像是由「不斷擴大的眾多困惑」所構成——這是節錄自十九世紀哲學家兼心理學家威廉・詹姆士（William James）對新生兒的感官所做的描述。[3]札卡里雖然已離開媽媽的子宮並來到這個世界多年，卻仍對這個世界一無所知。

感官負荷過度使得札卡里排斥食物的外觀與氣味，也讓他顯得蒼白瘦弱。晚餐邀約成了夢魘。亞萊莎會警告發出邀請的主人，她的兒子會針對桌上的菜餚說出無禮的評語，她非常確定他一定會這樣。亞萊莎解釋：「我們聚餐主要的一項傳統就是大家坐下來享用大餐。札卡里會說：『你的菜聞起來好像舊鞋與古董。食物的味道嘗起來好像錢，你的菜嘗起來好像金屬。』」最後，那些親密的家族朋友也漸漸不再邀請他們晚餐了。

大腦掌管象徵符號關係的區域（也就是大腦顳葉、頂葉與枕葉的交界處），能整合從感官傳來的資訊並賦與其意義，好讓我們了解這個世界。而札卡里大腦中負責處理這些感官資訊並賦與其意義的區域，卻無法適當運作。因此所有的語言或感官資訊，對札卡里來說都毫無意義，難怪他將自己隔離於世界之外。

二〇〇九年秋天，六歲的札卡里來到亞羅史密斯學校。他的老師克莉絲．費塔朵（Chris Furtado）還清楚記得札卡里當時的模樣：「札卡里說：『我恨學校，我不要上學。』他一動也不動地杵在那裡，拒絕聆聽各種指示，因為他知道自己聽不懂。他沒有推理思考的能力，所以任何事情都沒有商量的餘地。」

札卡里必須開始進行時鐘腦力訓練，但他無法了解長針與短針間的關聯。為了幫助他了解長短針的關係，克莉絲請他站起來並握住他的手。「假裝你是短針，我是長針。」她說：「我比你高，所以長針比短針要長。現在我正在走，那你呢？」札卡里說：「我也在走。」克莉絲說：「好的，那麼你是走在我旁邊，還是跟在我後面。」札卡里說：「跟在妳後面。」克莉絲說：「這就是短針會做的事。長針會移動，然後短針會以較慢的速度跟著長針動。」札卡里的大腦缺陷非常嚴重，以致他無法理解長短針如何一同運作的抽象概念，直到他親身體驗過才有些了解。

進入亞羅史密斯學校六個月後，克莉絲與其他老師開始看到札卡里的改變。他變得較會與人接觸。克莉絲說：「他正在走出那個封閉自己的箱子。」札卡里大腦中負責與世界連接的部位有嚴重缺陷，以致他好像被關在箱子裡，與世隔絕。當這個世界對札卡里而言不再那麼令人害怕與困惑，他也開始願意借用別人的鉛筆；比起之前只肯用自己的鉛筆與橡皮擦，這是巨大的改變。他需要對世界有安全感，而現在的他因為了解事物的原由，所以有了安全感。他開始思考推理、降低些許焦慮，也開始有了自信。

克莉絲說：「札卡里的理解能力提升了，因為他開始了解事理。剛開學時，你必須多次向他解釋如何以五種不同的方式進行其中一項腦力訓練，但他還是會不斷問同樣的問題，因為他就是無法了解你在說什麼。」不過這種情況已不復見。

因為札卡里的世界充滿問題，所以他無法對自己的行為提出解釋，他就是無法解釋自己為何不想從事這個活動。他總是停下來給出千篇一律的回應：「我不要做這個，這很蠢。」這情況看似行為問題，實則不然。「隨著認知區域能力改善，」克莉絲說：「他能夠在我沒有給與任何提示的情況下，說出自己為什麼要做這件事，或是為什麼自己會有這種感覺了。」

一開始，了解遊戲規則遠超出札卡里能力所及，即使每天下課時間都進行的遊戲也一樣。札卡里會頑固地堅持自己對某些規則的不正確解讀，無論同學或老師費了多少唇舌都動搖不了他。其他的同學會感到挫折，也不想再跟他一起玩。他開始進行關係較為複雜的時鐘訓練時，我們也以圖表來標記他在下課時間的進步情況。他學到一項規則，然後第二項，等到他學第四項規則時，學習的速度不但加快，也開始找到遊戲各個面向間的關聯。到春天時，札卡里已經能了解全部十四項規則了。

克莉絲第一次見到札卡里時，覺得他是個看不出個性的謎樣六歲孩子。這個年紀的孩子通常對外界都很好奇，並從探索與遊戲中學習事物。但札卡里不是。不過最後他變成克莉絲所說的「閃亮之星。班上每個孩子都喜歡他」。

在家中，媽媽也看到札卡里類似的放鬆情形，他的戒心逐漸降低。這些轉變並沒有明顯的轉捩點，而是隨著認知訓練強化札卡里的大腦部位，讓他與所處的世界發生關係後，所產生的一個穩定且緩慢的改變過程。來到亞羅史密斯學校半年後，札卡里首次叫了自己的父親一聲「爸爸」。

亞萊莎說：「對我來說最大的改變是，他會與我之外的人溝通及交朋友。過去我身負重擔，一直做他專屬的溝通對象。那時只有我與保母能跟他溝通。」

札卡里在家裡展現了一項他從來沒表現過的能力：了解遊戲的概念。「我在前門放了一個大型的購物紙袋。」亞萊莎回憶道：「而他決定把自己裝進去，坐在裡面，假裝自己是一輛滑下傾斜地板的車。他從來沒有做過任何跟想像有關的事，從來沒有。我真不敢相信。」

在幼兒正常的發展過程中，孩子會以遊戲的方式進行探索，來了解世界的運作方式，這與孩子會問出「為什麼」是相同的道理。當此認知開始正常適當地運作，札卡里就能在不知不覺中開始以遊戲的方式來探索世界，因為這時他的大腦已經可以透過遊戲讓他了解所處的世界。

感官過度負荷、打從心裡厭惡喧鬧吵雜與某些食物的反應全消失了。經過多種方法與數個月的學習課程後，札卡里有了轉變。或者，我們現在看見的才是真正的札卡里，而不是那個受傷的他。

數學老師雪莉・連恩・豪伊（Sherri Lane Howie）在九月開學時首次見到札卡里。她觀察到：「札卡里非常不願意嘗試新東西，就算只是建議也極為抗拒。我教書二十年，還沒見過這麼小的孩子，外表看似開朗，卻是如此地憤怒與不安。」

有這種問題的學生常被認為很頑固，因為他們無法考慮他人的意見或其他可行的辦法。由於他們難以了解所有資訊，自然會排斥嘗試獲取新知識，也不願將新事物納入考量。札卡里的頑固個性就是認知問題造成的結果。札卡里的老師都發現，當他的推理能力得到改善，他的個性也變得溫和許多，願意敞開心胸去接納並採行別人的建議，進而改善自己的行為。

在這一學年結束時，學校一如往常進行頒獎典禮。學校的英文老師伊恩・泰勒－賴特（Ian Taylor-Wright）說，今年的得獎者給他的第一印象相當強烈。這位學生走進學校的第一天，就面無表情地問為什麼教室裡有這麼多書。在進行閱讀分級測驗時，那位學生還說這是浪費時間，因為他一個字也看不懂。他從來不笑，也聽不懂笑話——即使是伊恩那則關於超級英文對上數學的老套笑話也一樣。這個學生只看得到笑話表面的意思。

這位學生當然就是札卡里：他從多倫多亞羅史密斯學校七十五位學生中脫穎而出，成為二〇一〇年英文獎得主。

札卡里現在可以衡量不同的選項，思考其他的替代方式，進行比較與對比（像是評估電腦系統或書籍的優缺點），並做出明智的決定。這就是我一次又一次在學生們身上看到的徹底改變，也是時鐘腦力訓練能直接增進認知功能的證明。

希瑟・瑞恩（Heather Rayne），一位三十多歲的女性，臉部表情十分豐富。她經常露出笑容，臉上不時掛著微笑。

由於自身的認知障礙以及克服這些障礙的心路歷程，讓希瑟對任何與她同樣有理解困難的人深具同情心，因為她也這樣度過生命中的前二十一年。

她擁有心理學學位，也是位成人教育者，目前在加大拿一家主要銀行擔任教育訓練主任。她曾教授其他銀行工作人員「註冊退休儲蓄計畫」（registered retirement savings plans）的複雜性，所以她必定對數字與比率的概念瞭如指掌。

希瑟說自己是老師時，我聽到她言語間的自信。「我擅長解釋事理，」她告訴我：「仍然有人一直跟我說『我記得妳教我這些東西的時候』，說這些話的人，有的是四年前上過我的課的人。無論他們記得什麼，他們都已經深深記在腦海中，也了解那是什麼。」

現在的希瑟能夠了解複雜的事物，也能以他人聽得懂的方式做出解釋。但她年幼時從未想過自己能上大學或教書，更別說要教別人有關數字關聯性的事了。希瑟勉強從高中畢業，數學是她主要的絆腳石。她說：「我絕對有數學恐懼症。」

學生時代，希瑟的敵人之一就是時間。她總是被別人認為「聰明有餘但努力不足」。希瑟在中學時開始了解到，無論是回家作業或課堂練習，她都要花費比同儕更多的時間完成。在她統整好自己的想法想寫下來之際，腦中的東西就不見了。希瑟迷失了，她覺得困惑與挫折。她想著，我如何能同時集聰明與笨拙於一身？

「我坐在課堂上，覺得一片茫然，」希瑟回憶道：「我還在弄懂問題本身時，其他同學就已經給出答案了。於是從學校回家後，我告訴爸媽：『老師教的我完全聽不懂。』」希瑟於一九九六年在亞羅史密斯學校所做的測驗，顯示她有七種學習障礙，大部分從輕度到中度不等，而在了解象徵事物關係的字詞符號上，則有中等程度的障礙。

要分辨「近視／遠視」、「小說／非小說」、「東方／西方」，或是「他們是／他們的／那裡（they're/their/there）」的不同，都超出那時年少的希瑟能力所及。語言及文法對她一點意義也沒有。她只能以逐字解釋的方式來了解句子，語言間的細微差異則讓她百思不解。

只要原訂計畫有任何改變，希瑟就會焦躁不安。學校作業常讓她困惑到落淚，無論在課堂上或是家中，她常常因為無法進入狀況用錯字而被他人揶揄。希瑟的自信心瓦解了。

希瑟被告知罹患了注意力不足過動症（ADHD），所以造成了學習障礙；她服用興奮劑迪西卷（Dexedrine）來幫助自己維持注意力。

後來二十多歲的希瑟在社區報紙上看到亞羅史密斯學校的廣告，決定前去一探究竟；於是希瑟帶著懷疑與滿腔期望來到亞羅斯密斯學校。她決定花一年的時間進行認知訓練，也馬上就感受到努力的成效。「我的大腦大概是累了，上完一節課就精疲力竭了。」

希瑟向我描述無法理解象徵符號關係的生活，就像是戴了副不透明的眼鏡，生活中一片混亂與模糊。大腦獲取能快速正確處理象徵符號關係的能力後，她就摘下了這副眼鏡，她的世界也第一次變得如水晶般透明清楚。

經過一年的認知訓練，希瑟開始到約克大學攻讀心理學，並獲得生平第一次愉悅的驚喜，因為她成為全班一百一十二名學生中的前十名交卷者。「這著實讓我大吃一驚，」希瑟回憶說：「我很用功準備。但總是會有『如果我完全不了解怎麼辦？』的恐懼，然後突然間『我就知道了，我真的了解了』。」

那一年，希瑟也順利通過第一次選修的統計課程。「這讓我覺得驚奇，」她說：「因為過去我從來不了解要如何應用數學方程式。我總是在重修數學課，即使到了九年級也一樣。」

希瑟在大學時看到自己的其他改變，這些全都讓她歡欣鼓舞。「我知道自己不用絞盡腦汁重複閱讀好幾遍，也不需再回頭重讀同一個段落。我再也不用吃一堆迪西卷來維持注意力。我無需為自己有時好像抓不到社交談話主題而感到痛苦，也不再那麼害羞。雖然有時我仍覺得自己很害羞，但大部分認識我的人聽到這樣的想法時都會馬上大笑起來。」

希瑟目前任職於銀行的詐欺管理部門。過去抓不到要領的那位女性，現在可以協助糾出詐騙者。而迪西卷也成為過去。過去看起來像是過動的症狀，實際上是學習礙障造成的注意力分散。一旦學習礙障的問題獲得解決，注意力缺乏的問題也就不再發生了。

許多來到亞羅史密斯學校的學生，都曾被診斷出罹患注意力缺乏症，或是注意力不足過動症。經過多年的觀察，我將這些注意力問題歸納為四大類。首先是由情緒因子引發的注意力困難；其次是涉及下皮質區域的問題（下皮質區負責調節清醒程度與注意力）。這兩類注意力問題皆非亞羅史密斯課程可以解決。第三種則是數種認知缺陷合併引發的注意力障礙，因為要執行手邊的工作，這些有缺陷的大腦區域必須能正常運作。由於進行認知訓練需徵召功能不彰的大腦區域，所以學生練習時會因為必須付出更大的努力而覺得疲倦，造成注意力無法集中的情況。第四種則與左半或右半前額葉皮質區域的功能不彰有關（詳細內容請參閱第九章與十一章）。此二區域的主要功能就是維持訓練過程中的注意力，所以只要任何一區有了缺陷，就會造成注意力的問題。

隨著我們針對後兩大類認知區域功能進行強化，學生們無需再服藥就能維持注意力，因為學習不再是難事，而且大腦掌控注意力的能力也增強了。

❼ 任教於猶太男孩學校並負責亞羅史密斯課程的老師布洛查・紐曼（Brocha Neuman），

也看到學生在理解能力上的改善，這些學生甚至還能了解以艱澀難懂聞名的經文〈革馬拉〉（Gemara）。〈革馬拉〉出自猶太法典《塔木德》（*Talmud*），重點在透過多方觀點來衡量問題，這就像時鐘訓練在亞羅史密斯課程中也有多種面向一樣。受過時鐘訓練的學生可以更迅速地獲得掌控推理所需的多種相關想法。

事業及家庭生活被象徵符號關係理解缺陷搞得一團混亂的一名律師，描述了驅使她在極其忙碌的生活中仍尋求時鐘認知訓練協助並持之以恆的動力。「準備出庭時，」她說：「我會研讀數十個同類型案例，想從中找到可依循的案例。其實只要有一個同類型案例就夠了——只要我能了解這個案例的判決邏輯。但我就是無法了解。所以我才會覺得如果我把資料準備得詳細些，也許就能全盤了解整個狀況，但事實上我就是不了解。我總是猜測著這些細節的涵義。這讓我痛苦萬分。每次聽到電話鈴聲響起，我就擔心自己是不是搞砸了什麼事情。」她害怕自己萬一誤解了法律上的關鍵要點，不但會讓客戶陷入危機，客戶也可能因此對她提告。

經過幾個月的認知訓練，她表示自己正逐步有了改善：「我的大腦不再關機，它開始在每件事情上運作。問題發生時，我可以從不同的角度來理解問題並加以思考。我知道自己的推理能力有所提升。我在交叉詢問時能提出具殺傷力的問題，現在的我也很愛解析訴訟中的那些難題。要準備並執行一個案子是個巨大的挑戰，我非常高興自己現在有一個能夠進行這些工作的腦袋。我現在還會看一些哲學文章，也能了解其中的哲理。」

在家中，她開始在夫妻的一般爭執中占上風。「很不幸地，現在我們爭執的狀況一點也不公平。我知道老公的想法，所以能夠預測到他的論點。我老公也想接受這項認知訓練，好提升他的推理能力，以便再次壓制我。」

她也體驗到自己與孩子之間關係的轉變。「這是最棒的部分，我開始了解自己的孩子。我跟孩子們相處得愈來愈好。我可以與家人長談，分析他們的問題。」

隨著理解象徵符號關係的能力明顯改善，這個同時身兼妻子、律師與母親角色的女性終於能夠理直氣壯地說：「我了解。」

第九章 碰壁

讓我們進入「象徵符號思考缺陷」（symbolic thinking deficit）人士的世界。有這項功能缺陷的人士，其左大腦額葉（更精確的說是前額葉皮質）的功能不彰。

想像你面前橫亙著一道往兩側無止境延伸的圍牆，而你的視線也被圍牆擋住。你的任務是翻過這道牆，繼續前行。眼前顯然要面對的問題是：這道牆跳得過或穿得透嗎？還是可以挖地洞從牆下穿過去？你研究這道牆，記下它的高度與厚度，盤算繩子與攀岩裝備、鑿子或炸藥是否派得上用場。要征服這道牆，需具備解決問題的能力。

現在想像這道牆無益於思考，只會癱瘓心智。這就是有此類神經功能缺陷會造成的情況。象徵符號思考缺陷不但奪走了你主動思考的能力，還讓你容易分心、毫無條理，也無法計劃事物與設定目標。

我在一九七八年閱讀盧力亞的著作時，特別注意到「與額葉損傷有關的高階皮質功能障礙」章節[1]。那時我還想著，自己尚未協助過任何有此區問題（前額葉皮質）的人士。

同年四月，一位名為喬漢娜・萬德米爾（Johanna Vandermeer）的二十二歲銀行行員來到學校。其後超過三十年的時間，她一直是此項功能缺陷的經典案例。前述有關牆的比喻，就是來自喬漢娜。

「小時候，」喬漢娜後來寫道：「我看遍了各大精神科醫師，所有醫師都告訴我母親，她的孩子必定有某種問題，但他們不知道確切是什麼問題，也不知道如何著手治療。」

「高中時，」喬漢娜接續道：「我擔任學校視聽中心祕書。這個中心的主任負責教授我全部的課程。因為我參與視聽中心的工作，所以我不用回教室上太多的課。畢業那年的學期終了時，我的老師問我想要A或B的成績。我選了B，因為我猜爸媽不會相信我能拿到A。我就這樣從高中畢業。」

在求學過程中，喬漢娜向來不加思索就回答問題，交作業前也不會再檢查一遍，也無法反省或從錯誤中學習。這些都是有象徵符號思考缺陷的特徵。她可以機械性地計算數學方程式，卻沒有能力解決問題，也無法適當應用這些方程式。她也難以替自己的文章訂定主旨或建立概念，更無法在一堆瑣碎的細節中抓到重點。對喬漢娜來說，所有資訊都一樣重要，因此根本無法決定討論主題或文章主旨。

「我沒辦法做決定，」她回憶道：「我在一九七六年時上了大學，只念了三個月。這期間我換了四間宿舍，交了不對的朋友，生活中盡是傷心事與麻煩。壓倒我的最後一根稻草是成績，我只拿到F及D的成績。我覺得自己既愚蠢又沒用。」

因為沒有判斷能力，也無法預測可能發生的危險或結果，喬漢娜給父母帶來極多的麻煩。舉例來說，有位室友對她說自己運氣很背，有經濟上的問題，她就把家具全給了那位室友。喬漢娜的父母常得將她從這樣的絕境之中搶救出來。而喬漢娜所描述的每件事，都與我在盧力亞書上所看到的症狀相符。

前額葉皮質對於大腦功能的效用與效率具有關鍵地位。有幾種方式可以用來比喻前額葉皮質的作用。若是你愛看財經新聞，可以將前額葉皮質當做大腦的行政總裁。若你是足球迷，就將前額葉皮質想像成球隊教練。若你熱愛軍事歷史，也可將前額葉皮質當做戰爭時期策劃戰略與下達命令的拿破崙或威靈頓公爵（Duke of Wellington）。可想而知，一間沒有行政總裁的公司、一支沒有教練的球隊，或是一支沒有統帥的軍隊會是什麼狀況了。

前額葉皮質能幫助我們訂定目標與意願，並加以執行。此大腦區域功能出現障礙的人士，常被認為不負責任、思想古怪、做事不經大腦、對自己的問題漠不關心。雖然有時從某些心理學的觀點來看，這些會被當做是「人格特質」，但實則不然，這是神經缺陷所造成的結果。針對這種認知障礙所進行的腦力訓練，可以讓患者更有主見、減少依賴性，並增進訂定策略與堅持目標的能力。

盧力亞將「思考」定義為「一個人面對問題時所出現的特定認知活動，換句話說就是，在某些情況下，某人眼前出現了一個待解決的問題時，大腦因應產生的特定認知活動」[2]。他將智力與簡單的試誤行為做了區分，並將思考過程劃分成定義清楚的三個階段。盧力亞寫道：「嘗試以有組織的方式來解決問題者，必須先探究問題的情況，找出其中的重要元素；

想要解決問題的人會建立一項假設或整體計畫（策略）來解決問題，並選出也許能夠解決問題的方法（行動）。」對盧力亞而言，思考過程的這個初步階段是最為複雜的。接下來的第二階段「當然就是執行，其中包含了一系列能得到所求答案的行動應用」。最後一個階段則是問題與答案的對照。盧力亞寫道，如果問題能夠完全解決，這個思考過程就結束；如果問題仍未解決，「有『不一致』的情況發生，那麼尋找所求答案的過程就繼續進行」。

有此功能缺陷的人無法全面地探究問題中的所有面向，他們會困在思考過程中的第一階段，其所想出的任何解決方法（光是想出這些辦法就已是極艱巨的挑戰），效果都很有限。他們很少能夠到達思考過程的第三階段。

「如果妳是課堂中最先看到火苗與煙霧的人，會怎麼做？」喬漢娜在進行腦部評量時被問到這個問題。她表示自己曾被告知必須先知會現場負責人，但她說自己實際上會採取的行動，就是跟隔壁的人講講而已。她會不經大腦就對現場狀況採取行動，即使理論上她正身陷危險之中。對她來說，行動一向比思考來得簡單。喬漢娜告訴我，最好的方式就是事前花些時間與人討論該採取何種行動，然後就照著做。但實際上她幾乎做不到，因為在事件發生的當下，她就會不經大腦採取行動。

象徵符號思考缺陷的另一項特徵，也在我們對喬漢娜進行測驗時浮現。我們在討論一項主題時，她會想到無關緊要的事情而離題；舉例來說，在討論喬漢娜必須在訓練中學到什麼時，她想的卻是：自己為什麼無法念完大學？

喬漢娜在家族人脈的協助下找到現在的銀行工作，但她的老闆最近卻考慮讓她離職。喬漢娜雖然學會了銀行的作業程序，卻缺乏判斷何時該應用這些程序的能力。每當出現調整作業程序的新要點時，喬漢娜就動彈不得。她看不出自己的錯誤，別人指出這些錯誤時，也不知該如何修正。一旦自己犯錯，她就會感受到他人的擔憂，卻無力改變自己的行為，避免犯下同樣的錯誤。

喬漢娜的母親幫她想了一些準則，好讓她能夠應付少數幾個其他情況。但喬漢娜就只能當個菜鳥職員，永遠無法升遷。她對工作沒有想法，只能做別人要求的事。由於她無法反省評估自己的表現，也無法想出改進方法，所以無法進步。喬漢娜不知如何安排自己的時間。她總是容易分神，所以事情做一半就不了了之。每件任務都有一道需要跨過的牆，然而無論這道牆是高是低，喬漢娜就是沒辦法跨越。

後來她告訴我：「我看到其他人在工作中學習，也覺得自己與他們一樣聰明，但我就是不了解如何進行其他人正在做的事。這讓我非常沮喪。我眼睜睜地看著他們升職，自己卻困在原地。」

喬漢娜告訴我，別人指責她做事不積極。她說出自己的心聲：「我並非不積極，而是缺乏方向感，也沒有能力事先規劃。我想有所作為，卻不知道如何下手。」

雖然喬漢娜渴望獨立自主，卻因為不斷惹出麻煩，而需要父母與朋友的協助。她無法做好那些我們覺得理所當然的簡單事情。她因為臉上長了青春痘而心煩意亂，只會試圖掩飾，直到有朋友建議她去看皮膚科，不然她壓根不會想到要尋求醫療協助。她想要減肥，也只有在朋友為她訂定依循的方法時才會成功。喬漢娜的右側大腦運作良好，所以能對周遭環境做出適切的情緒反應，對日常生活中的各種問題卻完全沒轍。

喬漢娜曾在基督教青年會的就業輔導中心接受測驗，輔導員瑞格・邦迪（Reg Bundy）判定她有學習障礙，特別是問題解決方面。她在評估思辨能力（critical thinking）的測驗上，也獲得極低的分數（思辨能力是指解讀事物與了解主題與整體概念的能力）。於是，邦迪建議她到亞羅史密斯學校尋求協助。

我為喬漢娜設計了一項可以刺激左前額葉皮質的腦力訓練，我認為這是她大腦中最迫切需要刺激的部位。以下是喬漢娜對此項腦力訓練的描述：「我發現花數個小時閱讀寓言故事，並試著了解故事裡真正的涵義，對我來說非常有用。這些故事如何對應到實際生活的部分非常有趣。」寓言故事的目的就是給與我們道德與生活上的教育。有象徵符號思考缺陷的人雖然能夠抓住故事的細節，卻無法輕鬆領悟箇中涵義。他們無法穿透文字敘述的表象，找到其中的核心真理。生活上也是如此。當此區大腦運作良好，我們就能挖掘出深層涵義。亞羅史密斯學校的這項訓練，是利用寓言來活化大腦，使其更有去蕪存菁的能力。

進行訓練幾月後，喬漢娜開始注意到自己的進步。起初，這樣的改變並未讓她感到開心。我後來也在其他的學生身上看到同樣的反應。儘管喬漢娜的思考方式有缺陷（事實上，根本稱不上思考），但這樣的思考方式早已跟她對自己的認同感與自我形象緊緊相繫，而現在這兩者都在經歷蛻變。

有天她來到學校時顯得不知所措，並要求跟我談一談。喬漢娜發現自己可以更客觀地觀察情況，不再衝動行事。她現在會退一步分析結果，找出適當的反應。喬漢娜覺得自己心中好像被放了個停止標誌，以防自己不加思索就衝動行事。她無法確定自己是否喜歡這種新的反應方式，擔心自己會喪失自主性。不過數個月後，當她的家庭出現重大危機，她比其他親戚更能深思熟慮，這也是他們第一次去尋求她的建議與支持。在她有所進步的一年半後，主管也注意到她的改變。喬安娜被安排進修，並晉升為管理職。

兩年後她來信提到：「我總想學習每一件事，也想要出人頭地，但過去從來沒成功過。現在我不但獨立完成多倫多大學的學業，還在萊爾森大學的『有效說服』選修課中拿到B的成績。接著我還上了行銷課，並拿到A的成績。在行銷課中，我必須針對『如何建立公司』的主題來研究數個案例。我必須深入分析這些案例——你猜結果如何？我做到了，我得到了A與B的佳績。」

二〇一〇年九月，也就是我與喬漢娜初見面的二十三年後，我們再度對談。她已經結婚，擁有自己的家庭以及成功的事業。擁有策略性思考能力，讓喬漢娜可以在自己的工作領域中建立人脈與網絡、獲得升遷，並開始拓展自己的事業。她說，若非認知訓練推倒了高牆，將她釋放出來，她也不會有今日的成績。

神經科學界了解前額葉皮質對整體認知活動的重要性，也不過是最近這幾十年的事情。當前額葉皮質經由手術遭到移除或是與其他皮質分開時（比如說額葉切除術〔frontal lobotomy〕），神經學家發現語言、記憶、動作技巧，以及智力都不會受到影響。但真正的問題並沒有被點出，所以此區的確實功能仍然未知。

一九三五年，兩位加拿大神經外科醫師懷爾德．彭菲爾德（Wilder Penfield）與喬瑟夫．伊凡斯（Joseph Evans）注意到：「切除大片額葉後……以一般檢查方式竟然出奇地看不出有什麼功能變化……以一般心理測驗評量，每個案例都會被判定為正常。[3]」然而，這兩位學者感覺到一定有些東西改變了，只是無法量測出來。他們寫道：「患者喪失了心理測驗評估不出的某種東西。患者喪失的是自主性；雖然不是完全喪失，但也有大半了。」

我們現在知道大腦三分之一的神經皮質都在這個部位，其中還包括了人類獨有的大腦區域。而且此大腦區域還能持續發展至二十歲出頭，並與多數大腦部位（包括下皮質區域）廣泛連結，對於大腦整體的智力功能非常重要。

前額葉皮質就是大腦額葉前面的部分，位於運動皮質與運動前皮質區域的前方。它被視為大腦的「執行長」，具有我們各方面所需的「執行功能」，包括：計劃、決策、根據目標來評估行為、維持注意力、壓抑衝動、阻止不合宜的反應、依據過去的行動與未來可能的結果來評估目前行為、為了長遠的獲利而延遲即時享樂的心態等等。

我記得在大學做兒童研究時，曾看過一支有趣實驗的錄影帶。雖然那時還沒有人知道，不過影帶內容指出前額葉皮質對於人生後續成就的重要性。一九七二年，心理學家華特．米歇爾（Walter Mischel）進行一項現在廣為人知的史丹佛棉花糖實驗[4]。實驗人員在四至六歲大的幼兒面前放了顆棉花糖，告訴他們可以現在就吃掉這顆棉花糖，或是等個十五分鐘，他們就可以拿到兩顆棉花糖。

實驗人員記錄孩童能夠延遲即時享樂的時間，做為其反應的依據。在一九八八年的後續研究中發現，比起無法等待的孩童，那些能夠延遲享樂的孩童長大後明顯能力較佳。研究人員也發現，延遲享樂的能力與較佳的學術能力測驗（Scholastic Aptitude Test〔SAT〕）分數明顯相關。

這個簡單的實驗真正要量測的其實是支撐延遲享樂能力的區域，也就是前額葉皮質的功能。這項功能對於人生的成就至為關鍵。

負責象徵符號思考的大腦區域，讓我們將達成目標所需的每件事物都納入考量：探索所有可能的路徑以及其所可能產生的後果，再選出最佳策略並持續衡量所選策略是否合宜，也同時壓制內心的衝動與避免分心。

想一下我們早先提到的「去蕪存菁」比喻。即使不是每分每秒，我們也每日每天都面對著自己內心的衝動與受到外來事物的影響而分心。某些人就會衝動行事，或是受影響而分心，但另一些人就不會，這是為什麼呢？強大的象徵符號思考能力讓我們可以做出極佳的決斷，其中包括壓抑可能會造成不堪後果的衝動行為。

當某人被形容為具有野心、專注力強或是能驅策自己，這表示此人的這塊認知區域應該有相當程度的能力，所以他／她能壓抑或忽略內心的衝動與令人分心的事物，持續專注於當前的目標。相反地，有象徵符號思考缺陷的人就缺乏自主管理的能力。這個人難以根據目標訂出計畫：決定什麼是關鍵要素、要如何著手進行。因此在許多案例中，父母與老師會試著幫助這些人訂出架構。輕度或中度障礙者也許可以依據他人所訂定的架構來執行任務，但因為沒有一個架構可以面面俱到，所以他們的成就相當有限。而且當眼前出現問題時，這些人也無法在中途進行修正。

象徵符號思考缺陷嚴重者，還有一項更大的問題：他們在執行計畫時無法維持足夠的注意力，即使是別人特地為他們量身訂做的計畫也一樣。他們會分心想別的事情，無法專注，並且覺得不知所措。分心到別的事情上時，他們分辨不出令其分心之事與原來手上進行之事之間的輕重緩急，因而對分心之事也付出同樣的專注力，所以他們很難再將注意力放回原先進行的事情。他們就是不知道哪些事情與自己的目標相關。

這些人無法同時執行多項任務，因為執行多項任務必須具備在各項任務中做出迅速且適當決策的轉換能力，而這又是因為每個任務在一天當中各自有其優先執行的時間點。由於難以集中注意力，這些學生常被診斷患有注意力不足過動症。

「認知控制」（cognitive control）就是專門用來描述此區功能的名詞，也可稱之「為達成目標的主動持續行為」。根據兩位麻省理工學院神經學家厄爾・米勒（Earl Miller）與強納森・柯恩（Jonathan Cohen）的論文，此大腦部位「將其認為需要的訊號傳送到大腦其他部位，引導大腦活動能夠依循執行任務所需的步驟來進行」[5]。這兩位作者認為此區控制了人類認知上的多個面向。

眼前有問題待解決時，大腦負責象徵符號思考的區域就會徵召其他執行此項任務所需的大腦區域開始運作，直到任務完成。當象徵符號思考的功能不彰，大腦就不能有效地維持運作，並產生連鎖效應，導致患者其他大腦區域的功能運作也受到限制。

工作記憶（Working memory）這個專有名詞首次出現於一九六〇年代，意指個人心智在短時間內記下資訊並加以運用的能力。舉個簡單的例子來說明：要能複述七個數字並於三十秒後再倒唸數字一遍，靠的就是工作記憶。研究學者發現記下資訊並加以運用的能力來自左前額葉皮質，此皮質區域會根據資訊呈現的方式（像是視覺訊息或聽覺訊息）與資訊的本質（例如語言、數字或圖像），徵召多個皮質區域與不同的神經網絡進行運作。

左前額葉皮質對所有與工作記憶相關的任務都極為重要，它能將注意力維持在該記下的事物上，並能壓抑大腦對不相關的刺激做出反應，也會調節並維持相關神經網絡的運作。此外，為執行工作記憶任務所需而徵召的其他皮質區域，對於成功完成任務也很重要。若是負責數字的區域有缺陷，就難以執行與數字相關的工作記憶任務，即使此人前額葉皮質的功能強大也一樣。

二〇〇九年英國的一項研究顯示，幼兒的學習成果不佳與工作記憶障礙有關，工作記憶障礙也成為學業成績不佳的重要危險因子。[6]此研究針對一群被判定有學習障礙的七至十一歲兒童進行工作記憶、智商與學習方面的評量，並於兩年後讓孩子們再次接受這些評量。結果發現，預測這些孩童學習成果的最佳因子並非智商而是工作記憶。若此項研究中測得的學習成果主要受惠於前額葉皮質的作用（前額葉皮質對執行與工作記憶相關的任務極為重要），那麼這個結果就與我這些年來在各個案例身上所觀察到的結果一致了。運作功能良好的前額葉皮質，可做為學業順利與成功人生的預測因子。至於學業與工作表現不佳，則與此部位功能不彰脫不了關係。

我記得有位智力中等的十二歲學生，其左右兩側的前額葉皮質都有嚴重問題，讓她像幼兒般順從聽話——她是如此的順從，以致經常被其他孩子愚弄；他們命令她站起來或坐下，或是讓她待在校園裡直到休息時間結束許久還不能進教室，還會叫她交出自己的任天堂遊戲。神經功能上的缺陷，剝奪了她衡量是否遵從別人命令與決定的能力。在著手處理自己的問題大腦區域後，她終於可以對別人說不了。

另位有位擔任會計員的學生，在一個限時的測驗中完全依照考卷上的指示，拿著鉛筆「將空格塗黑」。即使我們一再告訴他無需這麼做，他還是浪費了寶貴的時間，把每個空格完全塗黑。因為象徵符號思考缺陷的影響，他只能遵循第一個指示，無法略去不管。

加布麗艾拉．桑德斯（Gabriela Sanders）有對感情豐富的深邃大眼，臉上也時常掛著笑容。她在對談中曾數度淚流滿面，因為她再度想起那些不堪回首的過去。目前在多倫多擔任保健醫師的她有先天性的學習障礙，也因此重修三次十年級的數學。進入高中後，學習障礙為她帶來更大的衝擊。

「上學真的是個挑戰，」加布麗艾拉回憶著，娓娓道出我認為與象徵符號思考缺陷有關的典型問題：「我從來不知道要怎麼集中注意力，也沒辦法坐下來好好寫作業，所以交不出任何作業，也無法寫考卷，因為我沒辦法為考試念書，我只能坐在那裡，等著時間一點一滴流逝。這樣的行為看起來很像蓄意挑釁，所以我從師長們的反應中所得到的結論就是：如果我不能坐著好好寫考卷，就表示我真的有問題，真的是個壞孩子。那就用行動來證明他們是對的吧——我就是個壞孩子，瞧瞧我能有多壞。」

「我記得自己一上高中就崩潰了。」加布麗艾拉說：「我受不了了，受不了了。」

起初，加布麗艾拉就像騎著裝有輔助輪的腳踏車，覺得自己勉強可以應付；等到輔助輪被拆下，她被期望得找出自己的平衡時，問題就出現了。小學的主要課程是閱讀與寫作，加布麗艾拉的大腦在這些方面能發揮一定的功能，讓她可以利用拼音學習閱讀，用眼睛記下單字。

小學階段的課業要求，並不需要太多自主性的思考，只要在老師的指導下死記硬背及學習技能就可以了。到了七八年級的階段，課業上開始要求學生進行獨立思考，同時也期許學生能夠自主學習。加布麗艾拉雖然只有輕度象徵符號思考缺陷，但因為此大腦區域的功能實在太過重要，即使是輕度缺陷也會造成重大影響。但藉著周遭人們的支持、自身強大的視覺記憶，以及其他大腦區域發揮功能，加布麗艾拉還是從高中及大學畢業了，後來還成為保健醫師。然而，她還是清楚地感覺到自己能做的事情有限。

二〇〇九年，五十三歲的加布麗艾拉開始接受多倫多亞羅史密斯學校的課程訓練，在上課前她先進行了一份測驗，而她對測驗結果毫不意外。

開始進行腦力訓練幾個月後，加布麗艾拉開始看見自己的變化。起初她懷疑那只是一種心理作用，但她的丈夫也開始注意到她的進步，像是開車時方向感變好。她老公擁有絕佳的方向感，所以她開車時向來聽老公的。不過當她更能與世界有所連結，也更能集中注意力後，她開始挑戰自己的丈夫。

加布麗艾拉也開始能夠記住自己把東西放在哪裡；現在注意力集中的時間，也長到讓她足以運用記下的資訊來建立出事物的機制。更重要的是，她的言語及思考更加清晰；她現在可以不理會干擾，組織自己的想法，並說出前後一致的論點。如今她已經可以直接在腦中描繪出事情的架構，像是健康研討會所需的那類架構。過去加布麗艾拉總是依靠丈夫幫她建立研究報告的大綱。跟許多有同樣問題的人一樣，她之前只能千篇一律使用同一種方法，除非有人幫忙，不然她的文章都依循同一個模式。她無法自行想出其他不同的撰寫方式。不過這種情況已經不復存在。現在她可以快速了解所讀內容的核心宗旨，也不會那麼焦慮了。

「就連我的心理治療情況，」她說：「也因為認知能力改善而有了進展。過去我無法完全了解自己的內心，它就像是所有想法與情緒所混成的大雜燴。我弄不清什麼是想法？什麼又是情緒？現在我的思路可清楚多了。我可以看到手邊問題的核心。這讓我如釋重負，不再覺得自己愚笨。現在的我能夠閱讀報紙，並且說出『這個觀點好』或『這是胡說八道』之類的意見。」加布麗艾拉尚未克服認知缺陷時，所有的資訊對她而言都一樣，因為她無法分辨資訊的輕重緩急，也無法剔除無關緊要的資訊。

隨著認知能力提升，即便老夫老妻數十年之間顯然早已定型的互動關係，也產生了變化（如同前一章所談到的那位律師）。加布麗艾拉描述了一段在澳洲旅行的往事，當時她與丈夫針對「神學」這個有趣主題進行討論。「那真是有趣，」她回憶說：「他最後終於認輸了。我總是可以把他拉回主題及他自己原有的論點上。當他發現自己無法用某種方式影響我，就開始顧左右而言他。這時我說：『慢著，那不是我們正在談的事情，我們在談的是這個。』我們雙方都不是以開玩笑的態度來進行討論。最後我老公說：『哇，真是精采呀！』那是場心智上的挑戰，而我撐過了。這是過去從沒發生過的事。」

若是家有學習障礙孩子的家長問起亞羅史密斯課程，加布麗艾拉會告訴他們這是「為了長期效益的短暫疼痛」。身為專門治療成癮患者的醫師，她非常了解忽視學習問題可能導致的結果。加布麗艾拉現在知道，對於像她這樣的成年人而言，處理學習問題一點也不嫌晚。以她為例，最後的結果讓她可以選擇之前從來不敢想的選項。

「我正考慮去讀人類學，」她離開前告訴我：「這個我以前根本不敢想。現在我的世界真的開闊了。」

斯圖爾特．戴維斯（Stuart Davies）的檔案厚厚一本，上面有著許多樂觀向上的注記（他在日記中描述，自己大腦「嚴重阻塞」的程度，就像那些區域已被「手術移除」那般）。二〇一〇年十月，我與他在辦公室長談了一段時間，他離開後，我必須說當時我只感到極度悲傷。

我們在二〇〇二年時就認識斯圖爾特，但我那時不知道我們學校竟曾有過這樣一個柔弱的靈魂。十多歲的他在一九七〇年中期來到加拿大，受訓成為會計師，並擔任許多小型企業的查帳員多年。那時他不知道自己有六種認知缺陷，而這些缺陷也為他帶來嚴重的傷害：讓他丟了五份工作（還要加上兩份為了餬口日以繼夜進行的工作），並造成一段破碎的婚姻。

那年秋天他坐在我前面時，臉上保持著笑容，即使在敘述自己一生中的困苦時也笑容依舊。如同他於二〇〇四年進入亞羅史密斯學校那時的日記中所寫，他「早已受苦太久了」。

身為會計師，必須考慮哪些是所需的文件，並且在必要時解決問題。但斯圖爾特的其中一項神經缺陷就是象徵符號思考問題，這讓他套上「被動行事」的枷鎖，限制了他自己衡量事情輕重及制定周全計畫的能力。斯圖爾特並不懶惰，他的工作時間向來比身邊的同事長，但學習障礙迫使他不得不接受「事倍功半」的情況。

我讀到二〇〇一年斯圖爾特的主管寫給他的那串電子郵件時，感到十分心痛。郵件的主題是工作績效考核，雖然主管顯然同情他的處境，但信中也充滿無奈。斯圖爾特犯了不少重大錯誤，像是沒有及時存進款項、輸入錯誤，以及辦公室雜亂無章（一間亂七八糟的辦公室會讓顧客對他沒有信心）。

斯圖爾特可以處理基本的工作項目，像是維護薪資帳戶，只要他的大腦能夠嵌進一個架構或程序，他就會是位好會計師。但超出這個範圍的任何事情都會壓垮他。他就像是只有一支標準鏡頭可用的攝影師，然而身為攝影師還是需要廣角鏡頭來拍攝大場景的照片。加拿大稅務局幾乎每年都會更動稅務與會計內容，斯圖爾特的老闆理所當然地認為，旗下的會計師會根據這些資訊隨時更新帳冊內容，所以他們經手審核過的帳冊應該無誤才是。

但事實並非如此，日復一日的例行會計事務已耗盡斯圖爾特的精力，更別說要他主動回想過往經手的帳冊了。象徵性思考符號缺陷讓斯圖爾特無法在工作上做出通盤考量。

斯圖爾特失去會計師事務所的工作時，他與家人在絕望之中做出決定，認為資遺費的最佳用途就是拿來處理他的認知問題，所以他在亞羅史密斯學校當了兩年的全職學生。斯圖爾特有了極大的進步，良師益友們都告訴他，他的注意力更為集中、邏輯更能前後一致，也不再沒頭沒腦地執行一項計畫了。他各方面的能力都增進許多，但他說自己已經無法「重新出發」了。他不再從事需有所擔當的工作，選擇在會計師的監督之下接案工作。他擔心過多的責任會讓幾乎擊垮他的焦慮再度上身。然而這類低階的工作收入較低，也讓他有了另一種生活壓力。斯圖爾特直到四十歲才著手處理學習障礙問題，不過他依然可以強化關鍵區域，讓他擁有解決問題以及主動出擊的能力。然而，這些年的焦慮也讓他付出了代價，在他心中留下不可磨滅的印記。

如果寫作對你而言十分簡單，那麼你也許很難想像對有象徵符號思考缺陷的人而言，寫作要不離題有多麼困難。我曾經為學生們出了一道作文題目：「學生可以帶寵物到學校來嗎？」其中一篇作文明顯就是象徵符號思考缺陷的最佳實證。以下為文章內容，我以粗體標示出離題的部分：

帶寵物到學校的好理由之一是因為你可能會覺得孤單。**帶寵物到老人之家或是退休公寓是個好主意。這樣可呼吸新鮮空氣，讓他們回想起年輕時代養寵物的記憶。**回到帶寵物到學校的問題。這可能會妨礙到其他人，因為有人可能對寵物過敏，而有人就是不喜歡寵物。不過另一方面，有人享受有寵物陪伴。**當親愛的主人失去工作，沒錢養寵物或是照顧牠時，會讓人難以釋懷。或是搬家時就把寵物丟棄或丟到動物之家，但寵物有時還是會一心一意地跑回家去。**

這位學生顯然努力想不偏離主題，但即使他已提醒自己回到主題上，他還是離題寫了與主題無關的事。因為此大腦區域對於將注意力集中在任務整體目標或需求上具有關鍵地位，所以一旦此區域發生問題，就會導致患者失去焦點、任思緒到處游移了。

意識到朋友不久後會來拜訪她的凱倫·伊姆麗（Karen Imrie），孤零零地站立在自己的公寓中。對她而言，清理公寓的念頭令人手足無措，讓她完全失去了頭緒。「我該從哪裡開始呢？」這是個艱巨得令她無法回答的問題。觸目所及是廚房中滿坑滿谷的碗盤、咖啡桌上的報紙，以及四散在臥室地板上的衣服。每個房間到處散放著其他房間的東西。所有的瑣碎細節都讓凱倫無法集中注意力去想想該怎麼做。

其實凱倫已經在牆上掛了記事板，但她忘了這時能派上用場。這類看似記憶問題的狀況，事實上是缺乏完成一項計畫所需的專注力。凱倫無法先完成一項任務再進行下一項，導致所有任務皆無法完成，也讓人覺得她有「拖延」的習性。

有象徵符號思考缺陷的人，從來就無法有效處理家務之類的事情。當廚房及洗衣間中共有五六項待辦事項，最好的方法就是先做完一處的家務，再移動到另一個地方。但有此種缺陷的人會浪費時間來回兩地，使得他什麼都沒做好的機率大增。

無法完成這類看似簡單的清掃任務，與凱倫的智商毫無關係。她於二〇〇七年接受智力測驗時，基本智力落在百分之九十六（一般的平均智力是落在百分之二十五至七十五之間），數學部分也高達百分之九十七。凱倫無疑相當聰明，不過對我而言，她那顆非凡腦袋的左前額葉皮質顯然功能不彰。念大學時，她只上了一個學期的課程就放棄了，因為自小學開始，她就難以理解課程主旨。生活中讓她動彈不得的問題總是：「我該從哪裡開始呢？」

「掌握事情的核心有時就是這麼難，」她回憶道：「在無法區分相關與無關資訊的情況下，我總想在其中加進一大堆細節。」最後她到日本去教英文。

十五年後，凱倫在她第二次進大學念書後不久，找了個不用待在辦公室裡的工作。「我覺得自己沒什麼腦袋，」她解釋：「我對辦公室裡的工作毫無概念。我是個很務實的人，需要雙手實際接觸才有感覺，自己也樂在其中。」她說：「我會動手修繕。我雖然有三個兄弟，不過修好家裡的洗衣機與馬桶的人卻是我。」

我們的測驗顯示凱倫的機械推理能力（mechanical reasoning）高達百分之九十七，機械天分讓她選擇了傳統女性不會從事的勞動工作。凱倫駕駛十噸重的卡車，並做了一年的移動式起重機操作員。她也在一家飛機製造廠工作，也從事木匠工作。這些都是有工會保障且待遇不錯的工作，但屆臨退休之時，凱倫卻被一個老問題所困擾：「我的智商不低，我的家人也都讀完大學，為什麼我不行？」她回想起當年自己在學校中的痛苦掙扎。

回憶起就讀多倫多大學三年級期間（這是第二次念大學時），凱倫說：「因為挫折感實在太大了，所以我準備好接受前腦葉白質切除手術以及電擊治療。我想改變自己大腦的作用方式，好讓大腦可以做自己應該做的事。」

凱倫偶然看到一本有關注意力障礙的書籍，書名為《你的意思是我不懶惰，也非愚蠢或瘋了嗎？》[7]。她想了一下，很快地刪去自己是「愚蠢或瘋了」的可能性，但目光卻停留在「懶惰」上。還有什麼能夠解釋她那間亂到非比尋常的公寓呢？很不幸地，學習障礙人士經常被認為很懶散。雖然他們顯然很聰明，卻無法組織自己去完成手上的任務。

為了解決自己公寓中的問題，凱倫發展出兩項策略：一是避免讓朋友到自己家，另一則是把堆積如山的報紙與其他東西堆進紙箱收在公寓的陰暗角落，這樣至少地板會看起來乾淨些。事實上，凱倫已經有二十六個這樣的箱子了。

在亞羅史密斯學校的教室中，凱倫專心進行「抓重點」的敘事練習，以克服自己的象徵符號思考缺陷。盧力亞說過，思考過程中最初始、複雜的部分，就是要能挑出問題的重點。在能夠開始解決問題之前，凱倫必須先了解盧力亞所說的「事情的情況」，知道哪些是重點細節，哪些則無關緊要。

凱倫日復一日全力投入「抓重點」的敘事練習，先從簡單的開始，然後再練習複雜的。

她試著為教材中列出的問題尋找解答，不斷設想新辦法與捨棄無用的辦法，直到找到有效的解決辦法。這一切的努力都刺激著凱倫的前額葉皮質。隨著時間過去，凱倫在面對生活中的各種問題時，開始會獨立思考並想辦法解決。沒有人比凱倫自己更感到驚訝。

「事情就這麼發生了，」她說：「一點也不誇張。才幾個月，我就突然發現自己的公寓變乾淨了。整整三個星期都保持乾淨。我寫了張字條：『這是怎麼回事？』大約一年後，有位朋友開車載我回家，恰巧家裡有個她派得上用場的東西。於是我說：『嗯，聽著，到我的公寓來吧，我把東西找出來給妳。』我在說什麼啊？沒事先準備清理個三天就請別人到家裡來，這在一年前根本不可能發生。」

凱倫注意到自己的另一項改變，那就是專注在主題上的能力改善了。有位經常取笑凱倫的朋友總在晚餐談話時留意凱倫離題的次數，而他記下的最高紀錄大概高達十七次。但在凱倫進行認知訓練一年後，這位朋友稱讚起她來。「凱倫，」他最近告訴她：「晚餐時妳完全沒有離題過。」他曾認定凱倫的思緒總是像乒乓球般跳動不定，不過現在他對凱倫可得另眼相看了。凱倫現在已不會受到廣播或別人的交談干擾，可以用簡潔有力的方式敘述事情，而且目前她公寓中放置雜物的紙箱也降至三個了。

我最後一次與凱倫交談時，她還不到六十二歲，只比我年長一些。我們各自的朋友現在都會對自己愈來愈健忘的情況開玩笑，像是必須一步步地回推做過什麼事來找出遺忘在某處的鑰匙、眼鏡與皮包。

凱倫從參加認知課程的同齡人士身上獲得了一些想法。凱倫說：「我打賭妳找不到沒有任何大腦功能障礙的人。」

擁有典型象徵符號思考問題的瓊・溫特斯（June Winters），於一九八〇年中期來到我們學校，並上了幾年的認知訓練課程。她的先生羅柏特・溫特斯（Robert Winters）是歐洲某大學的物理學教授，後來曾寫了一封信給我。在這封撰寫日期為一九九〇年三月二十八日的信中，簡單扼要地記述了他太太的經歷體驗：

親愛的芭芭拉：

我那今年五十歲的太太瓊，曾經有許多年一直很不快樂，因為她在工作上沒有成就感，而且常常發現自己在死胡同中打轉。她覺得自己很「蠢」，雖然她在標準智力測驗中拿到一百二十分以上的高分，卻無法在辦公室裡工作。她就是一直「忘記」或是「弄錯」指示與情況。

這不單純只是記憶力不好的問題，因為比起許多人，瓊對臉孔、名字、事情的記性要好得多了，而且她懂的字彙也非常多。確切而言，她其實是缺乏應付意外狀況的能力。在按部就班的情況下，瓊可以做得非常好。但若出現預期之外的情況，她就完全不知所措了。

在私人生活方面，除了完全依照慣例的事情外，我不會讓她到銀行辦事，因為我知道結果不是她自己重辦一次，就是我必須取消她所辦過的事情。在公司中，她避免參與討論，因為她覺得不知道要說什麼。我們的孩子有問題時，總是比較喜歡找我勝過找她，因為根據經驗，媽媽無法幫他們找出解決辦法，這也讓瓊覺得很難受。

瓊早就知道自己有些問題，她還在念大學時就曾到學校的心理諮詢中心求助，她被告知患有必須進行治療的情緒問題。經過幾個月的治療，情況並未好轉，反而讓她更加沮喪。瓊試著建立一整套的替代方案，但沒有成功。她強迫自己寫下一堆事情，採取其他行動讓自己的表現接近一般人的水平，但這種作法不僅會為她帶來巨大的心理壓力，她在處理事情時，也常會讓身旁的家人神經緊繃。

如今瓊的改變真是令人驚訝。讓我最先感到驚奇的就是她竟然有了幽默感。這真是超乎預期的發展。她現在參與談話的層次高多了，不但可以了解托爾斯泰歷史理論的主要概念，還可以指出其中的缺點。她不但變得比較不會以表面來評價事物，也開始了解到人都是有極限的。她的意見主張更為適切，也能捍衛自己的觀點。她不再只是聽從我的指示，也能自己判斷事情，而且判斷力極佳。比起從前，她現在的手腳快多了，不但掌控整體局勢的能力改善許多，對事情的憂心與煩惱也減少了，所以對自己的感覺也變得比較好。

瓊最近才跟女兒通過電話。一掛上電話，我女兒就覺得怪怪的，媽媽好像不一樣了。女兒覺得媽媽相當平靜與淡定，不像她平常的樣子。

這種冷靜沉著的感覺似乎滲透到瓊所做的每一件事情中。現在當瓊面臨未預期的情況時，她似乎會先退一步分析後再行動，不再只會窮緊張了。瓊目前休假在家，我們總是會有關係緊張的時候。她的膽子也變大了，索性就離家一天找女兒去，就像她今天一樣。

我們發現許多事情做起來更簡單，問題也變少，有時我們甚至沒注意到生活上的這些轉變。因為大腦可以正常運作，瓊的自信心也提升了，讓她有了更快樂的人生觀。我們向來幸福的兩人生活，意外地更為美好。我們發現兩人在一起的時間變多，也更能享受彼此的陪伴。

羅柏特・溫斯特

多年來我都會詢問成年學生關於他們學習障礙的情況，以及這些情況對他們生活的影響。我從談話中了解到，學習障礙（尤其是象徵符號思考缺陷）會讓成年人無法獨立自主。這些人無法感覺自己已真正成熟。

有位女性在完成腦力訓練的十年後，寫了一篇動人心弦的信給我，描述她現在所體驗到的獨立自主：

回想過去，我只能說過去那段期間的生活就只是活著罷了，艱辛地試圖在一直令我困惑的世界中苟延殘喘。結束混沌的高中生涯後，我花了極大的力氣不去想未來的事，因為我對未來六七十年的生活毫無頭緒。我非常絕望，所以把自己的人生縮小到兩個選項上，一是找個人來照顧我，二是在沒有人群法治的地方生活。

對我而言最重大的改變，就是現在的我擁有極佳的學習能力，可以將想法應用到生活之中並解決問題。那些過去讓我迷惑的問題，現在都得以真正地解決了。

我能選出對自己重要的想法，也能屏除無用資訊，現在的我不但可以建立出自己的準則，對自己學習吸收到的東西可靠與否也有一定的自信，所以不再莫名地感到一片茫然了。

我對自己的工作很滿意，因為我選擇的工作不但讓我能全面發揮自己的長才，還可以讓我決定要在哪些方面發光發熱。換句話說，我已經能夠掌握自己的人生，掌握自己所承受的一切，也掌握了自己未來的方向。

過去我總覺得自己活在暴風圈裡，被強風拉扯、四處飄移，現在的我則能穩穩地站在暴風眼中，想出突圍的方法。

亞羅史密斯學校的其他學生也曾跟我描述過類似的體驗：過去那些讓他們過於情緒化的事件，會化成可怕的風暴將他們捲入其中，不過當他們的思路變得清晰時，一切就不一樣了，他們可以非常平靜地面對同樣的事件，並做出適當反應。

左右大腦的前額葉皮質，是掌管我們判斷、計劃、解決問題、自我引導與自我調整等功能的中樞，而這些功能都是主導成人獨立自主的關鍵。就像前述那位女性所描寫的情況，當此大腦區域有了改善，我們就能看見患者開始有效地規劃與導引自己的生活了。

第十章 詞不達意

「與世隔絕的孤島」就是譚雅・戴（Tanya Day）、尼可拉斯・道爾頓（Nicolas Dalton）與亞垂亞諾・珍尼希（Adriano Genesi）的最佳寫照，他們三人都曾深陷「詞不達意」的痛苦。

我還記得譚雅第一次來進行測驗時的光景。由於嚴重的表語運用缺陷（predicative speech deficit），讓我無法從她有限的言語中了解她想表達的事情。同樣的缺陷也讓尼可拉斯幾乎與世隔絕，因為除了自己的家人，沒人知道他在說什麼。他無法說出或寫下一個前後連貫的句子，只能列出一些文字。至於亞垂亞諾，他在試著表達自己的意思上也有嚴重障礙，使得比手畫腳幾乎成了他唯一的救命符。

左大腦的眾多區域以精良的方式相互作用，將我們的思緒轉化成有秩序、有意義的文字序列，才成就了語言的複雜度。盧力亞在《運作的大腦》（*The Working Brain*）就曾提及，表語運用缺陷可能與左大腦半球的下後額葉區域（inferior postfrontal zones）有關。[1]雖然研究報告尚未精確指出本章所提到的障礙與哪些大腦區域有關，不過藉由譚雅、尼可拉斯與亞垂亞諾的故事，我可以描繪出已從多位學生身上看到的那些典型特徵，以及問題解決後的改善情況。

盧力亞在其著作《外傷性失語症》（*Traumatic Aphasia*）裡，曾提到人類歷史過程中語言的發展進程。[2]在此過程中，文字語言從單純的命名功能（用於代表某個影像或概念的工具），演變成能用於表達整個論點或思考的工具。盧力亞將用於表達整體論點或思考的語言稱為「表語」（一個句子中除了主詞之外的所有部分，俄文為ëpredicativeí），這也是為什麼我將這個缺陷稱為「表語運用」缺陷。

我所見過的表語運用缺陷人士，都難以運用語言表達自己的想法，語言對他們而言只不過是命名工具。盧力亞觀察到這些人被剝奪的並不是字彙能力，而是將字彙依序排列以完整說明想法或建構句子的能力，也就是了解語法（syntax）的能力。「語法」一詞源自希臘，代表有秩序的排列組合。上述學生所欠缺的能力，就是「運用字彙的排列組合來表達想法的能力」。只要仔細分析一下就會發現，當他們串字成句時，句中所表達的想法既不連貫也不完整。無論在口語或文字表達上都很片斷，字彙排列也亂無章法。

譚雅、尼可拉斯與亞垂亞諾三人的語言問題，在傳統上被認定為語言表達障礙（expressive language disorder），這是運用口語表達想法上不符合個人語言年齡能力的一種障礙。有這種缺陷的學生可能會有下列（任一或全部）症狀：話少、字彙有限、所用字句簡短且常不完整或文法不正確、字詞排列順序錯誤、缺少介詞一類的功能性字詞、重複使用某些話語或字句、以「東西」（thing or stuff）之類的通用字詞來替代較為精準的用字。

因此，這些人無法像同儕一樣，使用相同程度或複雜度的語言來與人溝通自己的想法及需求，所以聽者也難以了解他們要說的是什麼。在溝通困難的情況下，這些人可能就會產生社交問題，也表現不出真正的實力。要評量這類人士的智力時，得採用非口語型的測驗。以譚雅為例，她在智力測驗上的分數高低不一。當測驗得用言語表達時，她的分數就會低到只剩百分之一。

表面上，外在口語似乎是主要障礙，但真正的問題其實更為深奧，我們將從亞垂亞諾的案例中看出端倪。此種缺陷影響的不只是外在口語（把話說出口），還包括了內在言語（腦中所想）。內在言語具有關鍵地位，因為它讓我們能夠主導與調整自己的行為。由於這類人士無法在話出口前先行在腦中預演一遍，所以很容易說錯話，而遭人指責莽撞不得體。舉例來說，這些人收到禮物時，可能會脫口說出：「這種東西我早就有了。」除此之外，內在言語還能讓我們重複解讀資訊，好記下其中內容。

所以，患者的記憶、思考、口語與寫作皆會受到這種神經缺陷影響。

當譚雅六歲大時，她說出口的話像這樣：

「Where daddy went?」（應為「Where did daddy go?」）

「What do you doing?」（應為「What are you doing?」）

「If I look funny when I do that?」（應為「Do I look funny when I do that?」）

金妮．懷頓－戴（Ginny Whitten-Day）這位公關顧問，在譚雅十天大時收養了她，成為她的母親。金妮收養的這個小女孩很快就能坐能走，還會騎腳踏車；她友善外向，且活潑好動，但她直到兩歲還說不出半句話來。

不過譚雅的才智依舊煥發，她可以快速拼好拼圖。雖然無法開口說話，但她仍然可進行按照發生順序排列圖案來講故事的遊戲。

譚雅有許多嚴重的神經缺陷，也為此付出極大的精神代價。她有嚴重的「表現焦慮」（performance anxiety），這會讓她完全僵住、動彈不得，且僵化的不只思緒，也包括肢體。金妮告訴我們，譚雅有次拼字考試拿了零分，這相當不尋常，因為她擁有很好的字彙視覺記憶，拼字能力也非常出色。雖然譚雅總是不了解那些字彙的意思，但她就是拼得出來。

「我去學校一趟，」金妮告訴我：「看到譚雅因為拿了零分而感到難過。我把她的考卷拿高對著燈光照，依稀可以看到她擦掉了所有寫下的東西。考卷上共有十題測驗題。譚雅寫到第八題時，不知道要怎麼拼出這題的字彙。對她而這，這代表她拼不出『任何』一個字，所以她就把前面寫的全部擦掉，結果就是零分了。其實她至少還能拿到七十分。」

譚雅患有十五種不同的認知缺陷。一九八四年夏天譚雅十四歲時，我們第一次見到她，從那時起這些認知缺陷資料就陸續記錄在她的檔案中。這份認知缺陷列表讀起來發人深省，因為譚雅雖然只有一項缺陷達到嚴重程度，但卻是極為嚴重的表語運用缺陷。譚雅十四歲時，她所使用的語言依然亂無章法，且異於常人。

譚雅的母親金妮是位職業作家，有強迫自己記錄事情的習慣，也因此譚雅的檔案記錄得特別周詳。在一份金妮稱為「一位母親對有學習障礙的女兒之觀察紀錄」的檔案中，她保留了自己在一九七〇年代與一九八〇年代譚雅成長期間所寫的日記。以下即是金妮當時記錄下的譚雅句子結構：「那些人。當他們從商店中偷了東西。那些人。那些警察。當他們很壞時，他們就把他們抓進監獄裡。」這是譚雅看到警察後的想法，她試圖建立出警察每日生活的雛型。金妮試圖以這份日記來了解自己的女兒。她寫道：「譚雅的思考模式是否跟她的言語一樣混亂？如果真是如此，是否有其他的治療以及說話方式，可以幫助她匯整自己的想法？」

有一次譚雅說：「我們很久沒有晚餐了。」她是指「我們很久沒吃東西了」。金妮當時記下了：「實際上這發生在午餐時間。譚雅知道「吃東西」與「午餐」這些字眼，但由於記不起來，所以就使用了自己能想到最合理的用字。其實身處異國時，我也會採用同樣的方法。」

表語運用問題妨礙譚雅取用已知意義的字詞，也阻礙她學習字彙的能力。我們學習字彙的方式之一，就是經由了解字詞在語句中是如何被運用。由於表語運用缺陷明顯妨礙到語句運用與了解的能力，於是局限了譚雅經由上述方式學習字彙的能力。盧力亞觀察到有這類缺陷的人無法重複剛聽到的句子（所以聽他人如何運用語言對譚雅毫無幫助），也無法自己造句。

眾多的神經缺陷讓譚雅就像身處異國般，其中特別是表語運用缺陷，讓她完全無法運用自己的母語。所以每到傍晚，在試圖了解他人與讓他人了解自己之間奮戰一天的譚雅，早已精疲力竭。

幼兒園時期的譚雅可以說出一個個的單字，卻無法串字成句。「她會開口說話的唯一情況就是有人唸錯她的名字，把『譚雅』成『塔雅』。」金妮回憶道。有許多次，老師為了引誘譚雅開口說話故意唸錯她的名字，希望經由這樣的練習，她能更自在地表達。

譚雅七歲時，有位私人執業的心理師診斷譚雅的問題為「發展遲緩」（maturational lag），並且告訴金妮不用擔心，隨著時間過去，問題自然就會解決。這樣的建議並無法讓金妮安心，她帶著女兒反覆進行評估。她發現評估中唯一一致的地方就是每次結果都不一樣。金妮說：「有人說譚雅是發展過慢的遲緩兒，也有人說她是尚未發揮潛力的天才，我還聽到其他各種介於兩者之間的形容詞。」

譚雅還很小的時候，有次家裡養的寵物倉鼠跑出籠子，每個人都著急到手忙腳亂。譚雅卻冷靜地取出乳瑪琳空盒，放在倉鼠面前。金妮記得當時自己心裡這麼想：「不聰明的人不會想到要這麼做。」

然而，碰到語言時，譚雅只能掌握簡單的詞彙，太過複雜的就不行。這就是為什麼如金妮所言：「譚雅只會說名詞。」譚雅可以說出「桌子」，卻講不出「在角落的桌上吃飯」這樣的句子。

譚雅帶著極度的焦慮不安來到我們學校。她已經經歷過太多挫折，所以當她能輕鬆應付某一級的練習，要進入下一級的課程就會顯得恐懼不安。她曾寫過一封信給我：「親愛的亞羅史密斯－楊小姐：我想我真的應該待在表語運用第八級就好。我想下一級對我來說真的太難，第八級比較適合我。」但我們依然持續帶領她，而她也一級級地前行。

譚雅的優勢在於她堅定的決心，還有除了母親之外少有人認可的才智。

為了解決表語運用障礙，譚雅聆聽簡單但正確的語句，然後自己再複述一遍。句子從簡單到複雜，句與句之間的停頓時間也逐漸縮短。聆聽，複述；聆聽，複述。譚雅發現這樣的練習十分困難，特別是練習的難度增加時。但接著她的言語開始有了轉變。

進入亞羅史密斯學校六週後，譚雅就能以口語流利地表達了自己不喜歡《多倫多太陽報》（*Toronto Sun*）。在封面某處放上穿著暴露的年輕女郎，是這份小報的特色，而譚雅這位十四歲的激進女性主義者對此強烈反彈。譚雅這樣對媽媽說：「我想直接到這間報社去問他們的主管：『為什麼你們要將裸女——嗯好吧，比基尼女郎——的照片放在報紙上？』」譚雅的母親說，也許是因為男人喜歡，才放上這樣的照片。譚雅馬上反駁：「那女人喜歡的呢？」

有天譚雅在看電視新聞時，看到某人在受訪時前面有一大堆麥克風。她開始大笑地說：

「如果那些記者不小心把麥克風推進那人嘴裡，他要怎麼辦？」她假裝咳出聲，然後說出她認為他會說的話：「我的天啊，你讓我心臟病發了！」」

譚雅過去從未說過如此完整的句子。我們那時正見證到她在言語上的驚人變化：從單音字詞到開始正常說話。

金妮那時的日記中寫著：「為了解釋自己今天為何把午餐錢拿去買餅乾，譚雅講了一大篇故事：故事完整、順序正確，著實令人印象深刻。幾個星期之前，她只會聳聳肩，回答說：『我不知道。』」

四個月後，金妮留了指示告訴譚雅要怎麼弄一頓火雞晚餐。譚雅不但將一切按時準備就緒，還將碗盤也洗好了。了解語言的新能力讓譚雅可以依步驟行事，開始執行符合自己年紀的任務。

幾個星期後，金妮在日記中記下了這樣一件事：「譚雅發現哥哥姊姊要到朋友家過夜，她露出大大的微笑，並用力拍了爸爸的背說：『幹得好啊，老爸。晚上會安靜多了。』」

就連眾所皆知不太會稱讚譚雅的弟弟，對譚雅的言談也有了正面評價。不到兩個星期，金妮在日記本中記下：「我注意到自己已經不會對譚雅刻意簡化用句。事實上，有天我開始以較簡單的用詞重複對她做指示時，譚雅不耐煩地喊了聲：『媽──！』」

這就是譚雅嚴重的表語運用缺陷正開始改善的明顯證據。隨著譚雅認知能力提升，她的大腦現在知道要如何將所需字詞組合成句來表達自己的想法，她也可以聆聽與跟上周遭人士的對話，並從中學習如何運用語言。她能用於適當表達自己想法的字彙也變多了。最後她終於學會使用語言。

有幾次譚雅甚至可以糾正母親的用語。金妮說：「有次我忘了旋轉門要怎麼說，所以就說轉轉門。譚雅那時回應：『妳應該是指旋轉門。』」不過，金妮說譚雅的新語言能力也不是完全沒有壞處：「她會滔滔不絕地講『杜蘭杜蘭』（一九八〇年代很受歡迎的英國新潮樂團）的事，直到我想尖叫。」

譚雅八歲就會高空跳水，早先還可以藉由遊戲與運動來維繫友誼，但語言問題讓她跟朋友愈來愈疏離。不過現在已經不會了。譚雅的一位老師在一九八五年三月再見到她時表示，譚雅不再低頭畏縮地喃喃自語，現在的她可以抬頭挺胸與別人做眼神接觸。

譚雅現在可以與人交際了。「我們曾辦了個有許多大人參加的生日派對，譚雅在整個派對中都坐著與別人交談。」金妮當時記錄著：「之前她都會躲在自己的房間裡。其實譚雅過去也曾試著要與別人交流，但由於無法了解對談內容，所以她就變得沮喪畏縮了。她以前不喜歡跟大人在一起。有位鄰居告訴我，直到最近他才知道譚雅有酒窩。譚雅現在知道要怎麼微笑了。」

「譚雅在認知的表現上有極大的不同。」金妮在一九八五年的一篇摘要中記錄：「現在她若不太了解某個地方，已經懂得開口發問了。她的神色明顯輕鬆許多。試圖了解別人與讓別人了解自己所造成的緊張，似乎已經消失無影。她現在跟得上每件事情，也能以口語做出適當回應。」

在兩年的密集認知訓練後，譚雅回到一般學校就讀九年級，並且自信地以俄國文豪契訶夫（Chekhov）的短篇小說做為自己首篇文學報告的主題。

一九八八年五月，譚雅再次進行智力測驗。在語言性的智力測驗，她的分數落在百分之三十七，位於智力的正常範圍。而在非口語的瑞文氏智力測驗（Raven's Progressive Matrices test），她的分數則落在百分之六十的位置。

譚雅的智力一直都是正常的，只是受到阻礙。在原來的學校中，她看似落在墊底的百分之一裡：她不會說話，也無法學習語言。簡單的問題她可能聽得懂，不過一旦問句的用字太多，她就沒了頭緒。其實有好幾次她都知道答案，只是問句本身混亂了她的思緒。

過去十年，譚雅在一間工程公司擔任辦公室助理。金妮說，如果你第一次見到她，你絕對聯想不到她過去的困境，尤其是在談到曲棍球、橄欖球或《加冕街》（*Coronation Street*）這部英國肥皂劇時（這是她最熱中的三個話題）。她的部分缺陷依然存在，因為她就讀亞羅史密斯學校時，我們並未能解決她全部的問題，但現在剩下的障礙都介於輕度與中度之間。

目前獨自居住的譚雅能夠管理自己的財務，有自己的社交生活，閒暇時則沉浸於書本與運動賽事。她會與母親討論她們在報紙上看到的新聞。譚雅常說有一份自己喜愛的工作是多麼快樂的事情。在公司內部遞送信件也是她的工作內容，這讓她擁有一部推車以及全公司最大的辦公室。對她而言，這是值得驕傲的事情，而且她不在時，辦公室的信件常會亂成一團，這也令她開心不已。

可以確定的是，若是譚雅的腦部缺陷未能獲得改善，她今日就無法獨立自主。不是在家當米蟲，就是住在花納稅人錢建立的機構中，不然就是流落街頭下落不明。見證譚雅的轉變，看到她成為一個真正的人，讓人永生難忘。

天下的父母無不希望兒女的人生一帆風順。他們希望孩子被愛、被接受，一切「正常」，然而正常與否，往往在出生的幾分鐘內就決定了。

尼可拉斯一出生所測得的亞培格新生兒評分（Apgar scores）就低下。亞培格新生兒評分法是依據新生兒的外觀（Appearance）、脈搏（Pulse）、反應（Grimace）、活動（Activity）及呼吸（Respiration）來評分。看看新生兒的皮膚是青紫（不好的情況）或紅潤（好的情況）？對於刺激是沒有反應（令人憂心的情況）還是反應強烈（最佳的情況）？亞培格新生兒評分低下可能代表新生兒有嚴重的神經問題。

打從出生的頭幾分鐘，尼可拉斯就十分虛弱，不但需要急救，也沒有正常反應。他對母親的奶水過敏，有整整三年的時間要讓他的身體吸收營養都是令人頭痛的問題。尼可拉斯的母親德瑞莎．道爾頓（Teresa Dalton）不願多談尼可拉斯早先的診斷結果。她只說尼可拉斯被嚴重誤診了。

尼可拉斯三歲時開始進行語言與職能治療，他開始在學校上課時也需要助教幫忙。他連一兩個字都不會講，根本無法溝通。

尼可拉斯在求學時曾留級一年。對他而言，那一長串的神經缺陷代表著閱讀、書寫、說話、理解與眼神接觸都是挑戰。因為他跟不上任何討論，所以常在課堂上離題，以致有一次他給了適當的答案時，全班都拍手鼓掌。他會運動，也有媽媽所說的「運動玩伴」，但他與玩伴間並沒有交談，所以他沒有真正的朋友，這對他造成愈來愈大的困擾。

尼可拉斯痛苦難受，他的父母也一樣。他能結婚嗎？看起來不太可能。找得到工作嗎？「我不知道他有沒有辦法做個洗碗工，」德瑞莎說：「他沒辦法持續做任何事，也沒辦法按步驟行事。」沒有語言做為工具，尼可拉斯無法行動。

二〇〇六年一月，十一歲的尼可拉斯接受評量，並在同年春天開始行認知訓練課程。一開始他期望過高，以為自己一個月就能解決所有問題。但九項缺陷的重擔並非輕易就能卸下，不過總有卸下的時候。依循譚雅走過的路，尼可拉斯開始努力克服自己的表語運用障礙。他戴上耳機，用心聆聽，複述自己聽到的詞語。就像在跑步機上訓練一樣，這耗盡他全部的精力。不過後來他也跟譚雅一樣，自身的大腦對於要求的訓練愈來愈有反應了。

德瑞莎告訴我：「首先，我們開始注意到他的理解能力與溝通能力有些改善。而當他進步到真正可以對談的程度，我們才知道他是個極為深思熟慮的人。」

當尼可拉斯終於開始與人交談時，他所說的其中一件事就是：在這種特殊學習障礙的影響之下，感覺自己就像是盯著一大碗滿是文字的湯。就算他想試著從中找出字詞組成句子來說話，但因為湯不斷攪動，字全都混在一起了。尼可拉斯把表語運用缺陷形容得非常貼切。

結束亞羅史密斯課程後，尼可拉斯重回正規學校時遇上了一些挑戰。因為他不但必須趕上同儕們已累積多年的語言能力，也必須在學業與社交上有所斬獲。

尼可拉斯的大腦功能雖已到位，但依舊缺乏當年因自身缺陷而無法習得的方法技巧、課程學業或語言，所以他剛回到一般學校就讀時經歷了一段過渡期。一旦大腦功能有所改善，學習效率就會提升，但需要補足的部分還是很多。

我們常建議尼可拉斯這樣的學生，在回到學校的第一年請位家教來幫他們跟上學業進度。除此之外，認知課程要圓滿結束，學生還需運用自己新強化的認知領域來獲取經驗，而這可能要花費一至兩年的時間——就好像一個動手術解決終身跛腳問題的人，也需要時間學習如何正常走路。

德瑞莎有個非常貼切的說法：「尼可拉斯就好像從外太空回到了地球。」

尼可拉斯明顯（也許不是那麼明顯）開始突飛猛進。剛上八年級時，他還是個成績只有C的學生，後來竟成為全班前幾名。畢業後，德瑞莎與先生讓尼可拉斯加入國際文憑課程，加入這個課程意味著必須研讀高標準且沉重的課業。[3]九年級結束時，尼可拉斯的平均成績為九〇・八分。尼可拉斯夢想進入一所治學嚴謹的大學先修學校，而他現在就在那裡。他第二學期的平均成績為八十五分。

就像許多加入亞羅史密斯大家庭的其他家長一樣，德瑞莎從不放棄自己的孩子。對於孩子出生頭幾年被貼上的診斷標籤，她說：「我知道那不是真的，因為我還是看得到一絲希望。」她承認尼可拉斯繞了一大段路，而且是一段冗長艱辛的路程，但這段路程卻也「將他淬鍊為非凡人士」。

尼可拉斯曾對母親說，若非亞羅史密斯學校，他現在大概就是行屍走肉了。「他的意思是，」德瑞莎說：「自己如同槁木死灰，痛苦萬分。但現在我們的人生全然不同了。家長來問我有關亞羅史密斯學校的課程時，我總是告訴他們：『如果你現在不付出點心力，你之後要付出更高的代價啊。』」

尼可拉斯的故事讓我十分感動。困在牢籠的他曾經無法言語，完全與世隔絕。但之後他走了出來，幾乎像是從昏迷中甦醒一樣。

「就好像醒過來了那般。」德瑞莎說。

表語運用功能不彰的人士不但外在口語有問題，也缺乏內在言語，亦即我們腦中所進行的無聲對談。把話說出聲的孩子透過這種自我引導方式決定是否採取行動，如果他決定要進行，在行動過程也會一直說話。在正常的發展過程中，孩童約於七八歲時會將這種以外在口語引導的方式轉為內在言語。

運作適當的內在言語能讓我們在把話出口前先在腦中預演一遍，並且先行審視行動的過程，因此內在言語讓我們可以引導與控制自己的行為。

既是盧力亞的良師也是同事的利維．維高斯基（Lev Vygotsky），曾對內在言語進行特別的研究。他於三十七歲英年早逝後，盧力亞接手了他的研究。維高斯基說，內在言語「是對自己所說的話，而外在口語則是要對別人所說的話。」[4]他認為內在言語是一種速讀，一種非常簡短且沒有主詞的言語。「省略主詞就是內在言語的一種文法，」他寫道：「就像句子要有主詞與表語是文章與口語的一種文法那般。」

有表語運用問題的人士在使用外在口語與內在言語的表語元素時都會遭遇困難。

一九七八年我首次見到十一歲的亞垂亞諾，他幾乎沒有外在口語，接下來我發現，他也沒有內在言語。他無法說出句子，只能說出沒有關聯的單字，再加上比手畫腳。他的溝通模式是先說一個字，然後比手畫腳，再說一個字，然後又是比手畫腳。因為亞垂亞諾每件事都用比手畫腳的方式來表達，小學的校方人員就對他的父母表示，亞垂亞諾學不會控制自己的行為，他不受教。亞垂亞諾的父親帶他來見我時說：「我知道自己的孩子應該更聰明。」

根據維高斯基與盧力亞的研究，我假設亞垂亞諾的表語運用功能不彰，所以他幾乎無法與人溝通，也無法控制自己的行為。這個推測十分合理，因為就如同維高斯基的論點，人們是以內在言語控制自己的行為。我為亞垂亞諾設計了一套表語運用訓練課程，課程中包括了聆聽，以及將口語轉化成內在言語。一開始的練習非常簡單，接著再慢慢進入較為困難的練習。

我清楚記得有天我走進他的教室時，他看著我大叫：「我知道，不要再講話，回去練習。」他現在知道要用外在口語來引導自己行事。

「亞垂亞諾，」我告訴他：「如果你持續練習，總有一天你就可以在腦中默唸，而我也不用再叫你回去練習了。」

這一天在三個月後到來了。亞垂亞諾的表語運用能力有了一定的程度，這代表他不再有紀律問題。在進一步的認知刺激訓練下，他的外在口語也轉換成內在言語了。

曾經因為表語運用缺陷而與世隔絕的亞垂亞諾、尼可拉斯與譚雅，現在都已重新回到語言的世界中。

第十一章 做事不經大腦

三十四年來，我在處理學習障礙及了解學習障礙運作方式的過程中，有些情況特別令我印象深刻。以下就是其中一例。

一位名叫凡妮莎的十二歲女孩在翻閱一本《國家地理雜誌》（*National Geographic*）時大叫：「唉呀！好噁心。」讓她感到噁心的是紐西蘭牧羊人的照片。照片中的牧羊人正靠在麻袋上吃午餐，麻袋中裝滿了剪下的羊毛，羊毛多到散落一地。

「這太可怕了，」凡妮莎說：「這些人坐在死老鼠上吃午餐！」

時間是一九八三年，凡妮莎正在亞羅史密斯學校接受訓練。她在這裡是為了解決嚴重的「人因思考問題」（artifactual thinking weakness）。這個缺陷帶來數種影響，其中之一就是無法解讀臉部表情與肢體語言。這類患者不但讀不出他人的臉部表情，也無法了解別人的肢體語言，所以無法適當調整自己的行為。如果俗語「三思而後行」是要人們謀定而後動，那麼這個缺陷所引發的行為就是反其道而行。他們似乎總是依據少得可憐的資訊做出評斷或行事，因此常會出現錯誤解讀（在場的某些人可能會覺得這些錯誤滑稽好笑，但是對這些人或其照料者來說，這一點也不好笑）。這就是凡妮莎面對世界的典型態度：她會大略觀察周遭發生的事情，然後以不完整的資訊進行解讀。

那麼誤解照片中事件的傾向，若發生在日常生活中會是什麼樣的情況？某天快放學時，凡妮莎看見老師坐在桌旁，四周還有正在上課的學生。老師有些疲累，所以靠在椅子上。凡妮莎離老師太遠所以聽不到老師說什麼，不過她注意到老師的姿勢。當天晚上她回家後告訴父母，老師在課堂上睡覺。向來了解女兒的媽媽對這段故事存疑，於是打了通電話到學校。我得向媽媽解釋事情並非如此，老師並沒有在課堂上睡覺，凡妮莎未獲得完整的資訊就驟下結論。

凡妮莎的鄰居也基於相同理由，不准自己的小孩與凡妮莎玩。由於總會說出誇張不實的故事，凡妮莎有了不好的名聲。

如果你這部分的大腦功能極強，就很難想像此部分功能不彰的狀況。試著想像一下，完全不懂日語及日本當地肢體語言的你來到日本，手上也沒有日本動作手勢的指南，腦中就只有在西方文化中所習得的行為規範。因此你依照習慣與日本女性互動，直視她的眼睛、伸手與她握手，甚至摟住她的肩膀表達善意。

這些舉動在日本文化中皆非常失禮。在日本，手腳往身體靠攏是禮貌，大喇喇地出手伸腳、公開碰觸別人，被認為是粗魯且侵犯他人的舉動。直視他人眼睛則具有挑釁意味，避免目光接觸才是有禮的行為。在日本，人與人對談時所保持的距離也比北美大得多。見面時，鞠躬比握手更為合宜，而鞠躬的時間長短與彎腰程度也有著不同意思。像我們這樣的外國人即使進行觀察，也可能會忽略異國文化的微小線索。

動作手勢、臉部表情、說話聲調、身體姿勢與眼神移動，在不同文化所傳達的意義天差地別。每個文化都有專用字詞，用來代表其他文化不曾注意過的肢體動作。

有人因思考缺陷的人士都有這樣的日常生活經驗：他們的神經邏輯障礙引發了某種社交盲點。在同樣的文化中成長對他們毫無幫助，因為他們無法從經驗中找到線索。他們不斷在非口語的社交溝通中犯錯，猶如身處異國得設法解譯陌生的語言。

人因思考缺陷的特徵就是常做出不當的社交舉動。想像你正在一場會議中，你不太專心但又必須在場。你也許會有衝動想打通電話、離開會議室、吃起公事包中的小包洋芋片。這些都是正常的，不過大多數人都可以控制住這些衝動。這種時候我們不會大聲飲食，因為我們完全清楚這麼做對台上的講者有失尊敬，對其他聽眾也是種干擾，而且你的老闆也可能是聽眾。人因思考缺陷嚴重的人士缺乏控制這類衝動的能力，他們會直接掏出手機或沙沙作響的小包洋芋片。這類人士無法先評估這些衝動再決定是否執行，也無法在行動前先考慮後果。

我以「人因思考」這個用語來描述這個根植在右大腦非口語區域（更精確地說，是右前額葉皮質）的缺陷。左大腦是符號與語言的世界，我稱左前額葉皮質的功能問題為象徵符號思考缺陷（請參考第九章）。口語與非口語的思考是同時並行的，而我想用「人因」一詞涵蓋命名與編號以外的所有事物。事後發現，「非口語性思考」這個用語應該更為貼切，比「人因」一詞更能涵概廣泛的非口語領域。

我們居住在語言的世界，所以無可避免地會試著在社交場合中找出可以表達自身看法與感受的用語。因此，我認為左前額葉在右前額葉執行相關任務時，也扮演重要角色。今日，研究學者正在探究左右大腦前額葉皮質中許多分區的功能，還有它們所執掌的各種複雜功能與交互作用。但我在一九七八年開始進行這方面的研究時，右大腦仍是個謎。盧力亞在其著作《運作的大腦》中只用了十二頁的篇幅描述右大腦功能，書中表示當代忽略了右大腦的功能研究。[1]

長期以來右大腦被認為「缺乏整體高階認知功能」[2]，但其實此部位與許多複雜的任務有關，包括：空間概念、非口語溝通、物體與臉部表情辨識、自覺、意識、慈悲、情緒知覺、幽默、道德判定、音樂欣賞、說話語調。因為相較之下無法以語言來表達，所以右大腦顯得被動許多。它可以思考、運作與感覺，但就是無法經由語言來溝通。

一份有先見之明的早期研究指出，右大腦對行動的起步、計畫與評估極為重要。加拿大知名神經外科醫師潘菲爾德描述自己的姊妹露絲在一九二八年因腫瘤移除部分右前額葉所發生的情況。潘菲爾德寫道：「露絲意識到自己的警覺性不足。她說：『每當受到慫恿，我就會做一堆蠢事。』[3]」

潘菲爾德發現露絲的記憶、洞察力與對話能力並沒有改變，但他注意到她無法規範自己的孩子，處理家務也顯得困難。失去右前額葉剝奪了露絲的計畫能力。潘菲爾德寫道：「手術後的第十五個月，露絲要請一位客人（即是潘菲爾德）吃飯，她計劃準備一位客人與自家四人的簡單晚餐……到了約定時間，食物雖準備了，不過有一兩道菜仍在爐子上，沙拉也沒弄好，肉也還沒調理，對於自己努力了這麼久卻是這樣的結果，露絲感到難受困惑……讓執行這些事情變得幾乎不可能的主因，就是喪失了起步行動的能力。……她變得無法分辨哪些方式可行，進一步做出選擇。如果有人告訴她一些可行方案，她很容易就能做出決定。」潘菲爾德在此所指的，就是右前額葉的計畫執行功能。

除了執行計畫的功能，右前額葉對建立自身與外界的關係也非常重要。

紐澤西州蒙克萊爾州立大學認知神經影像處理實驗室主任朱利安・基南（Julian Keenan）研究關於自我覺察（self-awareness）的神經活動。[4]他認為右前額葉皮質是控制「自我覺察」的「認知金鑰」（cognitive Goldilocks）。此大腦部位讓我們可以在行動前先將自己投射在不同的情境中，事先評估在個別情境中採取不同行動的優缺點，也就是在腦中預想童話故事「金髮小女孩與三隻熊」[5]中小女孩嘗試的情境：探索不同的情況，以找出最恰當的行動。

德國研究學者凱・孚榭列（Kai Vogeley）已經由神經造影技術證實，右前額葉皮質對思考自身想法（個人自覺）與他人想法（推論他人心理）的功能十分重要。[6]後者讓我們可以顧及他人看法，以向他人提供意見、表達感受、展現態度與說明意圖。這類自覺是社交互動成功的重要因素，讓我們可以預見他人的行為。這類知識可以幫助我們根據自己期望的結果，在特定情況下決定該採用別人或自己的作法。此部分出問題的人士，不是忽略別人的想法，就是解讀錯誤，誤解自身行為對他人的影響，所以會有社交互動困難。

從結果而論，認知問題看起來像情緒障礙，也常據此進行治療。對於無法解讀自己與他人情緒以及控制自我情緒的問題，現行心理學模型傾向將其視做心理問題。然而，就我所知，許多看似缺乏情緒智商（emotional intelligence）的人，其實都是右前額葉皮質功能不彰所致，唯有在該認知區域下功夫，才能改善狀況。

神經缺陷可能嚴重危及親子關係，某些神經缺陷尤其具破壞力。當中最具破壞力的可能就是人因思考缺陷——我有時會稱為社交缺陷。

納薩尼爾・佛里曼（Nathaniel Freeman）就是一例。努力接受認知課程幾年後，他現在已上十年級，並且在極具競爭力的多倫多中學大鳴大放。認知缺陷卻讓納薩尼爾在人生的前十年付出慘痛代價。

六年前，亞羅史密斯學校的心理評量師請納薩尼爾造些句子。在以「我想知道……」開頭的第一個句子下，他接續寫了「我有多聰明」。此練習的目的在於了解他的自我感受，這個簡單的測驗揭示了他痛苦的程度。納薩尼爾描述「人們如何毫無理由地傷害他」，「當大家都在質疑他時」，也讓他感到「難受」。他寫下自己痛恨學校、一事無成，那些所謂的朋友傷害及擾亂他，還有無數次的考試不及格。他的一位老師觀察到令人心碎的一幕，他看到納薩尼爾走在學校的長廊時，「其他人就好似紅海般自動向兩旁退開」。

他只有一個朋友，那個孩子跟他一樣有人因思考缺陷，甚至更為明顯。真的就是同病相憐啊。

這樣的缺陷讓納薩尼爾沒有「停止」的開關，他總有問不完的問題，我還記得陪伴他有多麼耗費心力。由於無法解讀臉部及肢體線索，也無法聚焦於即時需求以外的任何事情，症狀明顯的這類人士少有（或沒有）能力交友與維繫友情，也很快就會發現自己受到排擠。無論是納薩尼爾或他的父母，除了認為自家人可能都不擅於社交外，實在對造成此種情況的原因毫無概念。納薩尼爾的父母只單純認為他們摯愛的兒子太容易激怒他人，但也無計可施。

納薩尼爾的妹妹艾比（Abbie）也有大腦缺陷，但她天生擅長社交應對。納薩尼爾抱怨妹妹備受禮遇，他的父母現在也承認自己確實有大小眼。納薩尼爾的抱怨與要求常得不到回應，而妹妹小心找對時機並可愛地提出要求時卻常能如願。兄妹倆在家犯了同樣的小錯，父母會懲罰納薩尼爾，對妹妹就只是一笑置之。

母親漢娜．佛里曼（Hannah Freeman）說納薩尼爾總讓她備感挫折。所以她說：「他的老師、朋友、父親跟我，給他全是負面的回應。我真的覺得很罪惡。我記得我們來聽他的評估報告時，妳向我解釋什麼是人因思考缺陷，然後我說：『我的天啊！我對自己的兒子大吼大叫了好幾年，而那卻不是他的錯。』」納薩尼爾看得懂時鐘，但即使漢娜出門前告訴他一個小時後就回來，他還是會在這段期間每隔五分鐘就打一次電話給她。納薩尼爾只專注在自己即時的需求，根本無法考慮到這麼做對母親造成的壓力。所以漢娜回到家時，她會沮喪到無法兌現對納薩尼爾的承諾。這造成親子關係緊張，也使得這對父母難以與納薩尼爾相處。

「我是個母親，」漢娜向我解釋：「我不應該受到我兒子的要求方式影響。無論是什麼事，我都應該公平對待兩個孩子，但是我沒有。」

納薩尼爾已經改變許多。兩年的人因思考缺陷認知訓練，不只讓納薩尼爾與家人的關係有了驚人變化，也改善了他的人際關係。他現在擁有許多朋友，也活躍於臉書，再加上針對其他缺陷的認知訓練成果，讓他目前的在校表現極為出色。

「快樂的孩子，」老師這麼形容納薩尼爾。有這種缺陷的孩子會成為霸凌的主要目標，對於納薩尼爾與他的父母而言，無需再擔心他在學校是否會遭到霸凌，著實讓人鬆了一口氣。

「他是個心靈高尚且有著好心腸的可愛孩子，」漢娜這麼形容自己的孩子。向來達觀的納薩尼爾總是有顆溫柔體貼的心，然而過去他沒有過濾想法與控制情緒的能力時，他的本性少有機會可以展現。當然，漢娜不曾停止關愛自己的孩子，不過現在她真的了解納薩尼爾了。他的父母非常開心納薩尼爾已較少感到憤怒與不公平了。

「過去納薩尼爾照自己的心意做事時，」漢娜告訴我：「我們曾試著向他解釋為何他得排隊或是與他人分享，但我們幾乎沒辦法講道理給他聽，或是對他說不行，因為他根本不會等你解釋完。他會開始啜泣，然後我們就要花很長的時間來平復他的心情，之後才能靜心對談，讓他接受情況。他從正常到崩潰只要十秒鐘，甚至更短。」

現在納薩尼爾想要某件東西時，已不再大吵大鬧。「經過兩年的認知訓練後，」漢娜說：「反差真是很大，首先我驚喜地發現他每次都會欣然接受我的決定。現在他是個讓人愉快的談話對象，而且能在需要做出決定時提出意見。全家意見分歧時，他總是第一個願意折衷的人，而且真的了解每個人的觀點。」

人因思考缺陷是個特別麻煩的障礙，因為它會讓你表現出自私自利與漠不關心的態度。

漢娜終於了解，有時不當的社交行為其實也是種學習障礙，就好比有人會有閱讀障礙。有了這份體認，她對自己的兒子更有同理心，而納薩尼爾在認知訓練的協助下，逐漸解決了這個大腦問題，也不再出現讓自己與周遭環境疏離的行為了。

納薩尼爾現在能預期別人的想法與感受。他的母親有次瞄到他大白天躺在床上，他從母親的神色就知道她在擔心他。在母親吐出任何一個字前，他就對她說：「我不是難過，只是無聊而已。」

現在當母親在與其他人講電話，納薩尼爾可以從她的語調知道這是私事還是公事，是不是適合插話。如果他看到她從車上提了一堆食物雜貨，他會上前幫忙。「他以前根本不會注意到這些事，」他母親說：「過去即使我手上提了十五袋東西，他也不會注意到。」

這些故事都說明了，此一缺陷對解讀非口語線索、壓抑衝動、了解他人觀點所造成的困難，而當這個缺陷獲得解決時，情況就會改變。不過，大家通常都不知道，人因思考區域在非口語領域的思考與計畫也扮演著重要角色。

納薩尼爾的非口語性思考有所改善時，他無需父母協助就能自行解決問題。某次他很想參加派對時，卻得在家照顧妹妹。過去他會驚慌失措地打電話給父母，但現在他會先聯絡妹妹的鋼琴老師，請她早一點過來，這樣問題就解決了。事隔不久，他為了籌錢買電腦，找了份兼差工作，這次也是事先預想好面試時可能被問到的問題並做好準備。

這個焦慮起來總會咬衣領及袖口的男孩，已經戒掉這個習慣了。之前學校的老師認為他有注意力不足症，所以容許他每隔五分鐘可以在教室中走動。現在，新學校的老師也視他為可教之才，他們根本想不到納薩尼爾曾經有學習障礙——在納薩尼爾平均成績九十二分的情況下，怎麼可能想得到呢？

納薩尼爾一心想成為工程師，不過律師與心理學家也是他遊刃有餘的可行選項。納薩尼爾在二〇一〇年秋天所寫的一篇文章中，引用了前大聯盟投手與球隊經理湯米・拉索達（Tommy Lasorda）的一段話：「可行與不可行之間的差異，在於一個人的決心。」─前曲棍球球星韋恩．格雷茨基（Wayne Gretzky）也說過：「如果不出手，你百分之百就沒有進球的機會。」

在治療學習障礙的早期過程中，我明白左右額葉（人因思考與象徵符號思考）所造成的缺陷最為嚴重。這兩個部位的缺陷所造成的問題，遠大於大腦其他部分的缺陷。人因思考與象徵符號思考一同作用、相輔相成，讓我們可以思考、計劃、解決問題與想出策略。大腦左右額葉的能力較佳時，就可以彌補其他神經缺陷的不足，然而只要兩個區域中有任何一個出現問題，就會擴大其他學習障礙所造成的影響。這兩個區域對於自我反省極為重要，你愈沒有自覺時，就愈不知道自己有問題待解決。

納薩尼爾就是最佳案例。我們沒有時間針對他的動作知覺缺陷進行訓練，所以他笨手笨腳的問題依然存在。在我們解決他額葉的問題之前，他不只無法知道自己的手肘與杯子在桌上的相對位置，也對身旁所發生的混亂情況沒有概念。別人將造成混亂的矛頭指向他時，他完全不知道自己能做什麼改變。而現在，當他的非口語性自覺已有所改善，他知道自己的動作知覺缺陷所帶來的問題，也想出了因應對策：他在吃東西時會往前靠在桌邊，也會把杯子擺在自己比較撞不到的地方。

埃琳娜．安德瑞歐（Elena Andreou）在開學前總是習慣先警告老師，自己的兒子迪米崔（Dimitri）會脫口說出不當的言語。舉例來說，當老師向全班保證在這個星期結束時，他會帶表現良好的學生到當地的披薩店，迪米崔就會大聲嚷嚷他討厭那個地方。事後他非常後悔自己的行徑。而他的行為模式就是這樣：爆衝，後悔；爆衝，後悔。他就像是一輛沒有煞車的車子。

迪米崔有中等程度的人因思考缺陷。此區功能正常的人會過濾掉突然跳進腦海的衝動想法，不會像迪米崔那樣對全班大聲嚷嚷，因為他們能預見這麼做的後果。人因思考缺陷較輕微的人，雖然無法事先預料老師同學的反應，但他會注意到老師臉上出現的錯愕表情，然後馬上道歉。迪米崔無法事先預料別人的反應，也無法解讀老師之後的表情反應，還要母親向他解釋錯誤的地方才能了解。幸好迪米崔的情況不像我之前某些學生那麼嚴重，那些學生不但無法了解自己的錯誤，甚至努力對他們解釋也是徒勞無功。

對有人因思考缺陷的學生而言，教室可能是個可怕的地方。迪米崔這樣覺得，克萊兒．夏比洛（Claire Shapiro）也這樣覺得。克萊兒告訴我一個故事。某天她在高中上會計課時來了位代課老師。因為克萊兒沒有數字天分，所以原來的老師准許她在其他同學學習平衡帳面差額時，做自己的英文作業。

「妳在做什麼？」代課老師問克萊兒。

「寫英文作業，」克萊兒這樣回答，她壓根沒想到要跟老師解釋理由。老師認定這樣的回答是頂撞，便說：「看看妳是要現在停筆，還是要離開教室。」

克萊兒只聽到表面的意思，所以她想自己得做出選擇，於是便離開了教室。老師追出來在大廳攔住她，問：「妳在做什麼？」

克萊兒說：「我以為妳說我可以離開教室啊。」

有人因思考缺陷的人可能很聰明，但幾乎表現不出來，因為他們無法從老師的言談舉止中抓到線索，也無法試著討老師歡心，或許也無法試著了解老師的期望。同樣地，這樣的人在工作上可以是極佳的電腦程式設計師，卻無法了解老闆的意思，所以無法知道什麼時候不適合問問題。這樣的情況下，程式設計師也許還能保有工作，但若是負責談判或業務的人就工作不保了。這類工作需要解讀他人的反應，並據此調整作法。同樣地，一個有此種缺陷的醫生也會因自己臨床態度不佳，造成病人流失。

有人因思考缺陷的人缺乏判斷力，選錯了推心置腹的人。他們不會看人，不是好的管理者。晚餐時，他們會說個沒完。他們不修邊幅，對自己的外表儀容完全無感。有位母親描述了一段有人因思考缺陷的女兒在公共場合大叫大鬧的尷尬情況。為了讓女兒「小聲一點」，她輕捏了女兒一下，結果她女兒卻大叫「妳幹嘛捏我！」

事情並非總是如表面所見。看似不負責任的行為其實很可能是人因思考缺陷所造成。這些行為有時讓人覺得好笑，有時讓人覺得不適當，有時就只是讓人覺得太過魯莽。

有位亞羅史密斯學校的學生曾被某間雜貨店列為拒絕往來戶，因為他會在沒人看守的零食櫃（那兒會有些起司或餅乾的新產品提供試吃）前一直吃試吃品，直到全被他掃光為止。此外，我也還記得一位大學生到診所拆石膏時，沒想到要帶右腳的鞋子，所以拆完石膏後，光著一隻腳的他只好單腳跳回家。我也認識一位女士，她把一杯滾燙的熱水擺在桌上小孩可以觸碰到的地方：她沒有料到幼兒也許會碰到杯子造成燙傷，而意外就這麼發生了。

我偶爾會遇到一些父母，他們百思不得其解為何自己的兒女在高中畢業後，就是無法在期限前申請好大學或找一份工作，這些都是我們預期一位獨立自主的年輕人應當會做的事。這些人缺乏踏出第一步的行動力，無法執行任何能讓自己在社會中獨立的事。我曾看過智力中等但有這項缺陷的成人必須搬回家跟父母同住。

右前額葉皮質讓我們能在社交與情緒的世界中引領自己。若是沒有這份能力，我們會不知所措。這種學習障礙讓人無論在家中、工作場所或教室裡都無法生存。無法將心比心、壓抑衝動以及考慮別人的感受，只會造成破碎的友誼與關係。

潔西卡・葛拉罕（Jessica Graham）四歲時，有次父母帶她到一間高中的體育館。她看見一條繩子，在大家還來不及阻止她之前，就沿著繩子爬到天花板。除此之外，與別人談話時，她會站在離別人只有十多公分的地方，渾然不知對別人造成的不自在。此外，唯有消耗完超強的精力，她才能安然入睡。讓小潔西卡精疲力竭、願意上床睡覺的唯一辦法就是，讓她追著家中的小型獵犬跑個四十五分鐘。她的家人用雪松圍住院子，不是為了關狗，而是為了圈住自己的女兒。潔西卡的超強精力加上她無法控制衝動的情況，讓她母親只能把全副心力放在女兒的安全上，無力去思考長遠的未來。

潔西卡的母親勞拉注意到，自己的女兒沒辦法了解被罰坐階梯是什麼意思。潔西卡不了解自己正因做錯事而遭到處罰，只會像玩具盒中彈出的小丑那樣跳來跳去。她聽不懂也學不會基本的交通安全規則，所以哥哥得當她的保鏢。有次潔西卡的父親想教她玩冰上曲棍球，他在練習時告訴她在底線找個位置站好，這樣可以觀察別人的動作，並練習模仿別人的動作。但當他告訴她要跨過球棍站到冰上時，她就會踩在球棍上（不過她平衡感絕佳，所以不會摔倒）。這些情況都透露出她的右前額葉有嚴重缺陷。

潔西卡無視於這個世界，不是因為她故意不聽話還是要跟人作對。雖然這些情況可能代表她有情緒問題，但也可能是認知缺陷所造成。

年幼的孩子在與父母的互動中學習合宜的行為。舉例來說，當一個小孩做了某件事，如果他可以讀懂媽媽的肢體語言，並從媽媽的反應中知道她不高興，他通常就會停止不做了。孩子大一點時，若媽媽告訴他，媽媽對他的行為有意見，或是媽媽無法答應他的請求，此區功能正常的孩子下次就會改變作法，達到母親的期望。

然而，一個有人因思考缺陷的孩子無法從經驗學習適當的行為，或改正自己的行為。此大腦部位對於在不同社交場合中，判斷行為適當與否的學習非常重要。在家中合宜的行為，也許不適用於學校，潔西卡並無法領略之間的不同。

暑期工作與學校志工的經驗，讓勞拉對學習障礙產生興趣，她從文獻中讀到的每件事只更加強化她對潔西卡情況的警覺。就像許多家有此種神經缺陷孩子的家長一樣，勞拉最擔憂潔西卡長大後，要如何在這個世上立足？她有辦法工作嗎？能夠自給自足嗎？還是我們得一直照顧她呢？

勞拉曾帶著女兒去看聽力矯正師，祈禱女兒的問題是聽力障礙所致。她覺得聽力問題比別種問題容易解決——無論「別種問題」是什麼。有時，勞拉會懷疑潔西卡患有注意力不足過動症。

有人因思考障礙或象徵符號思考障礙的學生，常被認為患有注意力不足過動症，因為有上述問題的人都有缺乏注意力與容易衝動等情況。研究顯示，部分有注意力不足過動症的孩童，其部分特定大腦區域中的灰質數量減少（特別是前額葉皮質），而且他們的前額葉與其他大腦部位連結的情況也不佳。

我們發現亞羅史密斯學校大多數學生的情況都一樣：潛在的認知缺陷問題獲得解決後，注意力不足過動症的情況也同時獲得改善，原來倚賴藥物的人也無需再服用藥物了。

潔西卡五歲時來到我們學校進行評估。評估結果顯示，潔西卡擁有精準的視覺記憶，這讓她在四歲時就可以自己學會閱讀。但我們也發現她有八種不同的大腦缺陷，大多數都很嚴重，其中也包括人因思考缺陷。

我記得潔西卡的想法毫無組織。舉例來說，若我在評估時給她看一張熊的圖片，她可以正確辨識出熊，也能看圖說故事。但當我再給她看另一張不同的圖片，問她圖片中是什麼時，她還是會回答：「熊」。她仍停留在前一個東西上，無法把注意力轉移至眼前的事物。問她對一張划船事故的照片有什麼感想，她說他們在玩籃球。潔西卡把照片中的人所穿的泳褲認做短褲，太快就推斷他們正在玩籃球，這樣的情況就是人因思考缺陷的經典案例。潔西卡就像看錯牧羊人照片的女孩，在未看清照片中的所有細節前，只憑著些許資訊就驟下錯誤結論。

盧力亞在其著作《人的高階皮質功能》（*Higher Cortical Functions in Man*）中，記錄了右額葉受損病人觀看複雜照片時的眼球移動情形。[7]他發現這些病人的「眼睛不會進行必要的搜尋移動，只會注意一項細節（眼睛會在這項細節上停留許久），然後據此猜測整張照片的意思；之後他們的眼睛不是繼續停留在同一個細節上，就是漫無目的地游移」。

他們的眼睛沒有問題，問題出在右前額葉皮質，它無法主導探究這張照片的工作。整體而言，整個非口語世界的任務它都無法勝任。這類患者會出意外，不是因為他們有動作知覺上的缺陷或平衡感不佳，而是因為他們根本沒在注意或有所意識。我有位成年學生出過多次車禍，就是因為他無法把注意力放在眼前的事情上，對於道路交通與行人的警覺性也不夠。安全駕駛的意思就是要注意所有的細節狀況，但她就是沒辦法，這是此缺陷的一項特徵。

我們在一項測驗中給潔西卡看四張照片，並請她找出代表某個字或某一概念的照片。舉例來說，拿到空餅乾罐的照片就代表「失望」。潔西卡只看到其中的一兩張照片就會開始選擇，或是連續好幾題都選擇同一個號碼的照片，比如說一直選三號。如果讓她自己作答，她的分數只有百分之十九（低於常態平均值）。但若是換個方式做相同的測驗（按順序把所有照片指給她看，然後給她五秒做決定），她的分數就會高達百分之六十二（高於常態平均值）。這之間有百分之四十三的差異，潔西卡的人因思考問題干擾了她探究事物的能力。衝動、注意力分散是她行事的預定模式，因此儘管智力不低，她也無法做出合乎預期的表現。

我還有其他學生也像潔西卡一樣，左右前額葉區域都有嚴重缺陷。這兩個大腦區域驅動整個學習的系統程序。由於參與學習的能力不足，這兩個大腦區域功能不彰的孩子無法持續提供大腦必要的刺激來增長智慧。一下子有隻鳥吸引了他們的注意力，接下來是卡通，然後還有其他的東西。我觀察到數個以這種雜亂無章的方式來學習事物的孩子，愈大反而智力分數愈低。

為了幫助潔西卡專心看到這個世界，我們讓她進行一項練習。如同我們指定給所有人因思考缺陷人士的練習一樣，我們讓她練習敘事，也就是看圖說故事或寓言。這個主動且有目標的探索過程是由右前額葉皮質主導，與第九章中用來改善象徵符號思考的文章練習也很類似。

學生在這個練習中，藉由小心思考人物間的關係，努力了解照片中的故事主軸。練習的主要目的就是讓學生對照片內容下結論前，先找出最有可能的假設情況，同時屏棄最不可能的假設。

這個練習的目的在刺激前額葉皮質，好讓學生最終能夠自行解讀非口語線索，了解自己的社交世界，據此調整自己的行為。生活中並沒有一套規範一切的書籍，也沒有一套規則足以應付所有情況，因此學會獨立思考是非常重要的。正如同我在一九八〇年所提出的假設，這些人經過練習後，不只更能解讀別人身上的非口語線索，還變得更有自覺。跟其他所有認知練習一樣，這項練習主要在提升特定認知區域所掌控的廣泛功能。

二〇〇九年，正規學校的心理師對潔西卡進行評估，結果並未發現她有任何學習障礙。潔西卡的母親說，亞羅史密斯學校的課程讓潔西卡「重獲新生」。她母親相信，若是沒有經歷這段訓練，潔西卡不但需要接受藥物治療，還會被編入行為矯正班。

過去勞拉口中「精力無窮」的女兒，現在已經懂得自制，當她做了讓人生氣的事時也會有所自覺。潔西卡現在成為大學籃球隊隊長，而且能夠巧妙化解球員間的爭端。那個曾經注意力渙散的小女孩，現在擁有極佳的情緒智商、專注力以及紀律。

「潔西卡現在是個美麗的女孩，」她母親說：「擁有完全的自覺，在社交場合中泰然自若，且遊刃有餘。」

第十二章 當你看不出畫中蘊含的千言萬語

「再見，下次見囉！」她盡可能表現出開心的語氣。

「下次再見時我可能就認不出妳了。」蛋頭人以不滿的口氣這樣回應：「妳跟其他人長得一模一樣。」

「一般來說，你可以看臉來認人。」愛麗絲貼心地說。

「這就是我要抱怨的地方啊，」蛋頭人說：「妳的臉就跟其他人一樣，有兩隻眼睛，」（他一邊說，一邊用大拇指在眼前比畫）「鼻子在中間、嘴巴在下面，全部都一樣。如果妳的雙眼在鼻子的同一側，或是嘴巴長在頭頂上，這樣我比較能認得出來。」[1]

——路易斯．卡洛爾（Lewis Carroll）著作《愛麗絲鏡中奇緣》（*Through the Looking-Glass*），一八七一年

知名神經學家暨作家奧利佛．薩克斯（Oliver Sacks）患有一種稱為臉孔失認症（prosopagnosia）或是「臉盲症」（face blindness）的神經疾病。[2]他在二〇一〇年的《紐約

客》雜誌（*New Yorker*）中以黑色幽默的筆調寫了一篇有關此病症的文章，並以「你看起很陌生」這個貼切的名稱做為文章標題。臉孔失認症的原文prosopagnosia源自希臘文的prosopon（臉孔）與agnosia（無知）。根據程度輕重，這個相當常見但又容易被誤認的病症，可能會讓你出現下列任一項（或全部）症狀：

身處不熟悉的場合，就認不出家人及朋友的臉孔。

就算身在熟悉的場合，還是認不出熟識的臉孔。

無法根據臉孔辨別熟人（所以當你看了一堆人的照片，你無法指出哪些是同個人，哪些又是不同人）。

連東西跟人臉的差別都分不出來。

認不出鏡中的自己（這是某些臉盲症患者最令人震驚的症狀）。

常與臉盲症同時出現的情況就是物體辨識障礙，但兩者不一定並行。我們現在知道大腦有不同的皮質區域，有些擅長辨識物體，有些則優於辨識臉孔，而有些患者的問題可能在於辨識物體，有些則是在辨識臉孔。絕大多數來到亞羅史密斯學校的這類人士在辨認兩者上都有問題，他們眼中的世界平淡無奇，看不到令人印象深刻的事物，也無法獲取視覺上的細節。像薩克斯就表示，自己在辨認臉孔與地點都有困難（他嚴重到連自己家都認不出來）。

負責辨識臉孔的網絡思維區域，主要位於右大腦的枕顳葉區（occipital temporal regions），包括：右枕葉臉孔區（right occipital face area）、右梭狀迴（the right fusiform gyrus）、右梭狀臉孔區（the right fusiform face area）與顳葉上溝（superior temporal sulcus）。當這些區域適當運作，就會處理相關資訊來解答下列問題：

這是一張臉孔嗎？

這是同一個人的臉，還是不同人的？

我認得這張臉嗎？

我看得出這張臉上的表情嗎？

可能因為臉孔辨識對社交互動十分重要，而且我們一出生就密集使用這項功能，所以大腦枕顳葉區的多數神經元都是專門用於辨識臉孔。研究學者目前也正在探索大腦枕顳葉網絡中涉及物體辨識的部分。目前所知，無論是辨識臉孔或物體，此網絡中的右側枕葉複合體（right lateral occipital complex）都會活化。

薩克斯無法在街上認出自己的助理或治療師，即使他五分鐘前才見過他們。他曾說過某個有臉盲症的男人說自己的人生就是「不停地冒犯別人及道歉」。你可以想像某些人發現自己被遺忘時備受冒犯的樣子，還有另一個人不停道歉與試圖解釋的模樣。

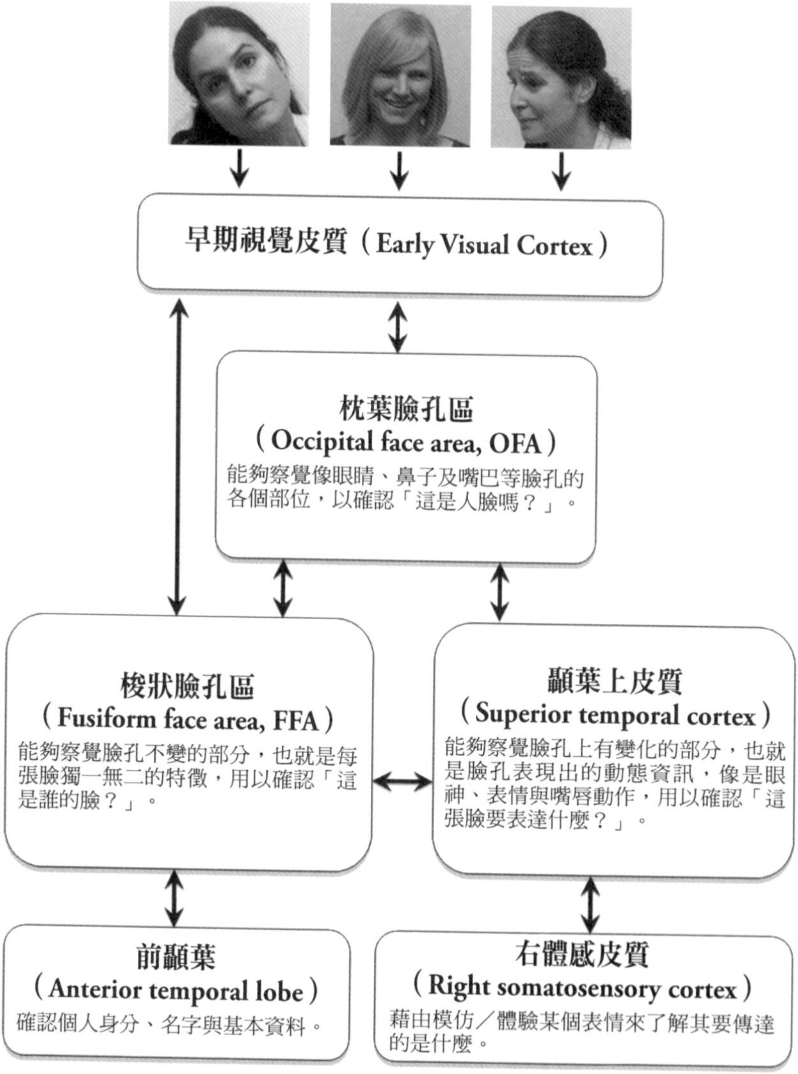

圖9：大腦處理臉孔辨識網絡的模型（節錄自畢契爾〔Pitcher〕等人於二〇一一年所發表論文，經授權做了適當調整）。[3] 這是以「亞羅史密斯認知課程能夠刺激枕葉臉孔區與梭狀臉孔區」為假設所建立的模型。

對亞羅史密斯學校來說，臉盲症其實只是我們稱為「物體辨識」（object recognition）這項神經缺陷的其中一種情況。珍妮絲．莫維尼（Janice Mawhinney）就有無法辨識物體與臉孔的問題，她對犯冒／道歉這項例行公事再熟悉不過了。

珍妮絲於一九九〇年來到我們學校，那時我們著手解決她的幾項神經缺陷。不過當時我們並沒有時間解決她的物體辨識神經缺陷。她一生都無法辨識人臉，認不出她應該很熟悉的面孔對她造成莫大痛苦。此外，她認不出且記不得各種物體，包括她在庭院種植的植物。

六十五歲的珍妮絲在《多倫多星報》（*Toronto Star*）擔任記者已有約莫三十八年的時間。她聰明且擁有特別的直覺，具有某些人所說的「靈敏的嗅覺」（她負責撰寫市政與社會公益方面的新聞，不過最喜歡的卻是玄學一類的題材），然而她卻認不得自己兒子的臉孔。

她告訴我：「最近有一次我開車到家中附近時，看到自己的兒子走在街上，我很高興，因為他住在城鎮的另一邊，平時不常見面。然後我想：『噢，我要給他一個驚喜。我要開到下條街去，這樣他經過時，我就可以跟他打聲招呼。』不過當那個人走到街口，我才知道他根本不是麥克。」

珍妮絲現在雖然能夠提起這類例子，有時還能自我調侃，但其實當時對她已經造成衝擊。「發生的當下一點也不好笑，」她告訴我：「發生這些事對我來說真的很痛很痛。我這輩子不管去什麼地方，都會冷落別人。日積月累下來，真的讓我無地自容。我不斷在遇到熟人時冒犯到他們，因為我認不出他們，這輩子無論在什麼地方都會發生這樣的事。我當然感覺得出來他們不喜歡這種情況，所以這讓我感覺很糟，也有罪惡感。」

她舉了個例子：「我曾去治療一段時間，跟治療師的交情也不錯。我喜歡她做的治療。某次我去買菜，正當我在農產品區挑選萵苣時，有人以非常熱情友善的口吻對我說：『妳好啊！珍絲妮。』那時我心想：『誰會用這種溫馨的語氣跟我說話啊？』那人看得出來我認不出她是誰。我的意思是，我看起來就是腦筋一片空白的樣子。於是那人告訴我她是誰，原來就是我的治療師。我真的很不好意思。」

珍妮絲的兒子學會用巧妙的方式來幫助媽媽。如果有位老友前來拜訪（過去曾到家裡拜訪多次的朋友），珍妮絲的兒子就會說：「媽媽，亞當特地找時間來看我們，真好對吧？」然後珍妮絲會說：「亞當，可以再見到你真好。」事實上，她跟平常一樣，根本認不出他是亞當。

此項缺陷所造成的影響之一就是她鮮少參加派對，因為對她而言，那根本就是冒犯別人與不斷道歉的溫床。不過珍妮絲有位朋友真的非常希望她能夠參加那些特別的派對，所以這位朋友會事先提醒珍妮絲誰是誰。但在最近的一個派對上，那位朋友因為忙於其他事情，沒辦法事先提醒珍妮絲。這時珍妮絲偏偏遇到一個熟人——那人的兒子死得淒慘，珍妮絲還以此為題在《多倫多星報》上寫了篇報導。

「我遇到了那位女士，」珍妮絲說：「卻完全認不出她是誰。我看得出來這讓她很受傷。然後，我看著派對裡的所有人，知道這些人我都見過，卻一個也認不出來，這真是太難受了。於是，我上樓走進二樓書房，坐在漆黑的書房中，一心希望派對趕快結束，自己可以回家。沒想到不久後，我朋友的兒上樓查看電子郵件，他走進書房打開燈時，我就坐在漆黑的書房裡。我很尷尬，而他則是嚇呆了。至此之後，我朋友再也不強迫我參加任何派對了。」

在《多倫多星報》工作的那些年，珍妮絲總給人冷漠的感覺，但她從不是這樣的人，現在也不是。她在進電梯時會對所有人微笑。「我知道自己可能認識其中一些人，也可能是全部的人，也可能一個也不認識。不過我寧可不認識我的人覺得我很奇怪，也不希望自己認識的人看出我認不出他們。」

在一次誤認兩位亞裔（南亞）同事的事件之後，其中一位同事因為太過震驚，因而指控珍妮絲有種族歧視。

「妳是不是覺得棕色皮膚的人看起來都一樣？」那位女同事問她。

「比那更糟，」珍妮絲回答。她解釋無論是何種膚色，除非過去多年間她見過幾百次，不然她覺得所有臉孔看起來都一樣。她的同事大笑。「我想她相信我，」珍妮絲說：「我希望她真的相信。」

珍妮絲盡可能補救自己的缺陷，但這麼做太耗神了。

舉例來說，她喜歡園藝。她曾經寫過有關園藝的文章，自己也有個庭院，卻無法分辨出庭院中所種的植物。可能是天性使然或是因應需求，她會強迫自己做任何能清楚記住庭院植物的補救措施。

「晚上睡覺時我不會數羊，」珍妮絲說：「而是會在心裡走過或可以說是『講過』自己的庭院一遭。」她會一再回想每種植物，唸出名稱，列出特徵，一個接著一個地回想。她每天晚上喃喃自語的內容可能是這樣：「後頭圍籬旁盛開著大朵紫花的是鐵線蓮，鐵線蓮前方那一大叢是白色的錐光菊。」她想不起庭院裡的任何景象，更不用說一株株的植物了，所以她得靠相關的語言描述幫助自己記憶。

有很長一段時間，珍妮絲將全部的熱情投注於加拿大國家芭蕾舞團（National Ballet of Canada）的志工工作。她沉浸在芭蕾舞團的歷史中，也去認識從舞團的首席女舞者到最新的實習生等所有舞者。《天鵝湖》開演時，她坐在第一排觀看了所有二十三場表演。但無論是在台上表演時或下場後，珍妮絲都認不出誰是誰。最後她終於找到補救方法。其中一種是記住表演內容，這樣她就知道哪一天是誰扮演哪個角色，另一個則是研究個別舞者的動作特色，因為無論是手長腳長的舞者或臀部緊實的舞者，都有著個人的動作特色。

瑪莎・法拉（Martha Farah）在著作《視覺失認：物體辨識障礙以及何謂正常視覺》（*Visual Agnosia: Disorders of Object Recognition and What They Tell Us about Normal Vision*）中提到，大腦有某組皮質區域負責接收靜態視覺線索，另一組則負責接收動態視覺線索，所以我們可以從不同形式的肢體動作中獲得辨識人的線索。[4]這也是珍妮絲能利用動作特色辨識不同舞者的原因。

珍妮絲曾參加過一個引導冥想的課程。老師請學生們想像自己身處林中空地，沿著小徑走到一座花園門口，然後遇到某個坐在長椅上的人。珍妮絲的同學們輕而易舉地完成這項任務，而她只能以苦澀又戲謔的口吻描述那時發生在她身上的情況（或說「沒發生」在她身上的情況）：「每個人都說：『我的天啊，好驚人哦！我遇到了失散多年的媽媽……我遇到自己的心靈導師。』這個、那個還有其他人都是。而我該死的一個人也沒看到，甚至連動物或東西都沒有。我根本連花園的門口都沒走到。所以我再也沒去上課了。」

珍妮絲閉上眼睛試著想像一個圖像時，眼前一片黑暗。然而當她這樣告訴別人時，她卻發現別人很難相信她的話。

研究已經證明（特別是史蒂芬．柯斯林〔Stephen Kosslyn〕在哈佛大學的研究），負責接受物體與臉孔一類視覺刺激的神經網絡，與在腦海中形成物體與臉孔影像的神經網絡，有極大部分相互重疊。[5]這就是珍妮絲在冥想時腦海中無法呈現影像的原因。造成她知覺與辨識障礙的皮質區域，與她在冥想練習時需要在腦海中產生影像的正是同一個皮質區域。

珍妮絲思索過有神經缺陷是什麼感覺，也平靜地接受了這樣的自己。不過無法抹去的卻是無止境的傷害與心痛。「我對自己與自己的人生感覺良好，對於自己在神經缺陷上的補救方式也感到滿意。」她告訴我：「跟大家一樣，這輩子我也曾犯下可怕的錯誤。老天造就了這樣的我，比起上天給與別人的，我不認為自己的比較差。我很快樂地做自己。我原諒自己在認不出別人時對他們造成的傷害。但對我而言，這一切仍然難以接受。」

物體辨識障礙人士的大腦究竟在做什麼，或更正確地說，究竟「沒」做什麼？[6] 薩克斯於二〇一〇年六月在《紐約客》雜誌中發表的另一篇文章〈文字創作者〉（A Man of Letters）中，也許有解答。薩克斯在文章中寫道：「若是『我們周遭無數的物體都有其個別的代稱或圖像』，未免也太不經濟了。我們應該運用『組合』的力量，以有限的一組形狀或字彙，來進行無限的組合。」

然而有物體或臉孔辨識障礙的人，這套「形狀字彙」也許相當有限。一開始就無法感受物體特性或臉孔特徵，可能導致這類特徵資料庫中的資料稀少或不精確（無論是完全符合的資料，或是只有形狀、輪廓或表面這些分類元素相似的資料）。這代表每次這個人看到一個物體（像是芥末罐）或一張臉孔（例如媽媽的臉）而想要有效地進行辨識時，卻只有少得可憐的參考資料。因此這個人能認得的東西愈來愈少，能記住的東西也愈來愈少。

想了解這項神經障礙，就試著在腦中想像一種熟悉的動物，比如一隻貓。閉上你的眼睛，想著一隻貓的模樣。你可以看到這隻貓的耳朵、尾巴、身體與花色等細節嗎？或是貓的模樣支離破碎，只看得到少數的細節？還有，影像是清楚還是模糊呢？此大腦區域功能卓越的人士可以看到細微完整的貓，猶如正在看照片那般。而此區功能極差者根本看不到影像，腦中一片空白。

物體或臉孔以及象徵符號的理解與辨識，是兩個並行的運作過程：右大腦的枕顳葉網絡掌管物體與臉孔，左大腦的同一個網絡則掌管象徵符號（字母及字詞）。左腦枕顳葉網絡區域有問題的人士，會產生閱讀與拼字困難（此部分將於第十三章中討論）。

有趣的是，左右大腦的枕顳葉網絡原先被認為都與物體及臉孔的辨識有關。當人類發展出可書寫的語言且開始閱讀之後，具有可塑性的大腦為了因應此變化，徵召了原先不負責閱讀的區域。於是左大腦半球的枕顳葉區域就被徵召來處理文字符號，而右腦枕顳葉區則依然負責辨識物體與臉孔。

從一九八〇年起，我就將右腦認知區域的功能稱做「物體辨識」，而當時也認為臉孔不過就是另一種形式的物體。儘管現在我們知道右腦有特定網絡負責辨識物體，也有另一個與前述網絡部分重疊的網絡負責辨識臉孔，但為了文章的連貫性，我還是選擇繼續沿用「物體辨識」一詞。當前的研究學者正在建構出每個皮質區域的功能，並找出它們在物體或臉孔辨識過程中活化的精確時機，因為這麼做有助我們發現這些網絡的實際作用方式。

人們在世界中活動，有一部分得仰賴辨識物體的能力。好的空間感引導我們在空間中找到方向，也讓我們可以找到路並在腦海中建構出路線圖；物體辨識讓我們可以在腦中設下特定地標，並做為指引。物體辨識能力極佳的人士總是可以利用地標做為定點，追蹤自己的路徑。

此大腦區域有缺陷的人士需要花上比較久的時間才能以眼睛辨識與定位物體。缺陷嚴重者甚至幾乎認不出物體。這類人士無法區分大小湯匙，只看得出是一堆湯匙。我們治療過的一位年輕男士就有這種物體辨識缺陷，他來到我們學校時，連自家的大門與壁櫥的門都分不清楚，常常想開大門時，卻走到壁櫥裡。他開始上學時，連走到自己的置物櫃去取出下節課要用的書都沒辦法，因為他的眼睛完全幫不了忙（認不出書的形狀、顏色與尺寸）。而且因為他無法認出自己的東西，甚至連自己的置物櫃都找不到。

對藝術家、偵探、考古學家與病理學家而言，物體辨識是不可或缺的能力。若是你此區的功能極為強大，你不但玩拼圖很拿手，甚至小時候一眼就能看出某台車的品牌與車型，而且你還是家族成員中最能找出別人丟失的物品的人。玩「沃爾多在哪裡？」（Where's Waldo?）與「我是間諜」（I Spy）這兩套於百人或百物圖中尋找某特定人或物的遊戲時，你總表現出色。

但若是你有物體辨識障礙，你可能會在停車場認錯車，或是在派對中錯拿了別人的外套，甚至是自己放在房間的東西明明就還在那裡，但你就是看不到。我有時會把物體辨識障礙稱為「冰箱功能不彰症」。最經典的例子就是十多歲的男孩（男性患者的人數多於女性患者）打開了冰箱，即使罐子就在眼前，他還是大叫：「媽！芥末醬在哪裡啊？」

對病理學家而言，物體辨識可是一項決定生死的能力。有位醫生在出了件意外後來找我們，他說：

我是新進的病理科住院醫師，這份工作比我想的困難許多，執行這份工作需要手術技巧、快速接收資訊的視覺能力與明快的決斷力。有一天，我正努力確認外科醫師是否已經完全移除病人的乳房腫瘤。那時為了在已切下的腫瘤組織上標記出解剖位置，我以不同顏色的墨水標出組織的邊緣處。我也全神貫注地進行這項精細的工作。

我對自己細心所得的工作成果感到自豪，也清楚知道病人的生命就掌控在自己手中。當我的指導醫師路過停下來查看我的工作情況時，我簡短扼要地概述病人的病史。指導醫師似乎頗為滿意，直到她看到病人的切除組織。

「你沒發現自己把前緣錯標成上緣嗎？」她說：「前緣就疊在上緣之上啊！」我馬上發現她指出的錯誤。有塊硬幣大小且不知打哪冒出來的皮膚，就疊在切除組織的上緣。在細心檢查這個組織的半個小時裡，我竟然完全沒看出來，直到指導醫師指出才清楚看見。我懷疑自己視力是不是有問題。

經過長期診斷，我發現自己有非口語性學習障礙併視覺認知問題。

於是這位醫師暫停工作來到亞羅史密斯學校就讀，然後再回到工作崗位。

物體辨識的訓練課程與亞羅史密斯學校所有其他課程一樣，都有一段淵源。一九八〇年，有位二十一歲的藝術系學生來到我們學校尋求幫助。她擁有成為出色插畫家的所有能力，唯獨缺乏物體辨識能力。

她的綜合智力評量分數落在百分之九十九，但她的物體細節記憶卻只落在百分之二十五。這表示她得花費較長的時間才能完成一幅畫，因為她必須小心確認自己是否忽略了任何細節，像是外套上的鈕釦或是貓的鬍鬚。

這女孩有非凡的色彩感與出色的手眼協調能力，但她總是找不到東西。舉例來說，隨手把刷子放在桌上後，她就再也找不到它們了。如果她把灰色鑷子放在同色的畫筆與馬克筆之間，她就得花費更多的時間才能找到它。

為了刺激她功能不彰的大腦部位，我設計了一個訓練課程，要她記住某個特定影像，然**後在一堆類似的影像中找出該影像。要完成這個任務，需要在大範圍的視覺特性中找出細微差異**。這個訓練課程當中所含的各式刺激，正是針對大腦物體與臉孔辨識網絡內的各類功能區域。進行這項訓練課程，能改善物體與臉孔的辨識力與記憶力。

後來這位學生的情況也改善了，她不再遺漏插畫中的細節，也不再找不到東西。在她完成訓練課程幾年後，我看到一篇報導她作品獲獎的文章。她現在已是成功的藝術家與插畫家。

安妮特．古德曼是我極為重視的同事，她對神經缺陷有極為獨特的見解，也非常了解理論或實務面。

安妮特的一生就好比一道窗口，讓我們一探「物體辨識障礙」的究竟。

她喜歡沒有裝潢且簡樸的房子，因為這樣房子裡的東西都能一覽無遺。她家中每個壁櫥裡的物品都像士兵那般排排站好，這樣她就能記得東西的位置。安妮特會把家人的照片放入折疊式文件夾並標上年分，這樣可以幫她認出誰是誰——弄亂照片的次序是絕對禁止的事。

看電影時，她會不斷問身旁的朋友：「那是好人還是壞人？」若是主角群的性別一樣，那麼即使電影放映了四分之三，她還是搞不清楚誰是誰，朋友們也摸不透為什麼她會這樣。

當安妮特進行為期三週的訓練課程，她得花整整一週的時間記下每個名字對應的每張臉。為了在上課期間都能認得這些人，她整天默默穿梭在人群中，一再複習這些名字。然而一個月後，那些名字及臉孔全又忘得一乾二淨了。

由於無法看出藝術品或雕塑的細緻之處，她總是禮貌性地婉拒朋友們逛博物館的邀約。有好幾年的時間，她老公一直無法說服她去度假。對安妮特而言，如果那些景象只會消失不見，何必還要去巴黎或羅馬？她的資訊記憶缺陷造成了這個問題：她無法記住自己在博物館或景點看到的任何景象。

安妮特有三個孩子，每次生產後人們問她「妳的孩子長得像誰呢？」，她總是無言以對。她覺得上市場買菜的壓力很大，事實上對她而言購買任何東西都有壓力。由於她腦中沒有物品的視覺影像（像是自己喜歡的酸黃瓜罐頭或是一盒早餐玉米片），所以她無法快速找到自己要的東西，而這對多數人來說都是第二天性。結果就是，她改採訂貨的方式買菜，讓人直接把貨品送到家門口。

安妮特去買生日禮物要用包裝紙時，看到一張滿是三角形的包裝紙。她把包裝紙拿給女兒看時，小女孩指著那些三角形說：「媽，那是聖誕樹啦！」

安妮特去見許久不見的朋友時，朋友也許會說：「我看起來不錯吧？我減了五公斤哦。」安妮特只能道歉說自己沒注意到，她擔心給人漠不關心或過於自我的感覺，但她腦中就是沒有朋友過去的影像可以比較。

安妮特也認識珍妮絲，她們兩人最近決定要一起進行認知訓練，好克服物體辨識障礙。珍妮絲的情況進步許多，證據就是她在二〇一〇年十二月寄給我的一封信，內容如下：

在進行認知訓練時我沒感受到自己有多大的進步，不過今天早上的事著實讓我大吃一驚。我週末時去了健康生活博覽會（Whole Life Expo），那兒有位非常友善的女士為我做了一次美妙的反射治療。她建議我可以使用一種特別的乳霜、做些腳部運動，也介紹了一本也許能幫助我緩解腳踝與膝蓋疼痛的書。乳霜與運動真的有些效果，而她推薦的那本書，我訂購後也在今天收到了。我寫信到她的協會去謝謝她，協會的人將我的電子郵件轉給她後，今天早上我也收到她的電子郵件了。後來，我到臉書上搜尋她的名字，她的名字很常見，有長達好幾頁相同的名字，但是我一看到她的照片就認出來了。

我在《多倫多星報》工作那麼多年，那些在走廊上不斷照面的人我都認不出來了，又怎麼可能認得出這位只不過在人潮洶湧的週末短暫見過面的人呢？對此我唯一的解釋就是，雖然我看不出自己在練習中有什麼進步，但我的大腦的確以某種方式往正向發展。

在經過數個月的訓練課程後，安妮特也注意到自己的顯著改變。開始上課的三星期後，她注意到第一個改善的徵兆：她的腦海裡蹦出了朝鮮薊的樣子。她俯看著那株汁多味美且花瓣片片的朝鮮薊，想像自己一片片剝下那些花瓣，沾著芥末醬吃。珍妮絲說朝鮮薊是安妮特的幸運物，因為這是第一個出現在她腦海裡的影像。

情況持續改善著。眼睛所見的物體影像第一次在安妮特的人生中，留下不可磨滅的印象。生日卡上的寶石圖樣、懸掛在街道電線桿上一圈圈黃綠色的電纜線、研討會講者身上衣服的鮮明細節。不僅如此，安妮特終於可以了解女兒抽象畫中所要表達的涵義。

在臉孔方面，安妮特開始認得出熟人，即使他們換了新髮型或眼鏡還是認得出來。有次她遇到一位女士，她覺得這位女士長得很像鄰居，結果那位女士跟她的鄰居還真的是姊妹，這也讓安妮特感到很驚奇。安妮特現在充滿自信，相信將來孫子出生時，自己一定能認出他的臉部特徵。

安妮特目前正在為女兒選購婚紗。她與女兒去了多間店家，也看著女兒試穿無數件的婚紗，然後對每件婚紗的優缺點進行討論。「我全程參予了這個特別的選購過程。真是太令人高興了。」安妮特說：「有自己真的是媽媽的感覺。」

這些訓練成果還帶來兩個意外驚喜。其中之一就是，安妮特除了可以想起最近的影像（像是餐廳的出菜順序，或最近一次社交聚會的場景），現在還能回想起許久之前的影像——這些影像必定在她還未開始進行訓練課程前，就已經在她腦中編譯成碼了。對於幾年前與她短暫共事過的同事，安妮特最近想得起他們的模樣，另外她也記起了小時候最愛的毛毯，一條紅白條紋羊毛毯，她甚至可以想起毛毯的質地。另一項驚喜則是，即使記憶資訊障礙尚未解決（但解決之日也不遠了），她已經比以往更容易記住名字了。過去所有的神經缺陷，讓她苦於臉孔與名字之間的連結。而今她在物體辨識區域所提升的能力，也撐起了記住名字的功能。

開始訓練課程的十個月後，安妮特決定重做一次「伍德卡克－強森圖片辨識測試」（Woodcock-Johnson Picture Recognition test），她的分數從之前的百分之六進步到百分之八十八。在獲得這個令人印象深刻的分數同時，更讓安妮特興奮的是，現在每當腦中蹦出思緒，影像也會伴隨出現了。

第十三章 天書

一旦學會怎麼閱讀，你就永遠自由了。[1]

——美國政治家 弗雷德里克．道格拉斯（Frederick Douglass, 1818-1895）

傑若米．強森（Jeremy Johnson）成長於多倫多西北方的哈利柏頓高地。他的父母都是老師。對於自己記不住字母與字詞，小時候的傑若米會對父母說這不打緊，因為「以後我太太會記得」。但當他大一點時，他開始擔心自己會因為學習障礙交不到女朋友（更別提結婚），原本毫不擔憂的他很快就轉為苦惱。

「我根本就沒辦法閱讀，」傑若米回憶道：「我無法用筆寫下想法，也無法整理思緒，跟廢物差不多。」

傑若米雖然可以抄下老師寫在黑板上的內容，但他的速度永遠跟不上，而且他只會抄下每個字母，卻對字母所組字詞的意義毫無概念。老師寫到第三面黑板時，他往往還在抄寫第一面黑板上的內容；等到老師要擦掉第一面黑板時，他開始感到驚慌失措。而且，同學只花半小時就能完成的書面作業，他卻要花八倍的時間才能完成。

「學習障礙孩童最怕的就是代課老師，」傑若米說：「這些老師有時會要求學生輪流朗讀書中的段落。於是，我會在休息時間跟老師說我沒辦法唸，或是去上廁所。總之我會想辦法找理由逃避。」

傑若米看不懂餐廳菜單，就跟著其他人點餐；若是來到在櫃台上方有照片的速食店，他就會抬頭看圖點個「3號餐」。（傑若米曾聽朋友們說過「幾號餐」，而且他也認得出數字）。但對於哪間是男生廁所，即使他已經十多歲了，若是廁所門上只有字沒有圖，他都必須詢問媽媽才行。

教室中傳閱一則笑話時，傑若米會衡量同學反應的時間，判斷自己要假裝「讀」多久再發笑。此外，看電影時他看不懂字幕，開車時也看不懂路標。

人類發展出的文字就是用以代表口語，也就是運用符號來代表聲音。文字可說是立基於說話者所訂規則的一種語言。某些像義大利文的語言文字，每個音素（或個別語音）幾乎都有專門對應的一個或一組符號。這類語文被稱為拼音語言。

義大利文使用三十三種字母組合來對應二十五種音素（phoneme）[2]，英文則使用一千一百二十種不同的規則來拼出超過四十種的音素，所以英文是最不像語音書寫語言的語文之一。想想「tough」與「cuff」這兩個字中「f」發音，或是「bough」與「bow」這兩個字中「au」發音，就可以了解了。比起英文，要讀懂義大利文容易多了；根據報告顯示，義大利人有讀寫障礙（dyslexia）的比率只有美國人的一半。

究竟什麼是讀寫障礙？[3] 耶魯讀寫障礙與創作中心（Yale Center for Dyslexia and Creativity）的兩位主任莎莉．沙維茨（Sally E. Shaywitz）與班奈特．沙維茨（Bennett A. Shaywitz）表示：「發展性讀寫障礙（developmental Dyslexia）的特徵就是，罹患此症的孩子與成人即便擁有精準快速閱讀所需的智慧與動機，卻有意想不到的閱讀困難。」然而在課堂上，每個閱讀障礙者的情況都不一樣。閱讀必須由數個大腦認知區域一起合作才能執行，先要有學習閱讀的區域參與，接著還得借重有助流利閱讀區域的功能，一旦其中一個出了問題，就會影響閱讀過程。目前可以利用功能性核磁共振造影（fMRI）技術定位出閱讀過程中會活化的許多大腦區域。

本章的焦點將放在與學習閱讀英文有關的三個認知區域：第一個區域是象徵符號辨識區域（symbol recognition area），用於學習字母表中每個字母的視覺形象，後續就能學會辨識文字，換句話說，就是建立視覺性字彙（a sight word vocabulary）所需的區域。第二個是大腦的布洛卡區（Broca's area，本章後續會有更詳細的介紹），這是處理語音的大腦組織。此大腦部位讓我們可以學習聲音與符號之間的對應關係（將字母轉成聲音），然後唸出新字並學習其發音。第三個同要重要的區域則是符號排序運動區（motor symbol sequencing area）。此區讓我們可以在閱讀時流暢地追蹤書頁上的文字。此三區中的任何一區出了問題，都會影響學生閱讀英文的能力；若是這三區都出現明顯缺陷，閱讀能力就無法超越小學程度了。

另外也必須提一下第四個大腦區域，那就是左大腦的上顳葉區（將於第二十一章詳細介紹）。此區的功能之一就是分辨不同文字的發音以及定義出音素。此大腦區域在幼兒開始將發音（音素）對應到字母（字形）的過程中，扮演著關鍵性的角色。所謂的「發音與符號的對應關係」，屬於語音處理過程的早期階段。原先被認為主要負責「發音與符號對應關係」功能的區域是布洛卡區。不過，後續的研究仍在釐清此二區域對語音功能的確切作用。目前明確知道的是，此二區域在將文字轉化成口語的過程均有重大貢獻。

我針對布洛卡區相關功能所設計出的訓練課程，是讓學生去分辨不同的音素。而布洛卡訓練課程也讓我們在學生身上看到下列成果：語文聽力上的改善、有了「發音與符號對應關係」的學習能力、口語能力的進步，以及閱讀能力增進。我在本章中將「發音與符號的對應關係」視做布洛卡區的功能特色，因為此區域對這項功能的發展確實扮演重要角色。當然，上顳葉區在這個過程中也有作用，不過就不特別指出了。

法國神經學家史坦尼斯勒斯．狄漢（Stanislas Dehaene）在著作《大腦與閱讀》（*Reading in the Brain*）[5]裡提到一個我稱為「符號辨識」的過程：人類眼睛如何在第一眼看到書頁上某個數字、字母或文字時，便在少於五分之一秒的時間中將資訊轉入左大腦中的枕顳葉區（「大腦字庫」）的過程。枕顳葉區亦稱為「視覺字形區」（visual word form area），為分辨

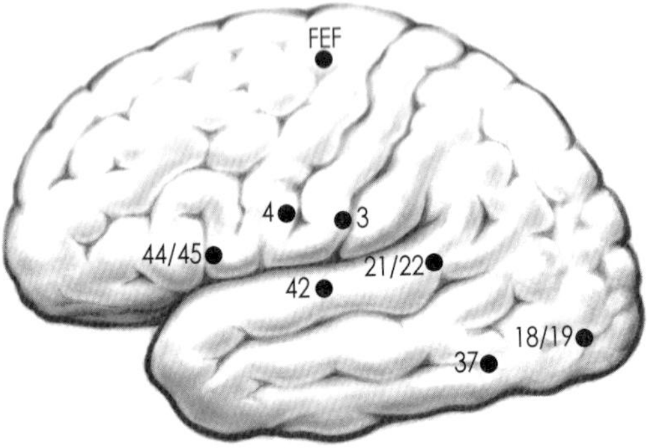

圖10：大腦與閱讀（內容節錄自以下三篇論文並做適度更動：Lassen et al., 1978; Fiez and Petersen, 1998; Dehaene 2009）。

布洛德曼區	區域名稱	大腦位置	閱讀功能
44/45	布洛卡區（Broca's Area）	額葉	閱讀拼字時所需產生的口語、音素發音、語音處理
6	額葉眼動區（Frontal Eye Field, FEF）	額葉	涉及閱讀時的眼球移動
4	主要運動皮質區（Primary Motor Area）	額葉	控制說出文字所需的口部動作
3	體感皮質區（Somatosensory Area）	頂葉	在將文字讀出聲時提供發音清楚之口部動作的感覺回饋
42	主要聽覺皮質區（Primary Auditory Cortex）	顳葉	聆聽聲音：語調、音頻與聲量
22/21	上顳葉與中顳葉區（Superior and Middle Temporal Regions）	顳葉	分辨說話的聲音、感覺與定義了解語言所需的音素（語言的聲音單位）、開始處理語音、字母對應發音的早期處理、文字詞彙的記憶
18/19	次級與視覺聯合區（Secondary and Visual Associative Areas）	枕葉	字母視覺形狀的早期處理
37	枕顳葉區、梭狀回（Occipito-temporal Region, Fusiform Gyrus）	顳葉	視覺字形區／大腦字庫／象徵符號辨識：對於字母文字的視覺辨識

與記住組成文字之符號的視覺形狀區域。此區後續會把資訊傳遞到執行閱讀功能所需的其他大腦區域。

幾年前，此認知區域的問題被稱為「字盲症」（word blindness），這類患者看見一個文字時認不出其中的字母，或無法記住此文字的視覺字形。對字盲症患者而言，紙上的文字就像無意義的曲線。

符號辨識障礙會阻礙閱讀能力。相反地，若是此大腦區域的功能強大，下列（全部或部分）事項就會顯得輕而易舉：對文章過目不忘且輕鬆就能認出字來；無論從什麼方向都看得懂文字，即使頁面上下顛倒也沒有問題；能夠閱讀極為潦草的手稿與字跡（因為擁有強大的文字影像留存能力，即使字跡十分潦草或字母順序錯誤，你也能輕易從記憶資料庫中對照出文字）。

第十二章談論物體辨識時，曾提到「在腦海中想像貓」的例子。現在則請你在腦海中想想英文的cat這個字，然後閉上眼睛，假裝看到一面黑板。你能想像黑板上有cat這個字嗎？如果毫無問題，那麼請再想個多音節的英文字，然後重複這個過程。你能看到字的影像嗎？字盲症的患者可能會看不到影像，或影像模糊不清，也可能出現支離破碎的影像。物體辨識功能良好者則可以看到文字影像，並清楚地記下來。

一八六一年，法國解剖學家皮耶・保羅・布洛卡（Pierre Paul Broca）發現，左下額葉皮質某區域受傷時，就會喪失說話能力，這個區域最後也被命名為布洛卡區。後續研究則更加鞏固布洛卡區為語言中樞的地位，然而關於此區的各種功能尚未有定論。因為此區似乎由許多子功能區域組成，所以目前研究學者認為稱其為布洛卡聯合區域（Broca's complex）更加精確。而本章中，我的重點在閱讀過程中布洛卡區所提供的語音功用。

一位母語為英語且布洛卡區嚴重缺陷的患者，在閱讀發音上所遇到的混亂情況，就跟我們多數人看到威爾斯文時所受到的驚嚇相去不遠。想想要怎麼閱讀下列這段威爾斯文：「Llanfairpwllgwyngyllgogerychwyrndrobwllllantysiliogogogoch.」這段文字的意思是：「位於白榛樹洞中且鄰近紅岩洞聖田西路教堂與疾漩渦的聖瑪麗教堂。」若是不知道威爾斯字母的組合與發音規則，英語母語人士就會覺這段文字的字母組合十分詭異，也不知該如何發音。我們會無助地看著這串字母，不知從何下手。就算我們試著唸唸看，也無從得知自己的發音是否正確。這就是布洛卡區缺陷人士看到一個新字詞時的感覺。他們難以學習發音規則，所以無法應用規則將單一文字分成數個音節唸出後再融合成一個字。

即使布洛卡區有缺陷，但若其負責符號辨識與符號排序運動的區域能力極佳，最終還是可以利用大量的視覺文字學會閱讀英文，只有在嘗試學習新字發音時才會有困難。這些人在學習閱讀時通常也有不錯的成效，只是會比同儕慢一點（因此常被認為只是在這方面比較「晚熟」）。因為背後的認知問題沒有獲得解決，這些學生在學習全新且複雜文字的發音時依然會有困難。他們在口語上所能使用的字彙也許比在心中默唸時所能使用的字彙少，因而影響口語表達能力。

對大多數人而言，閱讀就如同呼吸一般自然，無需思考就自然發生（至少表面上看起來是這樣），而且閱讀也是人們生活所需的活動。愛書者絕對無法想像無法閱讀的生活。遺憾的是，當孩子有閱讀困難，若沒有認知訓練的介入，情況不會有所改善。美國兒童發展界的兩位權威瑞德．里昂（G. Reid Lyon）與路易莎．莫茨（Louisa C. Moats）[6]在一九九七年所發表的一篇研究報告指出，三年級時出現閱讀障礙的孩子，其中百分之七十四到了九年級時依然有閱讀障礙。

傑若米在十年級時聽到關於亞羅史密斯學校的事情。他那時正從事園藝的小事業，幫鄰居照顧草坪與花園，有位顧客告訴他多倫多這間學校的課程。

「十年級是個爆發點，」傑若米回憶道：「學校的課程更密集，閱讀及寫作的分量都加重。我母親無暇顧及自己的教學工作。她花太多時間在我身上，我很擔心她會丟了工作。」

開始上亞羅史密斯課程的兩週前，傑若米接受了評估。我們的老師安卓雅・皮爾森（Andrea Peirson）一直忘不了那時的情況。她說：「看到他閱讀書寫能力與物體視覺記憶能力間的巨大差距時，我差點驚呼出聲；他實際上根本沒有閱讀書寫能力，卻擁有強到破表的物體視覺記憶能力。」傑若米運用高度發展的右大腦以圖像方式進行思考。然而由於左大腦的某個區域全無反應，因此絕佳的視覺記憶對文字也毫無幫助。

事實上，傑若米在與閱讀機制相關的三個區域上都有明顯缺陷。他的符號辨識障礙讓他無法學習視覺文字。而布洛卡區的缺陷，則導致連結聲音與符號的能力受損，也就是無法以拼音的方式唸出一個字。而符號排序運動區的障礙，讓他在閱讀時無法順暢追蹤字母、文字與標點符號。難怪他與閱讀無緣，因為他大腦中與閱讀相關的許多區域都運作不佳。

亞羅史密斯學校用來改善符號辨識障礙的課程，包括了研讀阿拉伯文或烏爾都語（Urdu）這類學生不熟悉的語言。此課程的目標不在學會上述語言的說讀寫，而在精通辨識其字母與符號的形狀。就好比讀底片顯影那般，傑若米每天都花時間記下某個特定文字的影像，並試著將其留在自己的腦海中。記住某特定文字影像後，可能就會再嘗試更困難的圖像，一樣也是用留住影像並建立圖像的方式。這個訓練的重點就是增強視覺記憶。

傑若米在參與課程的第十四個月時滿十七歲，那年他看到自己巨大的改變。他大腦中與閱讀相關的主要區域，其功能明顯有所改善。符號辨識課程的成果顯示，傑若米現在可以在記憶中留住文字的視覺影像。他可以快速記下字的樣子，之後也能在其他文章中認出這個字，代表他現在可以建立符合其年齡的視覺性字彙。除此之外，他也針對布洛卡區與符號排序運動區的問題進行認知訓練，所以他的其他功能障礙也有了改善。傑若米的大腦現在可以記下組成字詞的字母與音素的發音，這表示他可以唸出陌生的字詞來輔助自己建立閱讀字彙。傑若米的大腦最後終於學會依序追蹤符號所需的運動計畫，這讓他無需借由尺或手指的輔助來定位每行文字的標線，就可以有效率地快速閱讀。

那年的聖誕節，傑若米已經能夠大聲朗讀出聖經中耶穌誕生的故事，他的母親邊聽邊掉下眼淚。不久之後，他開始閱讀生平的第一本小說：《梅岡城故事》（*To Kill a Mockingbird*）。剛開始，才讀幾頁就得花上幾個小時的時間，不過到最後，傑若米能在一個小時內閱讀八頁——這對他而言，簡直是光速。「真的好驚人，」傑若米回憶道：「看著自己閱讀速度與理解能力提升，真是太令人振奮了。過去的那些訓練課程顯然讓我有了閱讀的能力。」

傑若米現在與妻子洛伊絲住在加拿大的卡爾加里，擔任負責維修分析石油天然氣工業管線的機械工程師。傑若米向來擁有極佳的空間、機械與抽象推理能力，在解決自己的閱讀障礙後，他終於得以從事一份能發揮其右腦超水準能力的工作了。

位於彼得堡的亞羅史密斯學校，坐落於我老家郊區的北方。這一天，我們來到學校樓上的會議室，與助理組長吉兒·馬辛柯斯基（Jill Marcinkowski）及她最年長的學生馬塞爾·彼得斯（Marcel Peeters）見面。

馬塞爾說：「四十歲的我，該解決的應該是中年危機。」但相反地，馬塞爾卻去接受認知訓練課程，來解決他無法閱讀、拼字與書寫的障礙。馬塞爾的拼字能力不佳毫不令人意外，因為學習拼字與學習閱讀所需的大腦功能相當類似。

馬塞爾拼不出自己的中間名，也拼不出自己的電子郵件地址，所以借用了哥哥的電子郵件地址（他們倆住得很近）。馬塞爾曾為自己的哥哥工作過一段時間，不過對他而言，在電話簿中找尋顧客的名字實在太費時，所以他會付費請查號台的接線員幫忙查詢。馬塞爾花了六年才拿到販售共同基金（mutual funds）與保險的執照。一般沒有閱讀、拼字與書寫障礙的人士，不到一年就能拿到這張證照。

馬塞爾在擔任理財專員的短暫職業生涯中，有次得寄聖誕卡給所有顧客。他寫下「祝福您在新的一年健康快樂。馬塞爾敬上。」就像書寫其他信件一樣，他先在電腦上打出這些問候語，然後點一下「拼字檢查」，得到需要的修正版後，再把文句抄寫在卡片上。

「可是不知怎麼地，」他說：「我把敬上寫成哂笑，而電腦並不覺得有錯。所以我寄給大家的聖誕卡上面寫著：『祝福您在新的一年健康快樂。馬塞爾哂笑。』」這次的失言，再加上其他拼字上的失禮，終結了他理財專員的職業生涯。

馬爾塞在診間時被要求填寫一份表格，但他無法填寫。有人建議他：「那就去拿一部與你溝通無礙的電腦。」換句話說，就是建議他使用輔助器材。「但這實在太不切實際了，」馬塞爾說：「你在診間時，會打開你的手提電腦嗎？」

「我真的過得很辛苦，」他承認：「我以理財為業，卻賺不了錢。晚上在教養院兼差，週末還在市場賣菜。一個星期工作超過一百小時。」

幸好，一年的認知課程讓他的閱讀能力連跳三級，從七年級跳到十年級。我見到他時，他已在過去十天內看完三本書，其中包括《蘋果橘子經濟學》（*Freakonomics*）[7]。

馬塞爾目前開始動手撰寫自己的書，吉兒則幫他想了這個書名：《哂笑》。

學習障礙人士常被告知（甚至還加以保證），適應性科技（adaptive technologies）可以讓他們避開閱讀與書寫上的障礙。雖然有些補救軟體的效果確實驚人，但並非萬無一失。其實只消問問約翰・傑克森（John Jackson）這位對此領域瞭如指掌的學習障礙人士就知道了。

這位具有塞爾提克血統的二十五歲青年，生長於多倫多北方的小鎮。二〇一〇年十月我與他談話時，他剛完成大學三年的學業，並準備到多倫多亞羅史密斯學校接受為期一年的全天課程。約翰順利從高中畢業，而且三年來始終是名列前茅的模範生。乍看之下一切美好，但深入了解後，就會揭開另一層面紗，也就是適應性科技的眾多缺點與限制。

大學時期，約翰每學年都無法完整上完所有該念的學分，因為他花了太多時間搞懂各式各樣的輔助科技，這些器材包括：掃描並朗讀教科書內容的工具、代替書寫的語音辨識軟體，以及用來作筆記的數位錄音機。每一項科技都有意想不到的缺點。第一個工具內建的電腦機械音會讓約翰分心。語音辨識軟體則在聽到《埃涅阿斯紀》（*The Aeneid*）或「芬尼亞人的襲擊」（Fenian Raids）這類字詞時亂了套。而原來用得好好的數位錄音機，卻因一位來自獨裁國家的教授害怕被錄音，而在課堂中禁止使用。

正如約翰所言，「原本在出生時我就活不了，是醫生們救了全身泛紫的我，因為臍帶繞頸導致我的腦部缺氧。」醫學專家們後來診斷約翰有輕度腦性麻痺，他們相信那是造成學習障礙的原因。約翰十四歲時終於做了評估後，就開始接受學習障礙學生都會有的幫助：考試時比別人有多一點時間、有幫忙抄寫的人員、使用數位錄音機，以及將文章轉換成語音的設備。但即使在這麼多人力與科技的幫助下，約翰還是非常仰賴父母幫他校對自己所有的文章。

約翰說：「我的電子郵件與臉書訊息都會先請爸媽校正後再發出去，我不相信自己的校對能力。」這代表他沒有隱私，但他別無選擇。「在大學生涯的第一年，我認識一位心儀的女生；我們主要以電話聯絡，有時也會在臉書留訊。那女生的一位好友去世時，我在臉書上傳訊給她，問她還好嗎？結果我得到生氣的回應。我並不知道自己在最後幾封的電子郵件中拼錯了她的名字。那時我已用語音辨識軟體傳過幾次簡訊給她，然而語音辨識軟體解讀出的文句並非我對麥克風所說的話。我這輩子從來沒有這麼羞愧過，那女孩也過了好幾個星期才肯跟我說話。」他們現在還是朋友，但約翰原來希望能更進一步的美夢已經破滅。

來到亞羅史密斯學校之前，我們請約翰寫下他在這方面的生活與學校經驗省思。顯而易見地，他的人生猶如雲霄飛車般起伏不定，以下就是他當時所寫的文字：

我的學業生涯異常艱辛。小學一年級時我被留級了，因此遭到其他孩子霸凌。學校鼓勵我利用電腦來做作業，結果並沒有太大不同，因為「拼字檢查」無法幫我找到需要的字。七年級時，學校指派一位教育助教（educational assistant）每週到校幾天幫我處理課業問題。因為我的成績有了驚人的進步，所以八年級時學校覺得我不需要助教的協助了。

約翰以優異的成績從高中畢業，但是他沉痛地強調，若不是父母幫忙抄寫他所有作業，每天晚上花兩個小時協助他做作業，他根本無法畢業。他覺得自己的畢業證書應該加上注記，因為他的閱讀、書寫、拼字與文法能力都非常可疑。他說：

學習障礙是我這輩子眾多挫折的來源。一般人能做的事很容易就會讓我備感壓力。舉例來說，寫下一個簡單的電話留言對我來說就是個挑戰，除非我請對方慢慢拼出他或她的名字。這些時候常讓我對自己及未來的人生感到沮喪。我常想沒有女生會要我，也沒有人會想跟我結婚共組家庭。

沒辦法好好寫東西或把字拼正確令人感到羞恥，因為人們會覺得你腦袋不靈光，或對你沒興趣。而我的學習問題總是讓我在社交活動中出糗，特別是涉及書寫的社交活動。畫圖猜字（Pictionar）、字謎（Charades）之類的派對遊戲，或是任何需要寫下答案的遊戲，我都感到害怕。

約翰覺得自己的高中文憑與大學學位沒有價值，除非他可以在不受協助的情況下做到同儕能做的那些事：輕鬆地拼字、閱讀與書寫流利、不會記下令人揚眉質疑或讓自己非常難堪的筆記。

我們接著來談談大腦布洛卡區功能有缺陷的人士，在學習外語時會遇上的困難。外語字彙最初聽起來是全然陌生且沒有意義的，這些外語字彙必須先被區別、記憶，再以音素為單位唸出。就像之前曾經提到過，上顳葉的認知區域（辨識音素不可或缺的區域）與布洛卡區在此處理過程中都有所作用。無論學習哪種語言，也無論是哪種學習障礙人士，只要經過反覆記誦的練習，多數學生還是能說出母語。不過在學習第二語言時，布洛卡區缺陷人士就困難多了。

我們的許多學生來自猶太日校，經由學校報名參加亞羅史密斯課程。這些就讀猶太日校的學生必須學習希伯來文。希伯來文的發音比英文複雜多了，所以布洛卡區有缺陷的學生不只在希伯來文的口語部分有困難，連閱讀的部分也很困難。

以下希伯來文的幾個使用知識，就能顯現這個挑戰的難度。多數的希伯來文字都是以三個子音字根為基礎。母音鮮少用來協助文字發音。寫在紙上的每個希伯來文字都有多種發音方式，完全仰賴文章脈絡中的字義而定。我們就以下列的希伯來字為例（全以羅馬字母來拼音）來說明。KTV（關於「書寫」的一個字）可以唸做KoTeV（當意思為「著作」或「作者」），也可唸做KaTTav（「播報員」之意）、KaTuV（「書面的」）、K'TuVim（「經文」）、KaTaVti（「我曾寫下」）及K'ToVet（「銘文」或「住址」）等等。由於閱讀者必須快速過濾許多可能的發音方式以找出正確意思，所以會對布洛卡區造成極大負擔。

對邁克爾・菲克斯勒（Michoel Fixler）而言，學習希伯來文是極大的困擾。他的符號辨識區域具有一定的實力，但布洛卡區的缺陷讓他即使擁有三年級的英文閱讀能力也學不會希伯來文。造成閱讀困難的原因本就因人而異，而且不同語言的關鍵認知區域也相異，一個在某種語言有讀寫障礙的人，也許在別的語言就沒有這種問題。

「不要逼我唸啦，」邁克爾向請來家裡教他希伯來文的祭司哀求著。老師們向他的媽媽瑞娃保證，只要花時間練習，他一定可以學會希伯來文。

「有好幾年的時間，我沒讓他到學校上課，」她回憶道：「他有個專門的閱讀老師，而這位祭司每天帶他練習閱讀。他們一直說『練習、練習，不斷地練習』，而我們也確實不斷地練習。我嚇壞了孩子，這實在很糟糕，真的真的非常糟糕。不只邁克爾受到折騰，我也備受折磨。我們像瘋了般努力奮鬥。」然而經過所有的努力之後，邁克爾的分數還是落在五十幾分上下。他根本記不住可能出現在考試題目中的二百五十個字根。這是六年前的事了。經過亞羅史密斯課程訓練的幾年後，邁克爾十一年級的語文成績是：西班牙文九十分，而與希伯來文有關的三科成績都落在八十五至九十五分。

為了刺激邁克爾大腦的布洛卡區，我們為他設計了聆聽發音課程，也就是聆聽能夠組合成字的發音。這也反映出閱讀希伯來文需要何種認知能力。邁克爾的任務就是抓到這些發音，從簡單的發音開始練習，接續聆聽複雜的發音。然而邁克爾的挑戰就是重複唸出這些發音，並以不斷改變重音位置的方式重複練習。這種快速轉換重音的方式需要布洛卡區的作用，對學習語言有極大幫助。

符號排序運動區若有明顯缺陷，會造成閱讀問題。這類人士並非無法學習視覺文字，而是視覺追蹤障礙導致他們認錯了字（即使是自己知道的文字）。這類人士的眼睛無法順暢地瀏覽頁面，所以可能會把「horse」看成「house」，或是把「cat」看成「car」。有此障礙的學生總是事倍功半，這是因為順暢的視覺追蹤是閱讀不可或缺的要件。

閱讀英文時本就需要大腦符號排序運動區進行大量的視覺追蹤，而閱讀希伯來文則讓此區的工作負荷更為加重。閱讀希伯來文時，眼睛必須同時追蹤字母與字母下方的小點，這是因為學生剛開始學習希伯來文時，需要這些小點來點出母音的位置。視覺追蹤功能不佳會讓學生在閱讀英文時產生困難，而此障礙更會讓他們在閱讀希伯來文時，感覺猶如在閱讀天書。

亞羅史密斯課程致力解決的學習障礙，就屬處理與閱讀機制相關的障礙最為費時。以教育術語來說，比起其他學科，閱讀得花費更多時間才能「達到年級水平」。這是個雙重問題。首先，要解決三個閱讀相關區域的問題可能就得耗費數年，所以有可能學生上過課了但閱讀障礙還是存在（雖然隨著時間過去，症狀會減輕）。其次，這些學生原本就無法從閱讀課程與文章中受益，所以他們得回頭學的東西也就更多了。此外，閱讀障礙學生對閱讀也可能產生根深柢固的厭惡。他們完成亞羅史密斯訓練課程後，也許需要再花一年的時間去克服這種反感，才能開始享受閱讀的樂趣。為了盡快填補這個縫隙，亞羅史密斯課程的老師常與教育資源中心的老師合作，前者著重解決認知問題，後者則負責課業與閱讀課程。

安妮特的女兒艾薇塔花了三年的時間才完成三項閱讀相關課程，而且一直到第三年的亞羅史密斯課程結束時，她的閱讀才達到年級水平。第二年的課程結束時，艾薇塔在史丹佛成就測驗（Stanford Achievement Test）中的閱讀成績只落在百分之四，直到第三年結束時，她的閱讀分數才提高至百分之四十四。

某天夜裡，艾薇塔被抓到用手電筒在棉被裡看書。從房門空隙透出的隱約光線背叛了艾薇塔。「對於這種亂來的行為，她爸和我唸了她一頓，」安妮特說：「但我們都很震驚。那個原本看不懂字的女孩，現在可以自己看書了呢！」

「艾薇塔五歲時，」安妮特說：「由於她無法學會唸出英文及希伯來文字母表上的字母，她的老師感到非常憂心。當時班上的課程已進行到唸出簡單字彙的部分，艾薇塔卻連自己名字中的字母都記不得。我清楚記得有次我指著果汁盒上『Tropicana』的字母『T』，不斷試著教她這個字母跟它的讀音，卻徒勞無功。」

艾薇塔在二〇〇五年九月時開始學習猶太日校中的亞羅史密斯學校一年級課程。那時她還不會英文或希伯來文的所有字母。評估結果也證實了，她必須參與三項亞羅史密斯閱讀訓練課程。

安妮特說：「我決定在家教她數學，至於閱讀部分，就等她的能力進步再試試看了。那年十一月，我參加了學校的家長座談會。按照猶太日校慣例，我先會見希伯來文的老師，接著再與英文老師對談。雖然我的記憶力不好，但六年多之後的現在，我還記得那天傍晚的情況。兩位老師分別對我說：『妳覺得艾薇塔現在的閱讀能力如何？』我真的好驚訝，這讓我又振作了起來。我竟然不知道她會那些字母，更不用說她已經開始閱讀簡單的字了。那天晚上我火速回到家裡，要求她朗讀一段英文及希伯來文，好印證老師們的說法。我壓根沒想到她這麼快就可以開始學習閱讀了，而且還不需要我幫忙。」

因為艾薇塔大腦符號辨識區域能力改善了，所以她可以學習兩種語言的字母，之後也很快地就能認字。而布洛卡區功能的強化，同樣也讓艾薇塔能夠學會英文與希伯來文發音與符號間的對應關係。增進符號排序運動區的能力，則讓艾薇塔可以追蹤頁面上的字母，無論是從左到右的英文，還是從右到左的希伯來文都沒問題。

艾薇塔現在能記住那些上過的課，無需再重教她一次課堂內容。對艾薇塔來說，閱讀終於變得跟呼吸一樣自然了。

第十四章 空白的家書

我總會在數學及寫作上犯愚蠢的錯誤，讓我得要一次次地重寫到正確為止。我拚了老命念書好不容易才從高中畢業。我知道自己的腦袋還不錯，但就是表現不出來。考試時間老是不夠我寫完考卷，那些題目我都會，但只要有時間限制，我就做不完。報考警察特考時，我無法完成性向測驗，因為我完全僵住了。在思考的同時還要寫下答案，簡直要我的命。即使內心深處有個聲音驅動自己勇往直前以求取成功，我卻依然受到阻礙，也對此束手無策。縱使我有完整的思緒與想法，但一切好像都困在腦袋裡，無法躍然於紙上。我覺得自己是集聰明與愚蠢於一身啊。

——格蘭．謝佛德（Glenn Shepherd）二十二歲，寫於一九八四年

每次算數學要寫下2除以6之類的東西時，我就會寫成26。這是一種神經動作問題。真是令人非常**咀喪**。每次**兜**這樣。當我寫下一個**估事**時，會一直拼拼**措字**，或是說寫一些我並沒有要寫的東西。我**捻**不出所有的字，都**餛**混在一起了。有了這樣的神經動作**聞題**，**好就像**

你這輩子都得坐在倫椅上度過餘生。

——麥迪遜．皮爾斯（Madison Pearce）十二歲七年級，寫於一九八〇年

以上由兩名學生所描寫的情況，明確指出符號排序運動區缺陷所造成的問題。這種神經障礙會妨礙我們說話時前後連貫的能力，也會造成閱讀與拼字困難，其中最具代表性的問題就是無法好好寫下字母、文字與數字（第二個例子就是那孩子刪刪改改的原稿。在她下筆描寫此缺陷的同時，也不自覺地表現出病徵）。

想體驗有此種缺陷的感覺，就跟著下面的方法做做看。拿張白紙，先試著寫個反過來的字母 a，然後再寫一個正常的字母 a。請問寫反過來的 a 時，你比平常多花了多久的時間？我猜大概至少會多個幾秒。這是因為你必須思考該從何開始、如何下筆、該往哪個方向移動，還有在哪裡停筆。

你寫下正常的字母 a 時，已建立的神經動作計畫就會編碼進入你的肌肉記憶中。讓我們可以輕鬆寫下字母與數字的能力，主要來自左大腦的複雜皮質網絡。其中最關鍵的區域為運動前區（premotor region）。假設此大腦區域運作正常，那麼你在小學時就能學會個別字母的動作計畫，接著再學會將字母排列組合成文字所需的動作計畫。經過反覆練習，就可以學會全部的動作計畫。你會先學到基本的印刷體字母，再學會較為複雜的草寫字。當你遇到一個尚未建立動作計畫的新字或字母（像是反寫的 a），就得認真想一下並費一番功夫才寫得出

來。

這就是為什麼符號排序有問題的學生，每次下筆寫字都得大費周章。反覆練習能讓寫字變成如走路一樣自然，但練習寫字對這些人根本無效。書寫的各種機制（字形、空間、大小與頁面位置）都會讓患者分心而無法專注於書寫內容。因此，他們在把腦中完整的思緒寫到紙上時就截頭去尾了。

在紙上寫下數字和字母以及最終成形的文字是項複雜的任務，而能讓此任務變得簡單的方法，盧力亞用了個饒富詩意的名詞來形容：「運動旋律」（kinetic melody）[1]。

他在《運作中的大腦》裡寫道：「寫字過程在初始階段是經由一連串個別的神經動作刺激所產生，每個刺激只負責書寫架構中的單一部分。經過練習，這個過程中的架構就會徹底改變，書寫就會轉變成單一的『運動旋律』，無需再去記憶個別字形或每一筆畫所需的個別神經動作刺激。[2]」所有的筆畫字形都順暢運作時，個別文字的長期性肌肉記憶就會成形，如學騎腳踏車那般。想想你在簽名時的情況就可以了解，你無需費心思考每個字的字形，不自覺就可以寫出自己的名字。

神經學家以「動作不連貫」（kinetic stutter）來形容帕金森氏症患者斷斷續續的動作。這個詞語同樣也可以用來形容符號排序運動障礙人士的書寫狀況。我們只消看一眼這類人士的手稿，就可以看出寫字不順暢且十分費勁的狀況。這類患者手寫英文時常使用印刷體，因為這比書寫草寫體的動作計畫來得簡單。圖十一為某位四十歲專業人士書寫蓋茨堡演說

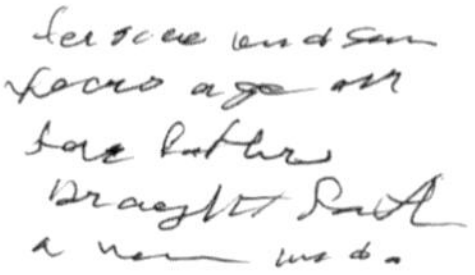

圖11：「八十七年前吾輩先祖帶著建國的理想……」

（Gettysburg Address）的手稿，此即是代表性的例子。

盧力亞從戰爭傷患身上發現運動前區受損對書寫能力的影響：「字跡開始改變；一個字中的個別字母寫得分散，然後一筆一畫都得費盡心力完成……失去了筆順，想要流暢地下筆寫字與記下筆畫順序都難如登天。[3]」

我把這種問題稱為符號排序運動（motor symbol sequencing）神經缺陷。「motor symbol sequencing」中的每一個單字，都有其重大涵義。這裡的Motor（運動；拉丁文中的動詞movere即指移動）就是指動作，當運動前區作用良好，大腦與手就可以合作無間。symbol（符號）則代表字母或數字，也就是我們從小在數學與語言上所學的基本結構元件。Sequencing（排序；源自拉丁文中的動詞sequi，有跟隨之意）則代表次序與模式概念，即是許多元件組成的序列（神經動作刺激編排的序列）就會形成符號序列（文字）。

在閱讀、說話與書寫時需要眼睛進行追蹤，而運動前區就與學習及執行眼睛追蹤所需的動作計畫有關。若是你有此一缺陷，閱讀速度就快不了。依順序追蹤符號（書頁上的字母或數字）的視覺能力，仰賴良好的眼球動作控制，這正是患者所缺乏的。所以患者總是認錯字，像是把

clam（蛤蜊）看成calm（平靜），或是要計算加法時，把加號（＋）看成減號（－），這樣的計算結果肯定會錯。

小學低年級常見的一種作業就是選字填空。若你把可選的單字逐一唸給有此缺陷的學生聽，也許會發現他每個字都認得，但他的眼睛卻難以從一排字中挑出可填入句中空格的單字，若還要確實寫出這個單字則更是難上加難。

對這些學生來說，任何需要此大腦區域參與運作的任務都格外費力。對大腦而言，額外的負擔意味著容易疲倦與無法維持注意力，因而更難以在書頁上尋找文字或在分心後重拾專注力。這些孩子常被貼上有注意力障礙的標籤，但注意力並非真正的問題所在。缺乏專注力只是認知區域缺陷以及其對整個大腦系統所造成的結果。

此區缺陷嚴重的人士，口語表達遠遠落在思緒之後，因而說話沒有組織且不連貫，因此也令人不禁懷疑，這些人士的文章之所以零碎片斷也是基於同樣的原因。他們腦袋中有著全部資訊，但話出口時一些重要的片斷就消失無影（雖然他們自以為講過了），使得其他人難以理解。因為沒有表達的能力，所以他們說話結巴、猶豫不決，甚至膽怯畏縮。

就如我們所知，他們無法工整書寫，也無法正確判斷每行句尾所剩的空間，所以會：（一）把最後幾個字壓縮在小到不能再小的空間中，像是碰撞在一起的車輛般；（二）最後一個字被拆成兩半，前半部在上一行，後半部放到下一行。他們會在句中重複寫同個字（例如：這這），或是在一個字中重複寫同個字母（例如把well寫成weeell）。盧力亞解釋這是因為失去了「抓住動作步驟與進行步驟轉換的能力」[4]。

同一個單字他們可以寫出各種拼法，甚至同一張紙上也會出現不同拼法。符號排序的神經運動缺陷以特殊的方式影響拼字能力。有些學生日常的拼字能力不佳，但在拼字考試上卻表現良好。這是怎麼回事？考試時，學生可以利用符號辨識能力，回想字的視覺字形並在考卷上寫下那個字。然而，在日常寫作中，學生較仰賴動作計畫的能力來拼字。所以，停下動作計畫去回想每個字的視覺字形後再將字寫出，勢必大幅拖慢書寫的速度了。

有此一缺陷的學生難以在課堂中作筆記，因為他們的書寫速度跟不上老師上課的速度。在數學課中問到15÷3這樣的問題時，他們腦中所想的答案是5，但下筆寫出來的卻是3。他們的字跡難以辨識，像4這個數字經過冗長的計算後可能會變形成9。他們寫得既痛苦又緩慢，所以抄寫黑板或在時間內寫完考卷成為下一個不可能的任務。那些題目他們都會，但成績反映不出他們的實力。考試測出的是他們費力且沒有效率的書寫過程。

這一切錯誤（都是些技術性錯誤而非概念上的錯誤），讓這些學生被貼上「粗心大意」的標籤，或被認為腦袋不靈光。對於自己「集聰明與愚蠢於一身」，格蘭感覺糟糕透了。

在亞羅史密斯學校，符號排序運動缺陷是最常見的學習障礙。像書寫、閱讀與數字這類由人類發展出來的文化產物，是大腦為了適應世界所產生的。於是原先演化上用以執行其他功能的大腦區域，受徵召執行這些新的程序。在書寫方面，左大腦的運動前區原先負責將個別神經動作刺激轉換成順暢連貫且有組織與技巧的動作，就被徵召來學習書寫所需的熟練動作（也就是動作計畫）。人用文字代表口語的發展過程不過五千多年，就人類的漫長演進過程而言是相當短的時間，所以我認為受徵召執行新任務的區域較容易產生問題。

針對符號排序運動障礙所設計的亞羅史密斯訓練課程，包含運用符號順序來學習與產生神經動作計畫。當練習量充足，無需思考或遲疑，符號的順序自然就從筆尖流洩而出。隨著時間過去，這個動作計畫就會編碼進入肌肉的記憶，等到學生精熟於此時，我們會再給他新的動作計畫訓練。這些動作計畫會愈來愈複雜，學習的速度也會愈來愈快，這也表示大腦的動作計畫學習能力有了改善。在此同時，我們也會看到學生們的進步：書寫流利、口語順暢、眼睛能夠快速瀏覽文句等等。

這個訓練課程需要用到眼罩（通常內層是黑色，外層為藍色，不過學生也可以選擇自己想要的顏色樣式，像是豹紋眼罩）。參與這個訓練課程的學生，看起來就像一個個勤奮好學的小海盜。眼罩要戴在左眼上，好讓右眼執行所有任務。

戴眼罩的重要性在哪裡呢？你應該記得左大腦負責控制身體右側的動作（身體左邊則由右腦控制）。為了改善這項缺陷，我們必須多加刺激左腦運動前區，而藉由右眼（及其運動）與慣用手之間的協調，就能增加左大腦運動區域的刺激。

戴眼罩有時會造成誤會，有些人會以為我們是在訓練主要視覺皮質的視野範圍。就視野而言，左右大腦各自負責每隻眼睛的一半視野，也就是單隻眼睛的視野是同時由左右大腦掌控，因此戴上眼罩並無作用。

戴上眼罩的格蘭與麥迪遜，花費許多時間努力寫出中文一類的文字——先從簡單的開始，再練習難一點的，之後再進入更複雜混亂的字形。正確書寫這些文字固然重要，不過速度要快也很重要。這個練習的目標在於讓他們可以自然而然地輕鬆書寫。

多倫多亞羅史密斯學校的英文老師泰勒－賴特說：「我覺得，這項訓練課程比較像是一種認知課程中的冥想訓練。就跟走鋼索一樣，這需要相當的控制與技巧，並藉由練習培養耐心與條理。」

我在一九七八年獲得進一步的證據，證實訓練課程不只改善了表面的症狀，也改變了大腦本身。至今我仍然記得當時的興奮之情。當時我正在訓練一位十九歲的女孩，嚴重的符號排序運動缺陷讓她幾乎沒有寫下二十六個英文字母所需的動作計畫能力。為了讓她可以進行符號排序運動訓練，我以她為名設計了一套簡化符號的「道斯字母表」。

閱讀盧力亞的著作讓我了解到，訓練的目標區域「左腦運動前區皮質」與個別神經刺激轉化為口語、閱讀及書寫時所需的系統性動作順序有關。正如前面所提，我所設計的課程只針對一隻眼睛與慣用手進行訓練。不過這裡就是我的驚人發現：在持續接受訓練後，女孩的字跡以及閱讀時眼睛追蹤字句的能力都有了改善，連口語能力都進步了。她說話時不再吞吞吐吐與猶豫不決，不會漏講大段重要資訊，讓人不知所云；也不再天馬行空，一個想法起了頭還未說完，又說起下一個了。

女孩在接受治療前，得花很長的時間才能表達出自己的意思，以致連朋友都等不及她說完話就走掉了，於是她退出了社交活動。勤奮練習幾個月後，她大腦中負責產生系統性動作順序的區域逐漸變強，連她的口語情況都有了改變。她腦中的想法與出口的話語開始能夠同步，她不再吞吞吐吐，也不再漏講內容。經過訓練，她的社交生活變得多采多姿，開始與人約會，也有了符合年紀的應答能力。不過，口語表達可從來都不是這個訓練的目標呢。

對我而言，這進一步證實了對目標區域進行刺激，大腦就能改變。

我去過紐澤西州伊莉莎白市的猶太教育中心，與那裡的家長、學生、老師及副主任埃立亞胡・泰茲（Eliyahu Teitz）見過一面。那天在學校裡，我穿過兩旁皆是黃色置物高櫃的走廊，走向蘿絲・坎朵（Rose Kandl）所在的教室。蘿絲有雙和善的眼睛以及犀利的見解。不過讓她更與眾不同是她有著雙重身分：她既是學習障礙孩童的母親，也是學校中負責教授亞羅史密斯課程的老師。

六年前蘿絲開車到學校時，在澤西市的廣播節目中聽到亞羅史密斯課程首席教育主任安妮特接受訪談。那時還未聽過神經可塑性的蘿絲對此感到好奇，因為她的兒子賈許正在小學中痛苦掙扎。

賈許有書寫困難，蘿絲認為那是：「大腦與手部之間沒有連結，也就是斷線了。學習專家說：『賈許不可能會寫字了。只要教他怎麼簽名就好，這樣至少他還有簽寫支票的能力。』」

因為協調性實在太差，賈許也不會使用鍵盤。他還被冠上另一個標籤：「天才型的學習障礙者」，講白點就是高智商低表現者。在課堂上進行複選題的考試時，他不但能拿到八十五分，而且還是最早交卷。但若是一份需要「書寫」的考卷，他永遠都是最後交卷的人，而且還寫不完。他抄寫黑板的速度太過緩慢，以致在他抄寫完成之前，老師早已擦掉黑板上的內容並進入下個主題了。直到七年級為止，他都是在腦中進行數學計算，並簡單地在考卷上寫下答案。但八年級開始，老師要求他必須在考卷上寫出算式，但他做不到，所以考試成績就不及格了。

這些情況與其他學習障礙所造成的衝擊簡直是災難。蘿絲描述了當時的情況：「賈許轉學了三次。七年級時他完全崩潰了。他痛恨學校。我們真的非常擔心他。他回家就坐在房間裡發呆，燈也不開。十二、十三歲的孩子不應該如此，他們應該在外頭與朋友追逐嬉戲才是。」

二〇〇八年春天，埃利亞胡與蘿絲接洽，詢問她在猶太教育中心開立亞羅史密斯課程的意願。蘿絲曾在廣播中聽到安妮特提到大腦是種可以訓練的器官那段訪問，仍感到好奇的她決定前往鄰近的美國基督教學校一探究竟。這間位於紐澤西州蘇卡桑那的美國基督教學校，其校長卡蘿．米德基夫（Carol Midkiff）從二〇〇七年起就引進了亞羅史密斯課程。

「我去看了課程，」蘿絲告訴我：「老實說，我不太確定自己到底看到了什麼。我記得自己坐在那裡看著一位學生進行時鐘訓練。我對自己說：『時鐘上面的指針好多啊，不然我應該看得懂吧。』我不知道時鐘是拿來做什麼用的。我跟米德基夫校長談過，也跟老師們談過。我清楚記得當時一位正在練習的二年級生，她的老師告訴我：『過去這女孩的數學成績總在班上墊底，現在都可以拿到A的成績。』所有的老師都告訴我這個課程有多好，校長也跟我說課程有多棒。於是我回去告訴埃利亞胡：「我願意接。如果這真的可行，就是有史以來最棒的事了。」」

於是猶太教育中心決定開立這項課程，並在同年夏天送蘿絲到多倫多接受訓練，以取得亞羅史密斯課程教師認證。我請蘿絲回想當時的感受，她的回答令我大笑不已——我得強調，她的回答真的很誇張。她說：「整個過程我都在哇哇叫，課程實在太緊湊了。」

多倫多的認證課程還對蘿絲產生另外兩個影響：不但讓她加倍憐憫受學習障礙折磨的孩子，也讓她十分確定賈許有神經缺陷並且能從此課程中受益。

「我坐在課堂上，」蘿絲回憶著：「聽著各大腦區域所引起的各種功能障礙，喃喃自語道：『我兒子賈許就是那樣，就是那樣啊。』這些年來，除了閱讀問題，賈許的所有障礙與缺陷都沒有被明確點出來。我坐在那裡說：『這真是驚人。這完全就是我對自己兒子的形容，但從來就沒有人要聽我說。』」

我們的評估指出賈許確實有非常嚴重的符號排序運動障礙，這也是他字跡潦草的原因（賈許進入課程三個月後，情況開始有了改善）。那年年末，賈許已經大有進步了。

最後，學校委員會對賈許重新進行評估，判定他已無學習障礙。至此，賈許不再需要補救教學，也無需額外花時間學習了。

「亞羅史密斯課程改變了賈許的一生。」蘿絲說：「過去我們每天早上都得把他從床上拖下來，一點都不誇張。他不但不想上學，也不想與別人交流。對他而言，每件事都很困難。」

賈許目前已經升上十年級，他可以自己寫作文，而且英文作文可以拿到A或B甚至A＋的成績。現在的他等不及要上學，回家也會跟家人分享學校老師及朋友的事。

「他變得完全不一樣。」蘿絲說：「我喜歡他現在的模樣。過去我當然也是發自內心愛著我兒子，但現在我不但愛他，也很喜歡他。」

無論從哪方面來看，符號排序運動缺陷都會令人痛苦萬分。我們的一個學生總是覺得自己字跡潦草沒什麼大不了，要媽媽放寬心。他開玩笑說：「醫生都覺得無所謂了。為什麼我要在意？」

但這可不是開玩笑。無法好好寫字會成為嚴重尷尬和精神痛苦的來源。而且，因為大腦與肌肉的連線也受到大幅影響，寫字的動作也許還會造成生理上的疼痛。有位學生這樣說：「我的手就像崩壞了，我得試著去控制它。」

斯圖爾特（第九章提到的會計師）保留著數年前他就讀亞羅史密斯學校時的日記。這是他在二〇〇四年五月二十日的日記內容：

我非常興奮地寫下自己的進展。首先，看看我的字，「狗爬字」已經不見了。哇！我的字跡真的工整許多，不過最重要的是寫字時不再感到疼痛了。我無需為了避免寫出潦草的字跡與寫字的疼痛去使用電腦。我腦中的思緒流洩到筆尖的過程順暢許多，因為盤據腦中的「障礙」已經去除。我以前認為自己的腦子比握筆的手要快許多，不過現在我可以很高興地說，我在寫作時，大腦已經能和手合作無間了。

亞羅史密斯課程所帶來的某些改變也許是逐步顯現，但也可能快如閃電。當安．塔洛克（Ann Tulloch）與黛弗拉．加蘭（Devorah Garland）開始進行符號排序運動課程訓練時，他們感受到有如審美觀突然覺醒的那種認知變化。

安的嚴重符號排序運動缺陷意味著其右眼功效不彰，雙眼的功能不協調使她感受不到物體的深度，所以她眼中只看得到平面。

「我不是看不到東西，」安告訴我：「這很難解釋。我想就是一片灰濛濛，而且平平的。」

安如此描述她的轉變：「我那時坐在電車上，突然之間好像進入立體電影中。每個東西……所有的色彩、所有的形狀，還有我的距離感——每個東西都在我眼前蹦出來。每樣物品都非常明亮，形狀清晰。剎那間，我看到所有細節了。我太高興了，我可以看到建築物的兩側與背面；物體的深度出現了。之前就像看著電視布景一樣，建築物都只有正面，沒有深度，也沒有透視。」

這個變化讓安感到不安，所以她打電話給我，確認自己是不是錯亂了。我向她保證，就我所知，她的神智是沒有問題的。她現在只是有了我所稱的動態視覺（dynamic vision），以及感受世界的全新方式。

雙眼共同接收資訊才能產生深度感，由於安的雙眼現在可以一同運作，所以已經能夠使用雙眼傳來的線索資訊。大腦整合雙眼傳來的平面影像並創造出立體感（一種稱為「立體視覺」〔stereopsis〕的過程），就能讓我們感受到深度。任何讓雙眼無法適切合作的障礙都會影響我們對深度的感知。符號排序運動障礙嚴重的患者通常都是右眼的動作較少，這是因為左腦運動前區負責控制右眼動作的功能不彰。安形容這種改變就像是將音響從單聲道切到立體聲道。我告訴她，若想感受自己之前的狀況，「只消閉上你的右眼就可以了」。

「我覺得世界變得多采多姿，」安告訴我：「我想彌補失去的時間。以前我就很喜歡欣賞藝術品，但總是有障礙，讓我錯失了某些東西，而我從不知道那是什麼。我就是無法好好欣賞一件好的藝術品或一件好家具。就好像無論走到哪裡，四周都有高牆擋著，我根本出不去。而現在我感覺到高牆好像開始崩塌。我嘗到了立體世界的滋味，也希望多多益善囉。」

上了三個月的認知課程後，黛弗拉也發生同樣的情形，這深深震撼了她。「我那時正走在多倫多的約克維爾大道上，」她告訴我：「我發現每樣東西看起來都不一樣了。我看著四周的建築物，所有的形狀都不一樣了。我沿著街邊慢步行走，其他同伴催促著我：『快點，快一點啊。』我回應：『你們看到了嗎？』我對世界的感知變得清晰許多。所有物體的形狀、輪廓與色彩變得較為清晰，我也在物體上看到之前未曾注意到的光澤。我還記得自己走在街上凝視著每個東西，那感覺真是美好。」

安與黛弗拉進行的動腦訓練，讓她們的大腦功能有所改變。其中明顯可見的變化就是，她們現在有了之前所沒有的立體視覺與深度感。

這樣的改變聽起來像是瞬間發生，實則不然。個人基本認知功能的改變其實是循序漸進，只是本人通常不自覺而已。這些變化必須達到一個臨界點，才能體驗到安與黛弗拉所經歷的感受：深度感上的根本性改變。

當某人的手稿從潦草無章變得工整通順時，無需筆跡鑑識專家進行鑑定，我們就知道某些東西已經有了改變。這改變就發生在大腦之中。開始進行認知課程的幾個月內，我們就可以看到這種顯著的變化。當參與符號排序運動課程的學生其大腦運作有了改善，我們常可見到他們下筆的文字自然而然地就從印刷體轉變成草寫體。以下就是一例：

一個十五歲的孩子接受訓練不到三個月，字跡就變得工整許多。在圖十二中間部分（寫於一九八八年十二月）的字跡適切地小了許多，與九月時字母寫得有大有小的情況（圖十二上方）形成強烈對比。這時字與字的間距大小也比較一致，而這位學生也開始在印刷體中夾雜一些草寫體。到一九八九年十二月時，這位學生已不再使用印刷體，而他的草寫體不但工整且清晰易辨。

一位七歲的女孩有嚴重的符號排序運動問題，她為了把字寫得工整點，一再熬夜寫功課。女孩的媽媽發現她打著燈躲在房間的衣櫃中，身旁還有約百張她寫過又揉掉的紙張。

這女孩於二〇〇五年九月開始進行認知訓練來解決她的書寫問題。同年十二月左右，女孩說她寫字時的手部疼痛減緩，而且不久後，疼痛就完全消失了。這女孩在亞羅史密斯的檔案資料中有一份於二〇〇六年一月十七日所留下的紀錄，其中提到：「女孩的母親回報女孩在作畫上有驚人的進步，不但細節更為細膩，線條也十分流暢，超過同齡孩子的水平。她在技巧上有大幅的躍進。」

當然，女孩寫字與畫畫用的是同一隻手，所以當她更能控制自己的手時，她的畫作也就有所進步。在七年級的學期中段，女孩的老師建議她可以跳過八年級直升高中，而她也接受了。女孩的英文老師對她盡是讚美，老師說這孩子的文筆與架構跟所有她教過的八年級生一

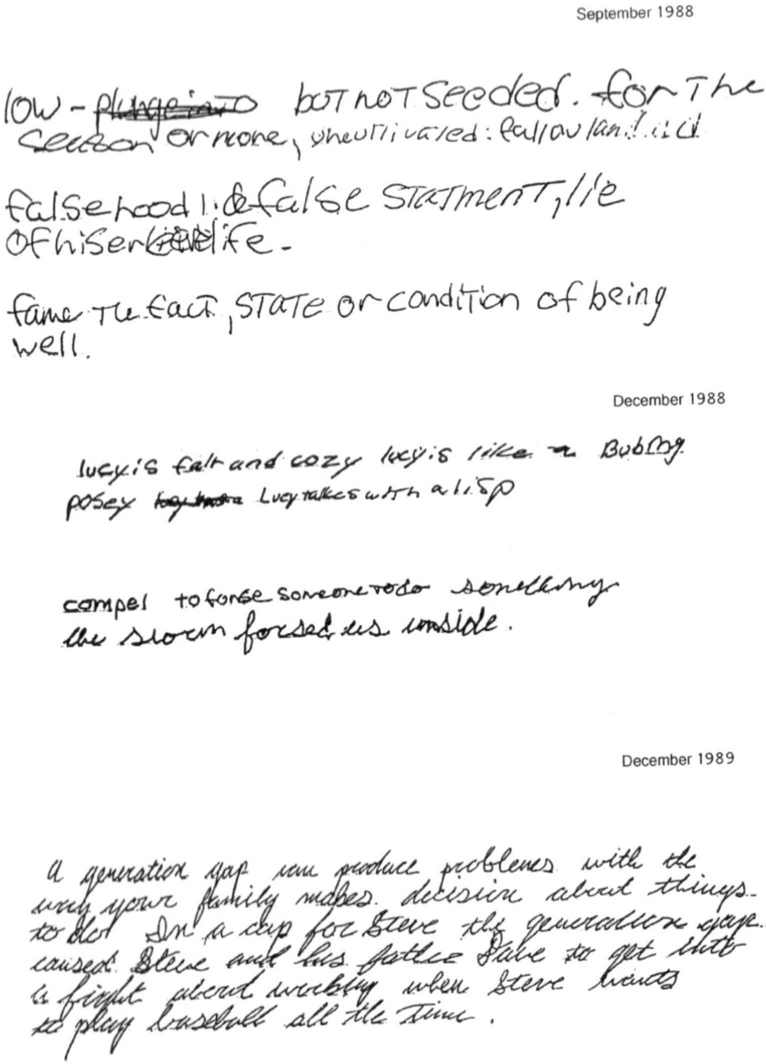
September 1988
low - but not seeded. for the
season or more, uncultivated: fallow land
falsehood 1: a false statment, lie
of his er life -
fame the fact, state or condition of being
well.
December 1988
lucy is fat and cozy lucy is like a Bubbly
posey Lucy talkes with a lisp
compel to forse someone to do something
the storm forsed us inside.
December 1989
a generation gap can produce problems with the
way your family makes decision about things
to do. In a cap for Steve the generation gap
caused Steve and his father Dave to get into
a fight about working when Steve wants
to play baseball all the time.

圖12：字跡從潦草難辨到工整清晰。

樣棒。

同樣的實證一次又一次地出現：學生們的書寫開始變得流暢，腦中所想可以轉化成文字順序，化做文字躍然於紙上。一位母親說自己的女兒原先寫字很費力，即使是書寫自己的名字也一樣。不過她說，現在她的女兒下起筆來已有如「行雲流水」般順暢了。

第十五章 對自己的身體視而不見

由於一直從事協助學習障礙孩童的工作，所以我更能精確地判斷學習障礙類型與大腦各功能間的關聯。

例如一九七八年時，我對自己這輩子笨手笨腳的情況做了一次回顧。我將自己發生過的意外整理出來，並進行分類與分析，得到的結果讓我確信這些意外都互有關聯。最後，我將這些問題取名為「肌動知覺」（kinesthetic perception）障礙。

我的左側肢體就像是上天給我的懲罰，不但左眼眨不動，左側牙齒（就只有左側）還常在不自覺的情況下咬到舌頭及嘴唇，總要等到我吃到鹹的食物，痛不欲生時才會發現。

我的左手在判斷距離時經常發生太過或不及的情況。一旦我伸手去撿筆，有時就會停不下來，最後經常將筆甩過肩膀。有次我在演講廳中彎腰撿筆，結果身體停不下來就跌坐在地上。當我想用左手把髮絲撥到左耳後，也常會不小心刮到臉或眼睛，所以我總會剪短指甲，以免弄傷自己。正因如此，除非必要我不輕易使用左手，因為那是隻我行我素的手。

高中時老師教我們不看鍵盤打字，這表示我們不能低頭看鍵盤，眼睛要專注在教室前方的鍵盤海報上。對照右手，我的左手就像是雙重人格中令人傷透腦筋的那個。我的左手手指總是會撞在一起，無法判斷敲打不同字鍵時手指該移動的距離，所以我總是不斷地按錯鍵。對於有人無需看著手指就能打字，我真是無比佩服。老師總會走到我身旁，把我的頭抬起來，轉向教室前方的大張鍵盤海報。我這堂課的成績真是慘不忍睹，著實比同齡的孩子差了一級。

就連吃飯也能看出我左手缺乏控制的問題。就連一向非常疼愛我這唯一女兒的父親也忍不住脫口說出：「吃相好一點！」我用右手拿刀切食物時，握叉的左手總是使勁過頭，把盤子刮得沙沙作響，或是不小心把食物弄出盤外。我的左手無法好好握住杯子，掉杯的情況不時發生。因為我無法判斷杯口到嘴巴的距離，所以我在許多場合裡不但經常溢出杯中的飲料，牙齒也時常撞到杯緣。

我會避免使用利器，因為我有太多次削皮時削到左手的經驗了。十一歲時，由於誤判左手與電動調理機的距離，手指就被旋轉中的刀葉割傷。我的左手似乎總是在受傷。

我二十五六歲時，有次坐車時用左手關門，但身體的動作順序錯了，以致我還沒坐進駕駛座，左手就把門關上，車門撞上我的臉，把門牙的牙套撞得粉碎，那是我十六歲在游泳池發生意外後裝的牙套。那次的事故是因為我站在跳水板上時感到害怕，最後放棄跳水從階梯上走下來時，誤判了階梯位置而失足踩空，臉朝下撞上水泥地板，倒楣的門牙因此碎裂。

充分的證據顯示，我的身體與外界的關係，甚至身體各部位間的關係，都有著嚴重障礙。

我對左側身體是如此陌生，以致疼痛當下不知道疼痛部位。有次我的左手碰到燒熱的爐子，卻沒有及時抽回。另一次左腳踢到燒熱的暖爐時，也沒能及時反應。我付出了慘痛的代價才學會在感覺到痛的當下，必須趕緊用眼睛尋找疼痛來源。我的左側身體老是青一塊紫一塊，但到底是什麼以及怎麼造成的，我卻一點印象也沒有。

我的運動神經也不好，因為我還有另一項我稱為「空間障礙」的神經缺陷。這項障礙再加上肌動知覺缺陷，抹去了我成為運動好手的希望。那個三歲在車道上撞到自家車子，造成頭部受傷的小女孩，後來在棒球的打擊與接球能力也不佳。體育課更是場惡夢。跳鞍馬時，我從來無法確定自己跳得過還是會撞上。像方塊舞之類需要肢體協調的運動，都超出我能力所及。

走路時，我的左腳常會絆到自己。我的同學都叫我笨蛋，而我也總是團體運動中最後被挑上的人。

只有一項運動我玩得還不錯，那就是羽毛球。我在九年級時接觸到這個運動，我喜歡它是因為它是個比較緩和且不激烈的運動。打羽毛球讓我有更多的「反應時間」去彌補其他部分的不足。游泳是另一個我拿手的運動，而且還因此成為救生員。游泳無需快速或精準的動作，而且若是我選人少的時候去游泳，還能避免撞到人的問題。

有次去滑水時，我誤判了接近碼頭的距離，於是一頭撞上——這次也是從左邊撞上。騎腳踏車從左側跌下來的經驗更是不勝枚舉，我記得其中一次還是從自家附近的陡坡摔下來。十三歲時還發生另一次意外，那時我站在滑板上從山坡飛身而下，由於重心太偏左側，造成滑板傾斜，撞到邊欄，接著就跌倒了。那次我跌斷了手指，還造成身體嚴重瘀傷。

我走路的姿態完全稱不上優雅。我不知道自己的腳著地時到底出了多少力。父親說我走起路來像頭笨重的大象。高跟鞋從來就不是我的菜，而且我也有懼高症。幾次我們到加拿大卑詩省去拜訪父母的家族親戚時，有時會在路旁停車到山口處觀賞落磯山令人讚嘆的美景。全家人都下車了，只有我還窩在車上。如果兄弟們好說歹說地把我勸下車，我也只敢站在離崖邊約六公尺遠的地方（不久之後，我學會開車。當我必須行駛在一邊是懸崖的狹小山路時，握著方向盤的指節就會緊張到泛白）。

我甚至連左右邊都分不清。這有三個原因，而且全都跟認知障礙有關：第一，我沒有感受能力，所以不知道感覺是從身體的哪個部位傳來（肌動知覺問題）；第二，因為缺乏空間概念，所以我對身體各部位在空間中的相對位置毫無概念；第三，我有象徵符號關係理解缺陷，所以沒有左右的概念。

反覆學習綁鞋帶也讓我難堪。我終於學會時，都已經八歲了（正常是五到六歲左右）。我可是費盡心力不斷地反覆練習，才學會這個小小的技巧。

就像其他的神經缺陷一樣，這次我一樣把自己當做白老鼠。感謝盧力亞讓我了解大腦的哪個部位掌控了肌動知覺（或說，讓我了解到自己缺乏肌動知覺），進而設計出希望能夠刺激此大腦區域的動腦訓練。

大腦有個區域負責感覺回饋以協助我們學習如何精準移動身體，如果我的問題就是因為此區功能不彰，我就必須找個可以讓此功能運作的方法。我知道當我不知道自己身體的位置時，會利用視覺來代償，所以我必須設計一個針對感覺回饋但視覺無法介入的動腦訓練。因此我設計了一套閉著眼睛進行精準動作的訓練。當某個動作在閉眼與睜開眼的情況下都能做得同樣精準熟練時，我就知道自己已經精通那個動作了。因此我設計了更複雜的動作，並且要求自己更快速地完成動作。

反覆嚴格地練習有了回報。我漸漸開始覺得自己的動作有些不同。我要做出一個技巧性的動作時，我的大腦開始會通知我的肌肉需要動多遠以及目標在哪裡。

現在的我已能自在地運用左手，可以用左手撿東西，洗碗時不會打碎碗盤，喝咖啡時無需擔心咖啡溢出杯外，還可以用左手拿叉子，而且拿得要比以前協調許多。現在的我一分鐘就可以精確地打出八十個單字了。

拉丁文中的「sinister」為「左」之意，而現代英文也使用「sinister」一字。英文的「sinister」是指某件不好的事正在發生或即將發生。我這輩子將近三十年的時間，都活在自己左側身體可能帶來危險的陰影中。在反覆練習特定動腦訓練的情況下，我的右大腦重新連線，讓我的左側肢體恢復功能，並能與右側肢體配合無礙。

我的兩側肢體現在可以合作無間了。

如有你有肌動知覺障礙，你的大腦就無法登錄或解讀身體傳來的感覺訊息。這造成的其中一種情況就是，你難以知道自己身體各部位之間的相對位置。舉例來說，如果你的左側身體知覺明顯異常，你就無法在腦中登錄自己左手臂的角度或手臂離身體的距離了。即使你右側身體的感覺正常，你的左右手還是無法配合。想像一下，在學習某個複雜舞步時，左側身體需花上右側身體十倍的時間才學得會，你就能了解那種感受了。

肌動知覺缺陷人士，有些只有單側肢體受影響，有些則是兩側肢體都受影響。有些人是單側大腦有缺陷，有些人則是兩側都有。這些人常被認為「笨手笨腳」，不過這些字眼表達不出此問題的深層原因，也表達不出造成肢體動作異常的緣由。

我記得有位母親告訴我，當她買了一支甜筒冰淇淋給年幼的兒子時，他是多麼地興奮。但是當他把冰淇淋湊到嘴邊，由於沒對準，導致冰淇淋撞上臉頰，於是就掉到地上去了。這個難過的孩子後來證實有嚴重的肌動知覺缺陷。

薩克斯在著作《錯把太太當帽子的人》（*The Man Who Mistook His Wife for a Hat*）中提到，有位女士喪失了「位置的感覺」。[1]這位女士的頂葉（這部分之後再提）功能良好，但因為神經損傷，感覺訊息無法傳達至大腦。Proprioceptio（本體感覺）一字源於拉丁文的propius（自身）及perception（感覺）。薩克斯就是用「本體感覺」一詞向那位女士解釋其身體與大腦斷線的問題。那位女士的反應讓我感到辛酸又熟悉。她對薩克斯說：「我已經注意到自己可能『喪失』手臂了。我以為手臂在這裡，結果卻發現它們在別的地方。『本體感覺』就像是身體本身的眼睛般，是身體看見自己的方式。如果像我這樣沒了本體感覺，那麼身體就好像失明了。身體失去了它的眼睛就『看』不見自己了，對吧？所以我必須用我的眼睛來做身體的眼睛，對吧？」

失去肌肉、肌腱與關節而非大腦的位置感，就是喪失本體感覺。神經受損造成傳導路徑中斷就會使得資訊無法傳遞到大腦。不過前述幾個例子中的問題則相反，是大腦無法適當登錄及解讀感覺資訊所造成。在每個例子中，每個人的經驗感受是一樣的：感覺不到自己的身體。

大腦的體感區域也可以分辨手中物體的形狀，以及不同物體觸碰到皮膚的細微差異。以我這個體感區域有缺陷的人為例，當我把左手伸進口袋，根本無法分辨碰觸到的物體，即便是自己的鑰匙。想想孩子們在手掌上寫字母、數字或畫形狀的猜謎遊戲，猜謎者就是憑藉手掌上的觸覺辨認出答案，而肌動知覺障礙人士根本無法進行這個遊戲。再想想學習閱讀點字書的情況，個別點字也都需要靠觸覺去分辨。

想了解肌動知覺障礙人士的感受，可以試試下列簡單的實驗。把咖啡杯放在桌上伸手可及之處，上身挺直並睜開眼睛，以食指觸鼻後再去碰觸咖啡杯手把。然後，在身體其他部分都不動的情況下，縮手回去碰觸鼻子。接著閉上眼睛，試著再用手去觸碰杯子的手把。你碰得到嗎？你的手伸得太遠或太近，還是剛剛好呢？換隻手試試看會不會有什麼不一樣。然後把杯子換成硬幣或小一點的目標再試試看。如果你閉上眼睛做起來毫無困難，就表示你的肌動知覺功能良好；如果你在進行這個實驗上有困難，你可能有肌動知覺問題。

簡單來說，我所描述的就是一種感覺與記憶動作的能力。接收與處理感覺訊息的傳入或回饋，屬於非常基本的神經反應，像是了解感覺（溫度、壓力、痛覺或觸覺）發生在身體何處這一類神經反應。至於了解肢體與身體的相對關係，以及身體在空間中的相對位置等感受，則是更為複雜的神經處理程序了。

在空間中移動時，關於身體位置的感覺訊息會持續地傳入回饋，以引導你在空間中進行動作。如果大腦肌動知覺區域正常運作，我們就能藉由過去動作所留下的感覺記憶引導目前正在進行的動作。

想了解這一切如何運作，就想想學習打字時的情況。首先，手指與手必須學習鍵盤上字鍵的位置、打字的力道，以及手指在敲打不同字鍵時所需移動的距離。隨著時間過去，經過大量的練習，手部動作的感覺記憶成形，打字就能成為精熟的技能了。

在學習動作技巧（例如網球的反拍）上，感覺訊息的回饋相當重要，若是沒有這種持續的回饋機制，你就無法學習有效或正確的動作。回饋機制就像一位待在你身旁的老師，在你練習動作時協助你校正與調整，直到熟練肌肉動作的順序。因此，過去動作的感覺記憶，就成了我們現在進行動作時的嚮導了。

書寫也屬另一種動作技巧，所以也得仰賴肌動知覺的訊息傳入。孩童在書寫時有了寫字所需的內建靈敏度，自然就能降低用眼觀看手指或筆尖的需求。同樣地，投手在投手丘上投球的動作看起來可能是全憑直覺、自然而然發生的動作，實際上卻是由大量認知活動塑成的結果。大腦頂葉是負責掌理空間與肌動知覺的區域，所以此大腦部位就在此時受徵召運作。投手幾乎無需思考就能匯集自己身體在空間位置中的資訊，也感受得到自己與捕手及打者的相對位置。在此同時，感覺記憶也精確地找出他上次投球的記憶，包括：握球的力道，握法以及投球的時機。這一切資訊讓投手得以把球投向目標位置。

兩側大腦的體感皮質（位於大腦中線下的前頂葉區域，從頭頂一直延伸到兩耳），負責接收對側肢體傳來的感覺訊息。因此，右側體感皮質若有問題，會造成左側身體的感覺障礙，反之亦然。

在這個皮質區可以畫出「感覺小人圖」（sensory homunculus），這是一份與身體個別部位及處理其傳入訊息的相關位置圖。如果此皮質上的某區有問題，就會影響該區相關身體部位的感覺。

比起身軀這類龐大但不敏感的區域，像嘴唇、舌頭、大姆指與手指這類小而敏感的區域，反而占據較多的皮質空間。想想這些敏感區域在口語及使用工具的重要性，就能理解這樣分配的道理了。

負責左側身體肌動知覺的大腦區域有了障礙，同樣也會讓負責登錄嘴唇、舌頭與嘴巴感覺的體感皮質區域無法良好運作。我以「口語肌動知覺障礙」（kinesthetic speech disorder）點出這個特別區域所造成的影響。不過，並非所有肌動知覺障礙人士都有說話上的問題，這全視涉及的體感皮質區域而定。口語肌動知覺障礙人士的口腔動作遲鈍不精準，所以說話含糊不清。以我為

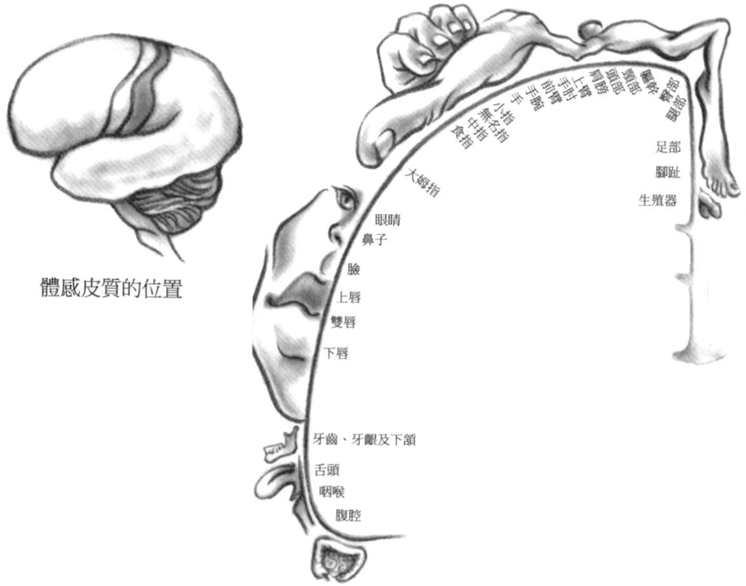

圖13：感覺小人圖。這張圖標示了負責處理身體個別部位的大腦區域位置與所占的皮質空間數量。嘴唇一類的敏感區域就占據較大的皮質區域。

例，人們說我講話不清楚，特別是我疲憊的時候。我說話時必須非常專注，口齒才會清晰。於是，就像對付我的其他神經缺陷一樣，我也針對這個問題設計了一個訓練課程：**試著說出會讓我舌頭打結的繞口令，以便活化自身大腦功能不彰的區域。**從此之後，我說話不再含糊不清了。

想體驗有口語肌動知覺障礙的感覺，可以在嘴裡放幾顆彈珠（櫻桃籽或橄欖籽也行），然後重複：「吃葡萄不吐葡萄皮，不吃葡萄倒吐葡萄皮。」留意你要多麼專注才能在口中含著彈珠的情況下清楚說出每個字。你從過去發音中所習得的感覺回饋模式不適用於此。你要非常小心專注才能發出每個音，但大多還是不太精準。口語肌動知覺障礙人士必須更加專注才能避免發音含糊不清。

西塞羅稱古雅典的政治家狄摩西尼（Demosthenes）是「完美的演說家」，但狄摩西尼在年輕時有語言障礙。據說他講話不清不楚，讓人不易聽懂他的話語。為了克服這個問題，他把小石頭放進嘴裡，強迫自己即使嘴裡有石頭也要把話說清楚。雖然無法確定他的問題是不是我所稱的口語肌動知覺障礙，但他的情況與此病症頗為符合。狄摩西尼自創訓練方式，強迫自己專注於嘴巴與舌頭肌肉的感覺回饋。這個訓練確實有效，讓他成為以演說為職業的成功演說家。

口語肌動知覺障礙人士難以找出精準的口腔位置來發出不同的音素。有些音素的口腔發音位置極為相似，例如th及f，這會造成他們的混淆，讓thirty唸起像是firty。而且如果原來負責嘴唇與舌頭的體感皮質空間被其他身體部位占據，還會產生如同看牙時口腔局部麻醉造成的流口水情況。有些臨床醫師稱此為「位置性失用症」（positional apraxia），不過盧力亞則稱為「傳入性運動失語症」（afferent motor aphasia）。[2]

多倫多亞羅史密斯學校的老師皮爾森曾提過一位年輕女性的故事。這位名為艾莉諾・柯蒂斯（Elinor Curtis）的女性，於二〇〇三年來到亞羅史密斯學校。皮爾森說：「有一天她對我說，她總是笨手笨腳，總是翻倒桌子，總是碰掉東西，總是撞到別人及物品，也總是不停地掉東掉西。」

跟我年輕時一樣，艾莉諾也打羽球，而且可能出於相同理由。羽球不像其他球類或曲棍球會以極快的速度接近，而是慢慢落下，讓打者多些時間可以站定位打球。還記得前面提過若是沒有某個動作的相關感覺記憶，就需要經過更多次的試誤才能學會那個動作。雖然艾莉諾並非技術一流的選手，但她發現羽球能讓她從備受折磨的人生中解放，而她的人生完全以補救自己幾個重大學習障礙為目標。皮爾森如此形容艾莉諾的人生：「為了名列前茅，除了上學之外，她每星期花超過四十個小時的時間來念書。她有書寫障礙，無法記住老師在課堂上講授的內容，每件事都得重複三至四次才能學會。她才十七歲就已經燈枯油竭，身心俱疲。她唯一想做的事就是在週末打羽球，除此之外，她根本沒有人生。雖然如此，她的成績卻依舊保持在九十幾分。」

艾莉諾來到亞羅史密斯學校，在參與兩年的課程之後，解決了包括肌動知覺問題在內的許多學習障礙。亞羅史密斯學校針對此障礙採用了相當細微的追蹤訓練。對她而言，這項訓練一開始就是極大的挑戰。艾莉諾在訓練中有時出力過猛，有時力道太輕，她覺得閉眼時要精熟複雜的手部訓練相當困難。但隨著時間過去，這項訓練改善了她所有的肢體動作。過去艾莉諾只能不熟練地做出大致的動作，現在不但動作精準還十分熟練。

我相信，執行此認知訓練者的大腦正產生如下變化：經由感覺訊息的反覆回饋，體感皮質的分布圖變得更為精準。簡單來說，如果我們認為此問題肇因於不精準的分布圖讓傳入的感覺資訊不精準，那麼這項訓練將重組分布圖，給與其精準的調整分配。一旦分布圖變得更精準，感覺回饋就能更進一步顯現出動作的細微變化，並進一步強化分布圖的精準度。

艾莉諾一開始進行肌動知覺訓練時非常辛苦，但情況逐漸好轉，而她的羽球技巧也一樣。艾莉諾的羽球教練曾要求她練習特定的動作，但有些動作她做不來。她的身體就是無法做出特定的動作，不過後來她也開始可以做出那些動作了。她的動作範圍變大，揮拍的動作也較佳，在感覺資訊能夠即時回饋的情況下，她的動作變得精準許多。持續練習後，她已經可以藉由過去動作的感覺記憶來引導當下的動作了。

那年年末，艾莉諾拿到了羽球賽冠軍。她書寫的情況也有所改善，寫字時不再那麼用力。艾莉諾的弟弟也是如此，他的肌動知覺障礙比艾莉諾還嚴重。他拿鉛筆寫字時，筆尖會斷；使用原子筆時，則是筆畫極粗。如果他在一疊紙上寫字，底下的三到四張紙上都有字痕。

追蹤訓練的目的在提升觸覺靈敏度，而其中一部分的訓練是用於牢記一開始在睜眼進行動作時的感覺記憶，但是艾莉諾卻會利用唱歌、數數或其他非牢記感覺記憶的方式來提示自己。舉例來說，在睜眼進行追蹤訓練時，她會同時唱一首特定的歌曲，並在眼睛停止追蹤時記下自己唱到哪個字詞。所以閉眼再做一次追蹤練習時，她就能提示自己何時該停下來。這的確是非常聰明的辦法，對於這位恰巧是位完美主義者且總是以代償方式彌補人生中的不足的女性，能夠想出這種代償（compensating）辦法也不難想像。但我設計的訓練是要刺激大腦負責肌動知覺的區域，這種代償方式讓訓練無法發揮作用。

皮爾森得告訴她：「艾莉諾，妳用的是代償方式，這對妳一點好處也沒有。」

皮爾森在此所說的「代償」意有所指，且值得稍做探討。在本書中，我始終用傳統的觀點看待「代償」一詞，也就是修飾或補償之意。我們都有部分的認知能力較強，也有部分的認知能力較弱，也會用能力較強的部分來補足能力較弱的部分。

皮爾森在這裡的意思是，艾莉諾利用了其大腦中與音樂節拍相關的認知區域的優勢，讓自己知道該在何時停止追蹤文字。所以艾莉諾雖然完成了追蹤訓練，卻沒有達到訓練的目的，也就是她沒有做到「在無其他認知區域的協助下，刺激大腦負責肌動知覺的區域」。所以艾莉諾得換個訓練方式才行。後來皮爾森常常問我：「她這樣算是代償嗎？」艾莉諾也常想知道：「我又用了代償法嗎？又這樣了嗎？」

這就是亞羅史密斯訓練課程與教學手冊在一九七〇年代末期與一九八〇年代早期這段時間中發展的過程。它們是根據不同的個案以及不同的認知缺陷，不斷精益求精所建立起來的內容。我從盧力亞對大腦天性與功能的描述來設計內容，並從像艾莉諾這樣的個案中去進一步學習。這個過程持續不斷地進行著。

我們有位有肌動知覺障礙的學生是位屠夫。他整天都拿著去骨與切肉的利刀，卻幾乎感覺不到自己的手及手指。他第一次來到我們學校時，左手有傷疤並綁著繃帶。肌動知覺障礙人士在工作時會以視覺來代償。然而，放慢速度並小心地察看太過耗時，而且從他的傷疤看來，這樣的方法並未完全奏效。針對此大腦區域做兩年的訓練後，他工作時終於不會弄傷手了。

接下來讓我們回到在前面章節曾提過的瓊．溫特斯，她就是那位因為思考缺陷而無法解決簡單問題的銀行員。讓她受苦的另一個問題是與思考缺陷全然不同的肌動知覺障礙。

「瓊在加拿大開的是自排車。我們搬到歐洲後，我換了輛手排車，」她老公羅柏特告訴我：「我不知道她開手排車會有困難，而且她確實也試著練習好幾次，但都難以學會。她已經開了十五年的車，現在她卻很害怕開車。」

瓊的左右兩側肢體都有輕度到中度的肌動知覺障礙。她在走動時無法完全知道自己的身體在空間中確切的位置。舉例來說，走過門口時，她不知道自己身體兩側的正確位置，所以常會撞到門框。瓊聽到我解釋這個缺陷時，腦中突然想起了一件事。

「所以駕訓班教練才會一直告訴我要靠中間？因為我老是靠太旁邊，離開了路面中央？」

開車時，車子就成了你身體的延伸。假設你是左側有此缺陷，那麼你開車時就會偏左，左側坑坑疤疤的車體也許正透露出這件事。

想像你靠近書桌時，會從身體感覺受器以及大腦資訊處理之間的複雜交互作用中，得到自己與書桌相對距離的資訊。如果你的大腦無法處理感覺回饋，就感覺不到自己身體的移動；也許你以為自己筆直地走著，實際上卻走得歪歪斜斜。若沒有感覺回饋時時刻刻告訴你，自己身體各部位在空間中的位置，你就無法修正自己的步伐，結果就是腳趾踢到桌子，甚至造成更糟糕的情況。

駕駛手排車時打檔及踩離合器的情況也是一樣。大腦會依據碰觸及下壓的感覺資訊，告訴腳何時該放掉離合器。瓊經常詢問老公，他如何知道離合器在什麼時候要踩多重。他只能回答：「憑感覺。」因為經由一次次的經驗，他的大腦可以適當處理從身體接收到的資訊，在大腦中建立離合器要踩多快且多用力的知識，所以自然而然就能在正確的時機收放離合器。

肌動知覺障礙讓這類人士無法在大腦中形成這類實質經驗的記憶，也無法保留這些經驗。瓊無法判斷自己踩油門的力道，有時會在路上蛇行然後撞上路邊。瓊會彈鋼琴，但她承認自己彈得亂七八糟——在肌動障礙解決之前，無論她再怎麼練習都無法改善。

瓊同時有肌動知覺與空間障礙。她對於懸崖、低欄杆的陽台與頂樓邊總是戒慎恐懼，這是理所當然也是可以理解的。同時有這兩種障礙，會讓人產生失去控制、誤判距離及失足落下的壓迫感。這並非懼高症，也不是求助心理治療師就能解決的問題，而是貨真價實來自生存機制的恐懼。我與她有同樣的合併性障礙，這讓我非常怕高，也怕站在山頂的觀景處。瓊也是一樣，空間障礙讓她無法知道自己身體與懸崖的相對位置，肌動知覺問題則讓她的身體無法產生協調動作，所以瓊的作法跟我一樣，就是避開這些地方。

走在路面不平的人行道時，肌動知覺障礙人士經常絆倒，因為他們感受不到小幅度的凹陷或隆起。左右側有人同行時，他們會輕鬆自在許多；至於同行者該走在哪一邊則視患者的患側而定。他們也可能會把同行的人擠下人行道，因為他們無法直線行走。他們的鍵盤及鞋跟總會磨損，因為他們用力過度。他們會因為刷牙太用力，產生牙齦萎縮問題。肌動知覺障礙的女性患者可能會遇到醫生請她每個月做一次乳房自我檢測，但當她感覺不出身體的任何變化，這個檢查怎麼可能有用？

穿高跟鞋走路、洗一副牌、用筷子吃飯、喝瓶裝水或從一個容器把水倒到另一個容器，這些動作對於肌動知覺障礙人士都極為困難。更不用說騎機車這樣危險的活動了。有位學生在發生三起車禍後來找我們——這三起車禍都發生在他擁有機車的頭一個月，而且全是因為機車的移動與他身體的動作不一致所造成。

不看鍵盤打字、不看琴鍵彈奏樂器、無需看腳就能跳出複雜舞步，這些都是肌動知覺健全者理所當然做得到的事情。

天生具有肌動知覺優勢的人們，通常會選擇讓自己的天賦發光發熱的職業。他們會成為職業運動選手、賽車手、外科醫師、魔術師、舞者或按摩治療師。但在頂尖水準的運動賽事中，即使只是輕微的認知障礙，都足以讓你與獎牌絕緣。

我們曾經幫助過一位有輕微肌動知覺障礙的奧運滑雪選手，這項缺陷讓他身體左側位置總是會有些微偏差，讓他總是從左側跌倒。我們也幫過一位有輕微肌動知覺障礙的馬術選手，她的問題也是出在左邊。她無法控制施與左側馬腹的力道，這讓她在比賽中付出了代價。

與大腦肌動知覺區域緊密相連的區域是大腦主要運動區域（primary motor area），此區負責傳送神經刺激到肌肉，讓肌肉做出動作。主要運動區域負責指揮哪些肌肉應該做出動作、動作速度的快慢、動作的方向，以及肌肉施與的力道。肌動知覺區域則提供感覺回饋，讓肌肉知道自己剛剛做了什麼，這些感覺回饋包括：移動距離的遠近、移動速度的快慢、移動的方向，以及施與力道的大小等等所有跟引導調節動作有關的因素。

主要運動區域障礙會影響身體某側肌肉動作的速度、力道與調控，至於受影響的是哪一側肢體，則視大腦哪個區域受影響而定。回想一下體感小人圖，其實兩側大腦主要運動皮質也有類似的分布圖，可以對應到身體的個別區塊。與體感皮質相同，主要運動皮質控制的也是對側肢體，也就是右大腦的主要運動皮質控制左側身體的肌肉，反之亦然。這類人士的全身肌肉無力，反應遲緩，動作也較不協調。此種症狀的傳統名稱就是「肌肉張力低」（low muscle tone）。

克莉絲汀．林德霍夫（Kirstin Lindholm）的故事，說明了這個神經缺陷的表徵。我第一次見到克莉絲汀時她十八歲，她的動作看起來就像中風。她的主要運動皮質障礙極為嚴重，以致從頭到腳的所有動作都受到影響。她全身無力，動作緩慢，需要非常專注才能做出動作。坐著時她會癱在椅子上，因為她幾乎沒有肌肉張力，而且兩側身體都有問題。克莉絲汀無法控制肌肉，所以寫字時不但無法適當握筆，連筆也抓不緊。她捏我的手時沒什麼手勁，就像俗語所說的「軟弱無力」。見到她的人，不是以為她有智能障礙，就是以為她是酒鬼，也避免與她接觸。

針對此缺陷所設計的亞羅史密斯訓練課程，需要動作肌肉在良好的控**制之下從某個位置快速變換到另一個位置**。在訓練時，主要運動神經元必須快速激發以精確執行動作，當課程中的動作愈來愈複雜，對此認知區域的

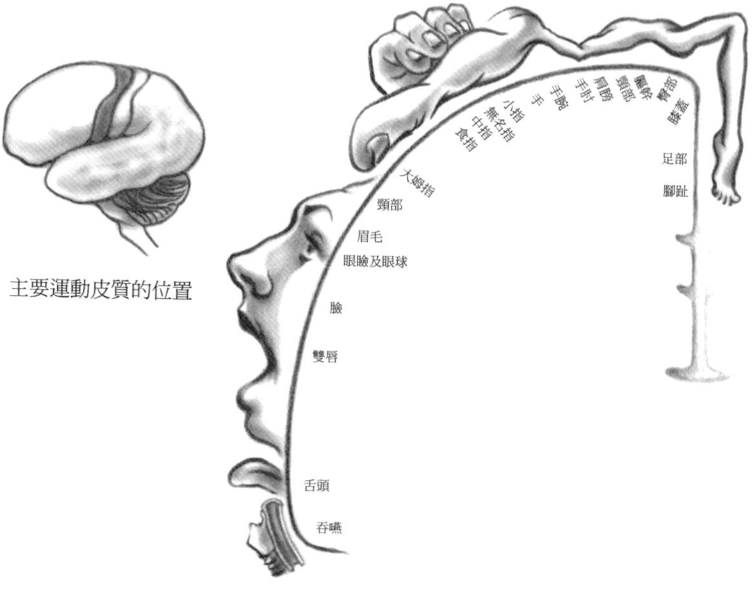

圖14：運動小人圖。此分布圖顯示了大腦控制身體各部位動作的區域在大腦所占位置與空間大小。涉及速度與手部動作這類需要更精密動作控制的區域，會占據比較大的皮質區域。

需求也就更為加重。而此認知區域有所進步時，就能改善動作控制。

經過針對主要運動皮質的課程訓練，克莉絲汀更能控制自己的動作，動作力道也變強。她一直都想試試編織，結果不但成功也讓她非常高興。克莉絲汀是如此興奮地向人展示自己變強的手勁，以致握手時都要小心不要握得太用力。她的手勁大到讓我覺得她都快握斷我的手了。現在的她可以跟家人一同去滑雪，也擁有自豪的滑雪實力，她再也不用一個人待在山腳下的木屋中枯坐了。

第十六章 學校成形

一九八〇年

隨著時間過去，我設計出更多的認知訓練，接受訓練的學生人數也從少數幾個增多了一些。利用救世軍（Salvation Army）捐贈的家具，我與夫婿約書亞創立了一間學校。我投入所有積蓄，在多倫多市中心約克維爾大道租了個約二十八坪大的空間，並以自己的中間名「亞羅史密斯」為學校命名——這是為了紀念我祖母亞羅史密斯的先驅精神。我負責學校的營運，弟弟當諾則負責技術層面的事宜，像是將腦力訓練課程從速讀卡轉移到電腦上。學校創立的第一年，我們有八位十二歲至十八歲的學生。

亞羅史密斯的教學模式是將學生從正規學程中抽離，解決他們的學習障礙後，再盡速讓他們回到正規學校與同儕一同學習。這開啟了我所謂的認知訓練課程。認知訓練課程與一般正規課程的功能大不相同，一般正規課程著重於學習新事物，而認知訓練課程的目標則是讓大腦準備好進行學習。在三十多年前的當時，大多數人認為我們的作法太過激進，只有少數人覺得這是項創新。

為了撰寫碩士論文，我以經診斷患有行為與情緒問題或學習問題的孩童們為對象，對他們的學習成果進行分析。經後九個月至五年後的後續追蹤，我發現那些有行為與情緒問題的孩童經過治療介入後，百分之六十六的孩童成功地解決了問題。但是學期初始測驗結果低於同齡正常水準的學生（測驗內容包括數學、認字、拼字與閱讀等方面），也就是那些有學習障礙的孩童，即使補救教學介入，在同一科目上的表現仍舊持續落後同儕。於是我得到了結論：「補救教學的多寡與學業成績的改善不具相關性。」簡單來說，傳統的治療方式對於學習障礙並沒有幫助。

我記得自己閱讀盧力亞的文章時，螢光筆總是不離手。我收藏了許多盧力亞著作的英譯版（他有二十本著作以及數百篇學術文章），我書庫裡每篇盧力亞的文章上都有大量的標示與注記。

我接續將理論化為實作，開始設計認知訓練並進行實驗，時鐘運動就是第一個。此時我除了努力解決自身的學習問題，也協助學生克服自己的學習障礙，這兩件事情同時並行。這就好像我們同在一個健身房中各自使用不同的器材（在跑步機上跑步、坐在椅子上舉重、在高低槓上進行後空翻）。每人個都有專為自己量身訂做的訓練課程，心中也各有自己特定的目標。

當時資金困頓、客戶稀少的我們真是舉步維艱，然而現在回首過去，那卻是我這輩子最奮發向上的日子。

接著，我們開始受到來自幾個地方的鼓勵。

首先，多倫多基督教青年會一位專職的諮詢人員瑞格．邦迪（Reg Bundy），在那時看到了多位自己認識的年輕朋友有學習障礙。在了解我們於亞羅史密斯學校中所做的一切後，他開始轉介患者到我們這裡，然後這些患者的兄弟姊妹往往也成為我們的學生。

此外，多倫多北方的斯圖夫維爾社區中，一位當地學校的校長也聽說了亞羅史密斯學校的事。他在那時看到學生因學習障礙所受到的情緒傷害，所以也將學生轉介給我們。於是在人們的口耳相傳下，亞羅史密斯學校的消息就這樣傳開了。

我們在多倫多的學校，隨著時間過去逐漸擴展。然而蒙特婁長大的約書亞，卻一直夢想住在紐約市。到了一九九〇年，一個來自紐約的正統猶太家族北上多倫多考察我們的教學方式，並邀請我們到紐約建校。在他們負責學校資金的情況下，我們於一九九一年在紐約創建了學校，學校位於灣嶺一棟公寓的辦公空間，那裡還可以遠眺韋拉札諾海峽大橋。學校後續搬遷至一間猶太教堂的二樓，教堂位於布魯克林的弗拉特布什社區。

這間位於海洋大道的猶太教堂為以色列青年會（Young Israel of Ocean Parkway）所有，教堂本身是黃磚建築，其中一側裝有彩繪玻璃，入口處則有黑色鍛鐵欄杆。整個頂樓都歸我們使用，那時學校有三十位學生。至此我們成立了兩間亞羅史密斯學校，一間位於美加邊界，一間在美國境內。

第十七章 在空間中迷失

記得父親曾告訴我，他對自己女兒的雙面表現感到驚訝。他曾對我說：「還只是個孩子的妳，有時會說出具有一定程度的深度見解，接著卻又冒出讓人摸不著頭緒的話，像是要怎麼從這裡到那裡這類的蠢問題。一顆腦袋怎麼有辦法同時裝下這兩面？」父親也總是納悶，為何我老是記不住回家的路？只需直上二十八號高速公路就會到了，就是這麼簡單而已。這條我自幼走過無數次的路徑，我仍總是弄不清楚下一步要怎麼走。一般孩子總是愛問「我們到了嗎？」，而這句話對我卻是另一個涵義：「我們到底在哪兒啊？」

家中一些關於我小時候的故事，總繞著我經常迷路打轉。參加別人家的大型假日聚會時，我常會失蹤好幾個小時。每個人都以為我跟別人在一起，事實上我在房間中迷了路，害怕到動彈不得，不知道要怎麼回到大家所在的地方。當時的我，對於這樣的情況始終找不到合理的解釋，但現在我知道了。原來我患有一種缺乏「空間感」（spatial awareness）的特殊神經缺陷。有份關於空間的標準評量表就是專門用於測定某一類的空間感，我在一九七八年五月進行了這項評量，當時結果顯示我的成績落在百分之十的位置。這表示百分之九十的人處理空間資訊的能力都勝過我。那段時間正是我熱中閱讀盧力亞的研究之時，我了解到自己大腦的缺陷是什麼，也為此設計了動腦訓練並親身嘗試，其中也包括為空間感而設計的腦力訓練。我於一九八〇年三月重新進行評量時，成績已達到百分之九十，突飛猛進了八十分。

在我尚未進行強化此大腦區域的腦力訓練之前，這項缺陷讓我在這輩子近乎三十年的時間裡都感到精疲力竭。情況就如下面所述。

過去我都以為自己閉著眼睛過馬路會像睜開眼睛時那般順利，也認為隨意穿越馬路不會有問題。但車子離我多遠？車速多快？如果現在我穿越馬路會不會被撞到？時間足夠我過馬路嗎？其實我根本無法判斷。

上大學之前，我都以為島嶼浮在水面上。直到我與托兒所的孩子們一同做了相關的實驗，我才知道不是這樣。我無法想像島嶼在水面下的部分是什麼樣子。

每到一個新地方總讓我煩躁又焦慮。我十分害怕迷路，無論到什麼地方，總會預留許多額外的時間做為我所謂的「迷路時間」。這樣的我只好接受在到達目的地前，旅遊就等於不斷問路的這項事實。我習慣一坐進車中，就往我要去的方向行駛。我的腦中有出發地與目的地的景象，但兩點之間的路徑卻是一片空白。如果是去過的地方，我會慢慢行駛好讓自己能依地標認路。我大腦中負責辨識物體的功能異常強大，讓我多次免於無助地在熟悉的鄰里中迷路。然而這個補救方式對於我未曾到過的地方毫無用處，因為我腦中並沒有沿途明顯的地標景象作為引導。

每年高中開學時，都會分配一個新的置物櫃。我總怕找不到自己的置物櫃，所以固定從距離置物櫃最近的門進入。若是經由其他路線，我就找不到自己的置物櫃了，除非經過反覆的努力嘗試，我又熟悉了另一條新路徑才能找得到。

我看不懂地圖，也弄不清東南西北。多倫多加拿大國家電視塔（CN Tower）落成時，我非常的開心，因為有了地標可以指引自己。若以口頭的方式對我指路，我並無法在腦海中將這些指示轉成地圖。我偏好直接在地圖上標記（像是走到榆樹街、左轉、走到第一個紅綠燈）。我費盡心力才能記下一條路徑，若還得順著原路往回走就更是難上加難了，因為這還牽涉到將空間配置圖反轉回溯至起點，而且一旦需要繞路，我很容易就會失去方向。

購物中心裡張貼的地圖對我一點幫助也沒有。優異的物體辨識能力，讓我腦海中能浮現出想去店家的模樣，卻無法顯現這家店位於購物中心的何處。

我無法建構出任何模型，也不會畫圖。雖然能在腦中構思圖案，卻無法將這些圖像化做線條繪於紙上。大一年時我修了一堂設計課，心想這會是科學類課程外的一個喘息機會。但我的成績卻在及格邊緣低空飛過。我拍照片時，總會有某人的頭或身體沒有入鏡，或是所有的人物景致都擠在照片的某一側。

我在攻讀學校心理學（school psychology）碩士學位時，必須學習使用韋氏智力量表

（Wechsler Intelligence Tests）。量表中有一項稱為「區組設計」（Block Design）的大題難倒我了。這類題型會先給你一個圖樣，然後請你用一組有白、有紅，還有紅白相間的許多塑膠方格板塊重組出題目的圖樣。我無法在腦海中旋轉板塊重組出題目的圖樣，所以我得採用試誤的方式，實際旋轉板塊多次，希望能組出符合題目的圖樣。當然，我的這項評量成績遠低於一般平均成績。

當我在學校或家裡想重新安排家具的擺設，或是幫母親重新排列花園裡的植物，也會發生同樣的狀況。而且這些任務對我而言還頗傷筋動骨，因為我無法只在腦海中安排定位，得再次實際搬動這些物品才行。我弟弟當諾就相當有空間感。他會告訴我他要如何重新安排教室桌子的位置，甚至還能做出五種不同的排列組合，我卻連一種都想不出來。

對我而言，在擁擠的餐廳中找條路走、閃過一輛車或是從山坡上滑雪而下，樣樣都是挑戰，因為我無法於實際執行前先行在腦中計劃演練。無法計劃與預測自己在空間中的移動會使我恐慌。

小時候騎腳踏車時，我無法判斷自己與他人的距離，結果就可想而知了。縫製衣服時，我無法將紙上的平面圖樣（畢竟那也算是一種配置圖）轉化成立體物件，所以總會將衣服前側布料放反，或將前後兩面布料的右側縫在一起，不然就是把內裡縫在外側，讓我不得不拆掉重來。對於縫紉課時自己得花同儕兩倍的時間才能完成作品，那時只覺得是天生如此。

我看不懂化學課所教的分子立體結構，也對建構幾何圖案一竅不通。我恨死了幾何學。

對我而言，在小屋中倒駛船隻或是在車道上倒車，都是大事一件。因為在倒船或倒車之前，你要能想像自己在空間中倒退的狀況，然而我連在空間中前進都無法想像了，更遑論倒退了。

當我把衣物放進衣櫃或抽屜，就覺得它們消失了。我記不得東西在抽屜中的景象，因為那需要構思出一幅物品配置圖。東西一旦收起來，我就完全沒了印象。我時常在收好東西後就忘了放置位置。我最愛的一件浴袍在四十年前就消失無影。看起來似乎有個平行世界把我的東西給吞沒了。

在房間中，我必須要能完全看到自己所有的衣物，所以除了衣櫃及門上有掛勾掛衣服外，我還有開放式的架子，架子兩側都掛滿了衣服。最後，連我房間的地板上也疊滿成堆衣服。我成了「堆東西的人」，要找什麼就往成堆的東西裡頭找，因為若是我看不到自己的衣服，我就不知道自己有這些衣服。

我做不到的事情多得數不清。

一九六〇年代的卡通中，有位名為脫線先生（Mr. Magoo）的矮胖人物讓我十分懷念。這位充滿喜感且神經大條的有錢老紳士是出了名的近視眼，他總是不停地迷路，讓自己陷入麻煩之中，卻也總是出現不可思議的好運讓他能夠安全開車回家，這時他會脫口而出自己的名言：「噢！脫線先生，你又安全達陣了。」

想像一下每天迷路會是什麼狀況。跟脫線先生不同的是，我的視力沒有問題，造成問題的是我大腦中的空間導引系統。二〇〇八年《每日科學雜誌》（*Science Daily*）中有篇文章的標題就是〈迷路：最新發現的發展性大腦障礙〉[1]。迷路起因於大腦障礙已經不是新聞。從一九七八年起，我就已經開始協助有這類問題的人士。不過直到現在人們才真的意識到，容易迷路的人不是因為本身注意力不集中或是心不在焉，而是他們的認知障礙所造成。

大腦的哪個部位負責掌控空間推理與導引方向呢？目前的研究指向皮質與下皮質等數個區域聯合而成的網絡。屬於下皮質區域中的海馬迴是一組對稱的組織，大腦兩側各有一個。有趣的是，海馬迴是阿茲海默症（Alzheimer）患者最先受損的大腦區域，而阿茲海默症的早期症狀之一就是迷路。屬於皮質區域的大腦頂葉（尤其是後頂葉區）也與處理空間資訊有關，人們計劃從某地到另一地的路徑時，大腦頂葉就會活化。關於我們如何在空間中找到方向的神經機制，目前有更多的相關研究正在進行。

倫敦大學學院的認知神經科學教授埃莉諾．馬奎爾（Eleanor Maguire），針對倫敦計乘車司機的大腦進行了一項研究。[2]這些司機幾乎得花兩年的時間，學會涵蓋兩萬五千條街道的三百二十條路徑，才能拿到倫敦的計程車執照。與沒有這種經驗的對照組人士相比，計乘車司機的大腦結構有所不同，尤其是在空間記憶上扮演重要角色的後側海馬迴上。因為生活環境所需，計乘車司機的大腦產生了改變。

身為「心智運動員」的記憶競賽冠軍能運用所謂的「軌跡法」（method of loci），在兩分鐘內全力記下洗牌後的牌面順序。[3] 這包含運用「心智漫步」（mental walk）與想出細節的方法，將牌序想像成某一路徑上的沿途各點再加以記憶，然後經由回溯路徑的方式記起牌面順序。由於心智漫步也與建構空間配置圖有關，所以像海馬迴與後頂葉皮質等負責空間導引的大腦區域也會活化。

以下兩個實驗可以讓你了解這個缺陷所造成的狀況。想想你目前居住的地方，並拿張白紙畫出平面圖。完成平面圖後，在家中四處走動，將平面圖與實際的空間大小進行比對。圖上各個房間彼此的空間關係是否正確？圖上的空間比例是否合宜？有沒有少畫了什麼？

接著請某人大聲唸出以下指示，並請你在聽到時試著在腦中建構出路線圖。指示如下：「想像你站在自家門外，向左走到街上的第一個轉角，然後右轉走兩個街口，再左轉走一個街口，最後再左轉。」你在第一個轉彎後就跟不上指示了嗎？還是你已經在腦中建構出路線圖了呢？你的路線圖是完整包含了所有的指示，還是只有片斷，甚至根本不存在？你可以運用腦中的路線圖倒溯出回家的路徑嗎？

建構空間配置圖是個複雜的程序，這個程序讓我們能在腦中建構出外部空間的圖樣或分布圖。它不但讓我們可以想像在空間中進行一連串動作的樣子，也讓我們可以在進行這些動作之前在腦中先行建構出位置圖。如果你無法建構出空間配置圖，那麼對你而言，不實地進行操作，你就難以想出要怎麼配置空間中的物品位置（像是移動家具）。空間感讓你可以建構出空間中物體的位置圖，例如讓你的腦袋可以浮現自己衣櫃內的樣子。

對於有空間障礙的人而言，東西看不到就等同於從記憶中消失。對這類人士而言，一旦將東西放在抽屜或櫥櫃後，東西就不復存在了。這些人無法在三維空間中尋找方向。他們負責建構路線圖的功能故障了，因此解釋這個障礙的最佳方式，就是以兩位擁有出色路線建構能力的人士為例：曲棍球星韋恩・格雷茨基（Wayne Gretzky）與馬里奧・拉穆爾（Mario Lemieux）。

拉穆爾曾經將曲棍球比喻成一盤西洋棋，他就是棋局中能夠掌握全局的人，所以領先對手好幾步。[4]「球傳到我手上前，」他說：「我會看看所有球員的位置，並試著推測他們的下一步行動……這很簡單。」拉穆爾的描述呈現出他建構場上球員位置分布圖的能力，讓人印象更深刻的是，他幾乎是在轉瞬間就能根據每位球員可能進行的下一步動作，重新建構出新的位置分布圖。即使是在精英級的極速球賽之中，多數的職業曲棍球員也只能乘對方一兩位球員的空檔快速切入。但格雷茨基與拉穆爾卻彷彿能從高點俯瞰整個球場那般，從他們的球員位置分布圖中，知道全部十位球員在場上任何時間點的位置。

可以想見，對於空間障礙者而言，下盤西洋棋是極大的挑戰。這是因為西洋棋有某部分也算是建構分布圖的活動，需要玩家絞盡腦汁推測每個棋子的可能路徑：主教走對角線、城堡直線移動、騎士拐彎走L型、皇后無方向限制。玩家每下一步棋，棋盤上的位置分布圖就會改變。

此外，空間障礙者無法目測出自己與位於房間另一頭之人的相對距離，也無法估算房間中某物體的大小，或是畫出像自己房子平面圖這類熟悉區域的配置圖。

對空間障礙患者而言，開車、縫紉、下棋、玩拼圖、打棒球等活動都是巨大的挑戰。我們之前有位學生，在母親拿著吸塵器走向他時，整個人就在樓梯上僵住了。因為他完全無法想像兩人在交會時如何能不撞在一起。在此項障礙的牽制下，某些人患上了恐懼症，窩在家裡足不出戶，因為過去悲慘的經驗告訴他們，上街最有可能的結果就是「無藥可救地迷路」。穿越馬路會引發恐慌，而他們最常用的因應之道就是尋找紅綠燈或是跟著其他行人走。

空間障礙者經常到處堆東西，我曾有約三十年的時間也是這樣。一九五〇年代我還是年輕女孩時，飄雨的週日午後有時就是我看電視、電影的時間。我記得一九三〇年代有部由費爾茲（W. C. Fields）主演的電影[5]，他在其中扮演一位古怪（且有空間障礙）的祕書。他辦公桌上的文件堆積如山，讓人幾乎看不到坐在後方的他。我記得其中一幕是這樣，當老闆向他要「強森的檔案」時，費爾茲以尖銳的鼻音回覆：「好的，強森的檔案。」然後將手伸進亂七八糟的文件堆中一抽，就拿出強森的檔案。

愛堆東西的人利用空間的方式與費爾茲如出一轍。他們無法在腦中建構出物品的配置圖，所以只好讓所有東西都望眼可及。把東西放進抽屜或塞到櫥櫃中就代表東西不見了。

一位有空間推理障礙的會計師曾經接受我們的評估。就像費爾茲一樣，即使辦公桌上的文件堆積如山，他卻總能找到自己需要的檔案。有次恰巧在這位會計師出城時公司急需一份檔案，其他四位會計師花了好幾個小時，才從他桌上堆積如山的文件中找到所需的檔案。同年不久，這家會計師事務所遭竊，警察進入這位會計師的辦公室時，他們確信竊賊必定也曾在此翻箱倒櫃，殊不知這位會計師的桌子原來就是如此。

對空間障礙者而言，最糟的職業選項莫過於室內設計師、牙醫與搬家公司員工了。室內設計師必須能在腦海中想像出房間的樣子，並且據此規劃出尺寸與形狀不同的家具所能排列出的各種組合。牙醫同樣也必須運用此大腦認知區域，才能根據X光片找到必須補牙的位置。搬家公司的員工也不例外，需要此大腦認知區域發揮功能，才能在腦海中旋轉家具，找出穿過狹窄走廊與樓梯的最佳角度。還有些人就是擁有能夠有效利用後車廂空間的天賦。這些人天生具有卓越的空間感。

附有各樣零件的烤肉架、玩具、家用品的外包箱常會印上「自行組裝」的字眼，這可是會引發空間障礙者的深層恐懼。對有空間障礙的皮爾森而言，「自行組裝」這幾個字喚起了她塵封的記憶：

> 我年輕時在一家唱片行工作，那時偶爾必須運用紙板組裝出放置光碟與卡帶的架子。這向來是讓我深受挫折的任務，因為隨紙板附上的說明書只有一張圖，上頭也只用箭頭與字母標示說明（像是「將卡榫A卡入隙縫B之中」）。我看不懂說明圖，無論怎麼試都不對。我常把紙板卡錯隙縫，原本該藏在展示架內側的卡榫卻露在外頭。組裝好的展示架情況不佳，這也代表光碟及卡帶無法擺放妥當。最後展示架幾乎都會被我撕開用膠帶重黏，並（或是）在我的大力整頓下傾斜一邊。我成為店經理後，不用說，當然是把這件工作交給那些似乎對此得心應手也樂在其中的男店員們。

實際上，對於需要在腦中轉動立體圖像的任務，男性的表現一般要比女性好。[6]對空間障礙者而言，只要牽涉到迷宮一類的電玩遊戲都相當困難。幾年前，我有批高中學生，他們沒有空間問題，卻總想在星期五午餐前進行空間腦力訓練。對此我感到十分好奇。我很快知道了原因，原來他們午休時間會到鄰近的電玩店去。他們發現，在遊戲前先進行空間腦力訓練可以提升電玩分數。

我的哥哥艾力克斯，跟我一樣有空間障礙（他也有伴隨我幾近三十年的肌動知覺障礙。）你也許會想知道，為何他不針對這兩項障礙進行認知訓練，因為他就是那種只患有一兩項神經問題，並且習以為常的典型例子。

下面這段話，就是艾力克斯對自身空間與肌動知覺障礙的描述：

> 若不先想想，我無法區分自己的左右兩邊，就算想過了，仍然難以分出左右。這就是我的空間障礙。此外，我常常在撞上東西時才知道發生了什麼事。這就是我的肌動知覺障礙。
>
> 我花了一段時間才了解並非每個人都有空間障礙。我跟別人不一樣。當我還從事野外泛舟活動，特別是在遇上急流時，船頭與船尾的划手必須持續溝通以免翻船，所以分不清左右就成了我的挑戰。我無法大叫「左邊！」或「右邊！」，只能喊著「靠岸那邊！」或「離岸那邊！」，只要船不是恰好位在河的正中央，這種說法的成效就不錯。接下來更麻煩的是，我發現自己難以想像出物體在立體空間中的形狀，若還得在腦中轉動物體則更為困難。這成了我念大學時的大問題，因為我對有機化學特別感興趣，而立體分子結構卻是其中極為重要的一環。所以我拿起分子實體模型反覆實地操作，直到腦中浮現分子旋轉後的樣子。我就是如此解決這個問題。這種方法也讓我在繪出立體結構上有不錯的表現。

幸好我擁有極佳的物體視覺記憶，所以能夠根據地標來找路。不過我記得曾參加過一個在某間旅館舉行的研究會，那間旅館的內部兩側看起來一模一樣，特別是大廳與電梯的位置。我一出電梯就難以找到方向，常常走錯方向，直到重新抓到方向為止。

對我來說，走出地鐵站並往正確方向走是件困難的任務。我也看不懂高速公路上的路標，特別是同時有數個出入口的指標時。

克萊兒於十八歲時離開紐約，花費兩年的時間在多倫多亞羅史密斯學校治療六項神經缺陷，其中也包括空間推理障礙。克萊兒這輩子總是受到誤解。連十歲小孩都能輕鬆在地鐵中找到方向，而已經十五歲又十分聰明的她，為什麼老是在紐約的地鐵中迷路？

十歲小孩搭乘地鐵前（假設是從紐約的布朗克斯到曼哈頓），會不由自主且幾乎下意識地運用幾個大腦部位來建構出路線圖；如果同一條路徑已走過好幾次，他不費吹灰之力就能完成這個任務。但對克萊兒而言，她的腦中不存在這個過程。即使是建立再簡單不過的「配置圖」，像是擺設餐桌或是把碗盤放入洗碗機中，都超出她能力所及。

「我這輩子幾乎都住在紐約。」克萊兒對我說：「在地鐵中找不到路真是令人討厭。這不是因為我記憶力不佳，絕對不是，而是我的腦袋就是浮現不出路線圖。」克萊兒對於聲音類的資訊擁有極佳的記憶力，卻無法記下空間相關的配置圖。

接受空間障礙的認知訓練之前，某次她自己搭地鐵時坐過頭，就完全沒了方向。那時，她的恐慌必定表露無遺，因為地鐵上的人開始為她指路。

「親愛的，你要這樣走，你要那樣走，」那些人對她這麼說。克萊兒說：「那些人說的話，在我聽起來就像是『叭啦、叭啦、叭啦、第七十五、第七十二、第八十五、往上、往下、叭啦叭啦叭啦』。」克萊兒想打電話向媽媽求救，但她的手機在地鐵中收訊不良，使得她焦慮到幾乎要崩潰。

克萊兒也對多倫多的地鐵感到恐懼，直到她開始針對空間問題進行訓練才有所改善。克萊兒所進行的訓練，需要她**在某個空間配置中走特定的幾條路線，直到她下意識就能走在正確的路線上**。就像亞羅史密斯課程中的其他數個訓練一樣，這是種追蹤訓練，而它也跟其他許多訓練一樣，看起來都很簡單。但對於像克萊兒這樣的人來說，這種訓練卻十分困難。實際上，這是個需要右大腦運作的空間配置訓練。

克萊兒最後終於有了在大腦中建構配置圖的能力，而且是一份可以信賴的能力。現在她即使迷路了，也有向陌生人問路的勇氣，因為她知道，自己聽得懂那些指示，並且能夠在腦海中建構出新的路線圖。

那位總是在兩層樓的幼兒園中迷路，只能跟著一群同學才能在教室間穿梭移動的小女孩，現在已經是位年輕的女大學生了。現在請克萊兒到某個定點（例如系館）時，她已經可以在腦中描繪出系館位置，也知道要如何走到那裡。

這曾經是克萊兒的障礙，現在卻成為她的強項。克萊兒說，在她的大學室友中，「我不用別人幫忙就可以把事情做好，面對事情馬上放棄且感到焦慮與生氣的情況已不復存在。我還成了整理櫥櫃與冰箱的公認好手。現在的我嘗試兩三次就知道東西適合放在哪裡。我曾在一大早精神不濟的狀態中整理冰箱，卻發現做起來一樣簡單，這真是太令人高興了。」

這些年來，我已了解精神不濟對學習障礙學生的影響。我們疲憊時也許還能繼續執行一些下意識動作或例行工作，但任何需要專注力的任務，像是需要大腦缺陷區域運作的任務，在感到疲憊時就會變得更加困難。對於自己無需全神貫注就能整理冰箱，克萊兒十分欣喜，因為這證明了她做起來毫不費力。

克萊兒說，她仍保留了自己還有學習障礙時的對外觀感。「那種世界觀很有趣，」她說：「但你不會希望後半輩子都是那樣。你不會希望過著總是迷路的人生。」直到今日，她的腦中還是會一再浮現「你知道自己要去哪裡」這個念頭，彷彿依然無法克服空間配置障礙，也無法體會那美好的感覺。

跟克萊兒一樣，今日的我有十足的信心去探索世界，浪費在找路或找東西上的時間少了許多。之前花在迷路上的時間，現在可以用來進行其他活動了。

現在的我開車時已自在許多，也能享受開車的樂趣。我行駛在多倫多的加納德高速公路時，可以預測接下來的行駛路線。不但閱讀地圖毫不費力，也能經由口頭指示在腦中建構出路線圖。我不再迷路，也不用擔心自己會迷路，並且享受旅遊的樂趣。現在甚至還能規劃出最有效率的路線，而且偏好使用地圖勝過全球衛星定位系統，因為我就是喜歡把路線圖放在腦袋中。我有著探索世界的自信，在找路或找東西上所浪費的時間也減少許多。

我現在看得懂立體圖了。比如要「組裝」櫃子時，我可以看懂圖示中的圖案代表什麼，並且一次就正確地組裝好。如果東西被收到抽屜中，我的腦袋也能浮現抽屜中有什麼東西的影像。現在的我可以規劃好自己的空間，有系統地把東西收進櫥櫃，也能輕鬆找到東西。我再也不會堆東西了。

此外，我總算可以好好煮頓飯了。因為我的廚房收納變得有條理，使用起來更有效率。過去我總把所有食材與用具攤在流理台上，混亂到我的母親難以置信。我的廚房之前就與我的書桌如出一轍。

我現在知道，空間配置能力有了改善，馬上就能獲得回報：不但浪費的時間減少許多，人生也更條理分明，做起事來也更有效率。我重新布置了自己的客廳及餐廳，也在實際移動房間的家具前，先於腦中構思家具的最佳擺放位置。我把書房移到只有原先一半大小的房間中，而且還能有效利用剩餘空間。

我開始熱中園藝，並且在腦中建構花園的配置圖及移植植物，以創造出最宜人的空間安排。我也玩起拼貼藝術，並運用想像力拼貼出各類元素最棒的組合。我的攝影技巧有了極大進步，構圖對比相當平衡。我不再丟三落四，朋友們反而把我當作失物招領中心般打電話來詢問。如果我正巧在場看到朋友把車鑰匙放入掛在前門衣架上的皮包中，我就能想起東西擺放的位置圖。

我人生裡有一半的時間不曾感受過空間配置圖的存在，只有因不斷迷路所產生的恐慌、焦慮與困窘。而我的腦中現在擁有值得信賴的空間配置圖，這實在令人無比歡欣。

第十八章 腦中一片空白

記憶與自我密不可分，我們都是自身經驗的產物。過去的體驗影響了現在的感受，過去學到的事情也左右著現在的學習狀況。對許多人而言，失憶極令人驚恐，因為它不但剝奪了我們所有的人生經歷，似乎也因此讓我們失去了自我。在別無他法的情況下，多數人都希望能夠改善那個令人好奇又難以捉摸的大腦功能，也就是我們所謂的「記憶」。[1]

——巴納德學院心理學系教授 亞歷珊卓·賀洛威（Alexandra Horowitz）

安妮特不清楚自己擁有社會學學位，還是工業心理學（industrial psychology）學位。有位朋友在不久前才委婉地提醒安妮特，她擁有社會學學士學位，但拿的是工業心理學碩士學位。這種情況起因於安妮特有記憶資訊的障礙。

每當我想到安妮特，就會聯想到沙漏。將沙漏倒轉，上方漏斗一開始有著滿滿的細沙，但不久之後沙就完全流光，漏斗上方再次空無一物。記憶缺陷讓安妮特困擾不已。她無法談論任何政治議題，只敢提出「民主黨較開放，共和黨較保守」這種不會出錯的說法。她也沒有任何興趣，因為每學習一項新技能就得付出極大努力（像做園藝就需要記下各類植物與種植方法）。由於安妮特無法記住事情，儘管她在看書的當下可以盡情享受書中的內容，但不久後就會完全遺忘。脫口秀對她也毫無吸引力，因為她無法聯想其中所影射的文化寓意。同樣地，大型聚會也讓她感到恐懼，因為她記不起別人的名字。安妮特常常害怕與人對談時會引出一個自己無法回答的問題，這會讓她馬上說不出話來。她說自己「沒有暢所欲言的樂趣」。自己的工作與孩子的生活，是她唯一可以安心愉快地與別人談論的兩個主題。有時安妮特終於記起自己該做的事情時，卻又因為自身記憶過去惡名昭彰的紀錄，讓她反倒不太相信自己的記憶了。

每當安妮特在餐廳要求老公幫她點菜，她總覺得自己像個孩子。菜單上也許有道她喜歡的菜餚，但她對菜名或食材描述卻毫無印象。記憶資訊障礙讓她對什麼事情都沒有印象。

提早準備考試是白費功夫，考試前一天臨時熬夜抱佛腳才是她唯一的選擇，所以一天考兩科就是極大的挑戰了。而期末考則意味著，不只需要複習剛剛教過的部分，還得重新學習與記憶整年度的課程內容。然而這些為了考試努力記下的內容，二十四小時後便再次忘得一乾二淨。當她邀請朋友到家裡共進晚餐，有時會想煮一頓或買些他們喜歡吃的菜餚或飲料。但因為有此種缺陷，她無法想起友人的飲食喜好，所以為了喚起記憶只好懷著歉意打通電話再問一次，並希望他們不會覺得受辱。

安妮特對我說：「有些事我不是很在意，若是能對政治或文學的議題侃侃而談會很棒，但不能也沒關係，但有些事情我就真的很在意了，像是當我的孩子問我『我講的第一句話是什麼？』，或『我什麼時候會走路』、『我小時候長什麼樣子？』，我只能坐在那裡，一句話也說不出來。無論你說什麼，他們都會認為：『好吧，媽媽不在意就是了。』是嗎？我是因為不在意所以記不住，還是根本沒注意到呢？我對他們整個童年的印象，就是模糊一片。」

《追尋記憶的痕跡》（*In Search of Memory*）作者艾瑞克・肯德爾（Eric Kandel）就曾強調記憶的重要性。[2]他說：「記憶是我們心靈生活的黏著劑。讓我們的人生具有連續性。」

記憶的形式不只一種。我們有著關於臉孔的記憶、關於物體的記憶、關於建構行動計畫的記憶、關於程序步驟的記憶、關於音素發音的記憶、關於空間配置圖與模式的記憶、關於肢體動作的記憶，還有與各種概念有關的語意記憶等等，族繁不及備載。每一種形式的記憶，都仰賴其神經網絡中個別皮質區域的運作。美國威斯康辛大學密爾瓦基分校心理學教授安東尼・格林（Anthony J. Greene），負責運作學習與記憶實驗室，並於二〇一〇年《科學人心智》（*Scientific American Mind*）雜誌七、八月刊號中發表了一篇有關記憶的特別研究。他寫道：「記憶是分散的，是在大腦負責語言、視覺、聽覺、情緒與其他功能的各個區域中形成。[3]」

我們要記住某件事情時，能徵召去學習與記憶的相關大腦區域愈多，能記住的內容就愈多。格林解釋這個過程：「這代表學習與記憶是從神經元彼此聯繫與溝通中的改變而來……當記憶在大腦中成形，就改變了神經元間的聯繫……重複強化一項關聯會產生新的突觸，使得一同活化的神經元連成一氣，進而創造出我們的記憶。」

本章要探詢的重點就是我所謂的「資訊記憶」（memory for information）。這種記下細節與事實的記憶形式，主要是種聽覺程序。這是我們執行各類日常生活任務不可或缺的一種記憶形式。所謂的日常生活任務包括：想起對話內容、記住要去的約會與要做的差事、記下課堂或工作上的指示等等。資訊記憶功能良好的人士，常將這項能力視為理所當然；對他們而言，這類記憶隱身運作，無需思考就能進行。

那麼，當這類記憶無法運作會是什麼狀況？試著想像你有一組篩孔大小不一的篩子，其中有些篩子的篩孔大如橄欖，有些細如針孔。現在再回想一下你在一天當中聽見與想要記住的所有事情都落進篩子中，像是老闆的指示、收音機中感興趣的內容、一項程序中的細節、需採購的物品。此項記憶障礙嚴重者就像篩孔大的篩子那般，資訊會從中流失，只留下片斷內容。輕度記憶障礙者的篩孔較小，能保有較多內容，但依然無法留下完整資訊。而此記憶功能良好者就如同沒有篩孔那般，可以完整留住自己想要的資訊，並且屏除無用的訊息，建立出實際生活資訊的儲存資料庫。

現在來回想兩個星期前的事，你還記得那時晚餐吃了什麼嗎？接著再想想昨天晚餐的內容。比較一下回想這兩個時間點時的費勁程度；前者明顯比後者費勁多了。此類記憶障礙人士在試著喚起實際生活資訊的記憶時，就會陷入那樣的困難之中。他們不是根本記不得內容，就是絞盡腦汁也只能想起片斷記憶。

我記得有位男士因為記憶力不佳，就在手上寫滿重要事項。有記憶障礙的人士往往會列出下個小時待辦事項的清單，即使上頭有時只有兩件事也一樣。其他患者還會在家裡與辦公室中的每個角落貼上便利貼。還有一位飛機駕駛員一次只能記下兩項口頭指示，所以塔台人員必須重複指令多次，他才有辦法記住。

盧力亞在《人的高階皮質功能》中提到，因左顳葉損傷而引起的記憶問題，會讓患者無法在聽到一串簡短的字句後再複述一遍。[4]盧力亞表示，這類患者難以記下、儲存與喚起所聽到的任何資訊。

一九七八年，一位十九歲的高中畢業生以篩子為比喻向我描述他的記憶狀況，自此之後我也以此項比喻來描述這個缺陷了。這男孩沒有申請大學，因為他無法想像自己怎能有辦法記下所有課程內容。於是我開始探尋這個年輕男孩的記憶功能究竟出了什麼問題。我請他反覆聆聽流行歌曲，並發現了有趣的現象：聽過同一首歌五次之後，他可以完美哼出旋律，卻仍然記不住歌詞。我試著讓他聆聽旋律更為複雜但歌詞更為簡單的歌曲時，給果還是一樣，他只記得一丁點歌詞。

我請那男孩重複簡短的字詞時，困難發生了，就跟盧力亞所描述的一模一樣，他無法向我重複兩個簡短的句子。所以，我選了一些歌曲並加以分級，從簡單（重複段落多的短歌）一直到困難（多樣段落的長曲）。他的任務就是再三聆聽簡單的歌曲，直到自己可以複述歌詞為止，之後再換一首較難的歌曲重複同樣的程序。經過幾個月的訓練，他的短句記憶能力倍增，不再出現流失的情況。亞羅史密斯學校也因此孕育出針對資訊記憶障礙的認知訓練。

認知缺陷顯然與遺傳有關。安妮特的女兒艾薇塔也遺傳了母親的記憶資訊障礙。事實上，她的情況比母親更為嚴重。

有些父母無法意識到某些令人氣餒的問題可能會發生，像是：他們孩子的學習障礙也許比他們本身要嚴重許多，或是孩子從「父母雙方」接收了不同的遺傳缺陷，形成父母都難以想像的後果。這些父母也許在學時曾因學習障礙而痛苦掙扎，但因為現在大腦已經可以良好運作並獲得成功，所以他們會認為自己的小孩同樣也能「克服」這些困難，但這是不對的。

艾薇塔就克服不了。嚴重的記憶障礙倘若不處理，她將來就不會有正常成人的記憶能力。

安妮特憂心自己三歲女兒的記憶缺陷，她甚至連顏色這樣基本的東西都記不住。托兒所所長與艾薇塔進行面談時拿出色盤給她看，而這個女孩面對自己的缺陷早已練就了一套因應之道。

請她說出那是什麼顏色，她會說：「這不是我喜歡的顏色。」

安妮特回首此事，只能苦笑以對：「三歲的她已經知道自己有學習障礙，所以想了個運用小孩魅力的辦法，來掩蓋這件事。」

艾薇塔記不住的事情多如牛毛且令人吃驚。即使到了七歲，她還是記不住居住的城市、家裡住址、電話號碼及自己的姓氏。

「甚至有好幾年的時間，我們都沒有告訴她，她還有另外一個姓氏，」安妮特說：「因為我們希望她能專心記下一個姓氏就好。最近她問我們：『為什麼你們從沒告訴我，我還有另外一個姓氏？』」

艾薇塔的父母非常害怕她會迷路，因為她什麼都記不住。她可以與玩伴玩耍數小時，然後完全忘記對方的名字。她曾跟我一起度過一週，卻完全不記得與她一同玩耍且她自己也非常喜愛的兩隻貓咪的名字。

老師的名字、星期與月分，這些基本資訊都無法進駐她的大腦。

雖然在校的課業表現不佳，但她顯然是個聰明的小女孩。她因應這些狀況的方式多樣且有謀略。艾薇塔運用自己可愛的魅力贏得友誼，也試著運用伎倆矇騙父母。她還會編可憐的故事分散老師的注意力，免除要寫那些會讓老師備感灰心的作業。可想而知，每天結束時，艾薇塔的精力明顯耗盡。

在家時，因為記憶缺陷，她無法與家人一同玩遊戲（玩像大富翁那類的紙上遊戲或是需下注的撲克牌等等）。當她記不住紅色籌碼與藍色籌碼的相對面值時，要怎麼玩需要下注的撲克牌？或是當她記不得遊戲規則時，紙上遊戲又該如何進行？

小學一年級時艾薇塔接受評估，她被發現有廣泛的神經缺陷，而且程度多為嚴重。她被安排研習亞羅史密斯課程，日復一日地接受用於建立聽覺記憶的認知訓練。為了刺激大腦負責聽覺記憶的部位，老師請她**按照特定步驟記下詩詞**。跟所有認知訓練的目標一樣，這樣的訓練改善的不只是艾薇塔的詩詞背誦能力，也讓她現在能夠記住在課堂與家裡聽到的資訊。這樣的訓練刺激強化了形成這類記憶的神經基礎。跟其他亞羅史密斯課程訓練一樣，這項訓練也是先從簡單的訓練開始，然後再接受較為複雜的訓練。當艾薇塔回想得愈快，她進級的速度就愈快。訓練才進行三個月，安妮特就開始看到女兒的改變，而且改變仍緩慢且實在地持續著。以下就是安妮特說明女兒接受認知訓練前後記憶變化的事例。

安妮特對我說：「幾年前在校表演時，艾薇塔只能站在舞台後方，動動嘴巴而已。她只需記住兩個字，但就是記不住。」艾薇塔的大腦無法創造連結，無法打造記住常見用語所需的神經路徑，無論是一段指示或對話都一樣。「接受亞羅史密斯課程兩年後，」安妮特說：「我第一次看到她有兩句台詞的表演，看著她說出台詞，我哭了。今年，她六年級了，正與奮地為學校表演進行試演，還告訴我她喜歡哪一部分，也信心十足地準備她的台詞。彩排時她不但記得台詞，還可以在朋友忘詞時協助提詞。艾薇塔幾乎記下了每個人的台詞。」

艾薇塔現在可以計劃自己的生日派對，把需要購買的東西記在心中。她也可以跟哥哥姊姊與表親們玩撲克牌，也能在與大人對玩時跟上遊戲的速度，連「線索」這樣的紙盤遊戲也能應付自如（這是一款解出謀殺謎團的紙盤遊戲，需要記下角色的名字、房間的名稱與凶器的種類）。就如安妮特所言：「她現在真的是家裡的一分子了。」

艾薇塔終於放鬆許多，無需為了想出因應之道與伎倆而耗盡心力。她現在被認為是家裡的「小幫手」，總會婉轉提醒媽媽，他們去年向誰借了滑雪用具，或是他們兩個星期前訂了哪間旅館。

「我最近和她一起玩『地名接龍』遊戲，」安妮特說：「不過我們改用食物名稱來代替地名。所以一個人說出一種食物名後，另一個人就要以此食物名的最後一個字為開頭，說出另一個食物的名稱。艾薇塔想出食物名的速度比我還快，而且還會在我毫無頭緒時，在我耳邊輕聲提示著像吳郭魚或辣根這些食物。其中最棒的就是，我無需再擔憂自己得為她複習所有中小學的課程，因為現在的她已經可以獨立學習了。」

年輕媽媽安柏是天生的作曲家與吉他好手。她唱歌也寫歌，目前為止，她已經寫了十七首歌，這些歌曲也正在錄製中。不過在八〇年代中期來到我們學校的安柏還只是個十二歲的女孩，當時她的母親瑪麗．阿靈頓（Mary Arlington）表示，當每她請安柏到地下室拿東西時，安柏一次最多只能拿兩樣。這是因為安柏擁有多項學習障礙，其中最嚴重的就是記憶資訊障礙。

「雖然她很樂意幫忙，」她的母親回憶道：「但就是記不住交代的事情。我說：『安柏，整理一下房間，然後去洗碗。』結果她忘了，因為她做第一件事時，往往就忘了第二件。你很容易就會認為她懶惰又沒有責任感。」

安柏擁有極高的智商，所以在她實際可做什麼與理論上能做什麼之間，有著極大的斷層。當然，她備感挫折，所以當其他學生在課堂上干擾她時，她很容易就會出手打人或逃離學校。安柏的母親是位訓練有素的精神科醫師，她一直懷疑安柏有學習障礙，而亞羅史密斯的評估也證實的確如此。

經過亞羅史密斯兩年課程的洗禮，瑪莉與安柏都表示，過去母女間對立的情況已不復見，彼此都覺得與對方相處起來更為有趣。

這類患童的父母常認為自己的孩子懶惰、沒責任感、不聽話，因為孩子沒有做好他們交代的事，不是忘了要做的家事，就是無法完成一連串的指示。父母也許會錯以為孩子只會記住自己想記的東西。但就如安柏的例子，問題出在認知上的局限，而非情緒上的阻礙。這樣的誤會造成親子互動不良，不過一旦學習障礙獲得解決，不良的互動關係就會終止了。

安柏過去就會唱歌，但從未擔任過樂團主唱，因為她極有可能會在台上忘詞，這太丟臉了。而現在的她可是相當有自信的主唱。過去出錯的記憶能力變得可以信任，而且二十五年後的現在依然值得信賴。

「實在太不可思議了，」安柏對我說：「小時候我根本記不住歌詞，但現在同為音樂人的朋友卻給我取了『資料庫』這個綽號。他們會說：『打電話給安柏，她知道歌詞。』我不只記得自己寫的歌，也記得別人寫的歌。當我上台表演處在極大壓力下時，仍然不會忘詞。吉他手也許會出錯，但我不會。」

安柏新獲取的寫詞能力，提醒了我一個自己常被問到的問題：「當大腦任何一區強化時，會不會『奪取』其他大腦區域的能力？」認為學生解決學習障礙就會失去自己的天賦能力，是子虛烏有之事。也就是當大腦功能不彰的區域「取得」新能力時，並不表示功能強大的區域就會「失去」原有的能力。事實上，認知區域強化時，大腦各區本身與各區之間會產生新的連結。因此，少了學習障礙的干擾阻礙，具有天賦的大腦區域反而更能運作發展。

對女兒在學習障礙上所遭受到的苦難，莫琳·奧圖爾（Maureen O'Toole）有段鮮明的描述。她說：「凱瑟琳總是一直不停地哭啊哭，每天晚上都在哭，整間房子都快被她哭倒了。」

亞羅史密斯的評估顯示，在小鎮學校就讀七年級的凱瑟琳有眾多認知缺陷，其中也包括資訊記憶障礙。然而，她其實不但聰穎也極有能力。

「她是個沉著鎮定的女孩。」莫琳這樣描述凱瑟琳：「很棒的一個孩子，有責任感且極為成熟。我放心把她年幼的弟妹交給她照顧。她跟他們處得很好。」

但這位不尋常的成熟女孩卻有著另一面，一個侵蝕著自己的另一面。「她覺得自己完完全全就是個笨蛋。」身為老師的莫琳說：「孩子們一天在校的時間有六小時。他們回家還有作業要寫，這就是他們的生活。如果他們在學校沒有成就感，真得會覺得自己非常糟糕。自我形象蕩然無存。」

凱瑟琳的記憶障礙意味著，她在課堂上最大的恐懼之一就是，老師在她還未抄寫完黑板前就已擦掉上面的內容。凱瑟琳處於雙重劣勢：兩項神經缺陷讓她根本無法抄寫筆記。一是符號排序運動障礙，這造成她寫字困難，緩慢的書寫速度讓她無法在老師擦去黑板前抄下所有重點。二是記憶資訊障礙，這意味著她無法記住老師說過的話。黑板上的重點是她唯一能獲取上課內容的地方，一旦被擦掉，就什麼都沒有了。

凱瑟琳的最低潮出現在六年級。莫琳每天晚上都陪著她念書，但隔天凱瑟琳就忘光光了。她就是記不住。請凱瑟琳跑跑腿，要她做兩件差事，一是拿夾克到洗衣店，另一是買盒牛奶回家。結果就是，回家時她雖然帶著牛奶，夾克卻還在手上。有時莫琳會請凱瑟琳注意一下烤箱，並在半小時後把玉米麵包拿出來，但她回家時卻看到烤焦的麵包。

經過亞羅史密斯課程的兩年訓練，一切完全改觀。家裡不再出現烤焦的食物。問凱瑟琳今天在學校學了什麼，她也不再乾瞪眼。就像其他許多青少年一樣，凱瑟琳有時也會忘記媽媽交代的事，但現在的她隨後就會想起來了。

在極為仰賴記憶能力的全州生物競試中，凱瑟琳拿到了九十五分。

「一切變得美好，」凱瑟琳說：「非常美好。」現在的她不再馬上忘記那份記憶所帶來的美好感覺了。

第十九章 看見與看不見

一九九四年

至一九九〇年代初，將亞羅史密斯學校的理念帶到紐約的行動開始分崩離析。這段期間，我搭機往返多倫多與紐約的次數頻繁到讓我覺得兩個城市都不是自己的家。我們決定關閉多倫多的學校，好全心專注在紐約的課程上，然而這個決定最終還是失敗了，有不小的原因在於我與約書亞的婚姻在紛擾中走到盡頭。一九九四年我決定回到多倫多，約書亞則留在紐約，並於二〇〇〇年因心臟病發在紐約過世。

為了此書中的部分研究，我於二〇一〇年秋天回到紐約，拜訪教授亞羅史密斯課程的學校，並與當地的老師、校長、家長與學生對談。我馬不停蹄地從曼哈頓到長島，再至紐澤西，也踏上了其他的鄉鎮及區域。在某個時間點，我跨過了一座橋，靠近了我丈夫的長眠之地。

我那位心靈重創的丈夫給我的恩澤就是，不因學習障礙而否定我，並帶領我了解俄國偉大學者盧力亞的研究。盧力亞徹底改變了我的一生。約書亞，我對你由衷感激。在我經過墓園的那天，心裡默默祈禱，願他安息。

我的婚姻維持了十四年，它結束時，那份從一九七七年春天展開的十七年感情也宣告結束。如今的我，與當初已判若兩人。

與約書亞在一起的頭幾年，我的推理障礙讓我特別容易遭到愚弄，因為我無法確實了解人們的意思。我總是無法判斷某些人的表面話語與其下真正的弦外之音。

進行認知訓練後，我生平第一次得要學習如何運用之前從未擁有的大腦潛力。就像失明多年得以重見天日者那般，這段過渡期極為艱苦。「對事情永遠沒有確定感」是象徵符號關係理解障礙者的特徵。長達二十六年來的不確定感以及一再在交談細節中迷失的我，最終還是難以完全信任自己的判斷。於是，我人生前三十年所造就出的情緒問題與自卑感，在我與約書亞相處的日子裡始終如影隨形。

我曾經天真地以為，一旦認知缺陷獲得治療，學習能力有所提升，情緒問題也會迎刃而解。然而，根據我個人以及經手患者的經驗看來，事實卻完全不是如此。

左右受虐關係的互動情況一向極為複雜，我並非要削弱其他因子對此的影響。我在此只是想強調學習障礙對這段不良的互動關係的影響。

一九九五年時，為了替自己與約書亞在一起的那段歲月理出頭緒，我寫下了這樣一段話：

他的逼迫是逐步增加的，細微到我難以察覺自己已身陷牢籠，直到他控制了所有的外界聯繫才有所覺醒。他的意志巧妙地控制我的感受，我的眼界受限於他的思想。我的世界全由他打造。這是一種感覺障礙，雖然我的感官功能良好，卻無法在沒有他的情況下解讀事物。我們彼此就像促發劑找上受器那般，在這兩者緊密相連且合而為一時就啟動了病症。就像化學反應般，連鎖反應一旦促發就不受意識控制了。

如果我想寫個故事來描述「特殊學習障礙的本質」、「學習障礙的弱勢」與「學習障礙對個人情緒所造成的衝突」這三方面的交互作用，那麼我想沒有比寫下自己的故事更為恰當的了。約書亞完全明白我的認知局限，然而他諷刺的話語卻加深我原先就已經太過的不確定感。他會說：

「妳怎麼這麼笨？」

「妳怎麼會不懂？這很明顯啊。」

「妳的方向感這麼差，能到得了還真是奇蹟。」

「妳這麼笨，我根本不相信妳的辦事能力。」

這一連串的批評，每一句都有某種程度的事實依據。我習慣性的反應就是努力讓自己做得更好。早些時候，我會壓抑自己的痛苦，否定自己的情緒，付出加倍的努力。就像札茲斯基所說的：「我要持續奮戰。」這也成了我的口頭禪。幾年後，一位與我會談的研究學者將我的世界比喻為杏仁核地獄。杏仁核是大腦的威脅偵測器，讓人能準備隨時發動攻擊或逃離現場，而我的杏仁核持續處於高度警戒之中。

過去，學習障礙以特有方式將我與外界隔離，後來將我隔離於這個世界之外的卻是我與丈夫之間的關係。原先在我身旁傾聽我訴說的那個人變得愈來愈嚴厲，直到他離去後我才得以解脫。

我明白自己遇見約書亞時，他正處於情感受創期，由於天真與自負，我想治癒他的心靈，將他導回正軌。我的一生都是順著本能而行，但當我們的關係終了時，我卻是那個需要療傷的人。

當我逃離約書亞時，我很清楚，是自己的神經缺陷矇蔽了自己的眼睛，以致陷入這段感情之中。認知訓練讓我睜開眼睛，學習了解世界，在逃離後開始為心靈療傷。那時的我，有種悲傷與解脫交織混雜而成的怪異感覺。

與約書亞在一起的那些年，協助學習障礙孩童的工作成了我的避風港，一個能投入自己的心血、靈魂與所有創造能量的地方。我很感激能從事這份工作，過去如此，現在依舊，這是份療癒的工作。

一九九四年十一月十八日，我離開紐約回到多倫多。孤身一人的我，感受到無比解脫、歡欣與真正的重生。然而，我的健康嚴重亮起紅燈，我的情緒也十分低落。

工作的理念、生活的信念與重新開始人生的意志，都得等我復原後才能再次思索，因為當時的我已身心俱疲。心靈上我麻木無感，而生理上，在經過四次的流產與多次的子宮內膜異位手術後，我處在極為虛弱的狀態中。除此之外，我失去了紐約的學校，還有多倫多的學校。多倫多學校所留下的教具都被收進倉庫中。我回來時一無所有，甚至比一無所有還糟。那是我這輩子最坎坷的一段日子。

然後，奇蹟出現了。一直擔任多倫多學校記帳工作的海倫·費達奇斯（Helen Fadakis，她的女兒也曾是學校的學生），打電話給其他四位重要的學生家長，試著要重建學校。他們付清了教具倉儲的款項，取回辦公物品，並說服我回去工作。他們在楊格街找了一個地方，重新運作學校。這些天使最常說的就是：「多倫多必須有間亞羅史密斯學校，我們需要它，別人也需要它。」

第二十章　當二加二不等於四

「妳會算加法嗎？」白皇后問道：「一加一加一加一加一加一加一加一加一加一會等於多少？」

「我不知道，」愛麗絲說：「我弄不清楚了。」

「她不會做加法。」紅皇后插嘴說。[1]

——路易斯．卡洛爾著作《愛麗絲鏡中奇緣》，一八七一年

前面曾提到多倫多醫師瑪麗．阿靈頓，她的時間感與數字感都有問題。試想一下，一位工作繁忙的臨床醫師感覺不出一分鐘到底有多長，對於數字8、80以及800也感受不出什麼差別，那會是什麼樣的光景呀？

瑪麗的量化缺陷（quantification deficit）影響了許多重要的生活機能。一方面，她的財務情況一團混亂（究竟新買的暖爐花了八百美金還是八千美金？）。另一方面，她在門診時常因過於專注在重度焦慮症、思覺失調症及躁鬱症患者糾結的病情而忘了時間，所以總會發生

看診時間延誤的狀況。再加上約診時間是由她自己排定，所以看診的時間表也常混亂不清，時間也總是相互衝突。

瑪麗利用自己卓越的非口語能力，來代償她的數字與邏輯解析缺陷。也是這份非口語能力，讓她在一九八〇年代早期建立了一組後來被用以治療精神疾病的基本飲食療法與維生素補充療法。多年來她在這方面搜集了不少研究資料，卻不知該如何比對所有資料。

瑪麗必須重聽電話答錄機上的留言許多遍，才能記下對方的電話號碼。這與十八章提到的資訊記憶無關，而是數字記憶問題。

一九八〇年代中期在亞羅史密斯學校接受兩年認知訓練後，瑪麗有了顯著的改變。進入訓練課程的一年後，瑪麗因為直接心算出貸款協定中的數字，而且支票簿中的資料不但隨時更新也不再透支，讓她的銀行理財專員大吃一驚。她已經不再需要「透支帳戶」了。

現在的瑪麗有相當不錯的數學能力。為了治療病人，瑪麗會進行內含眾多數據的新陳代謝評估（包括：鋅、組織胺及膽固醇濃度等數值），而且還設計出一眼就能看出問題的流程表。

瑪麗不再經常遲到。對現在的她而言，就連烤蛋糕也很簡單：如果要估計二十分鐘的時間，她的誤差通常只有一兩分鐘。她也開始了解數字間的關係。瑪麗現在知道居民一千五百萬人的洛杉磯，要比居民六百萬人的多倫多來得大。解決量化缺陷問題後，她對數字的相對大小關係才有了概念。看到亞羅史密斯課程成功解決自己女兒安柏的缺陷後，瑪麗就加入了這項課程。這對母女同樣都有數字障礙。

瑪麗第一次約略感覺到安柏有數字障礙是在安柏小時候，那時安柏不會使用乘法表，也拒絕寫數學作業。瑪麗或老師會教安柏使用乘法表，教導的當下，安柏感覺是懂了，但之後就忘了。瑪麗花整個暑假教安柏使用乘法表，但她也知道，下個暑假一切都要重新來過。

今日，安柏可以利用牢記在腦中的乘法表計算里程，也經手媽媽的帳戶，並記起遺失帳目上所列的數萬美元金額。

這對母女終於能放下對數字的恐懼了。

起初我將數字概念、量化與心算上的問題命名為「輔助運動缺陷」（supplementary motor deficit），這有兩項根據：一是盧力亞對一位大腦輔助運動區受損之年輕男性在心算障礙上的描述（這段描述取自其著作《人類大腦與心理處理程序》〔*Human Brain and Psychological Processes*〕），另一是來自一九七八年瑞典研究學者尼爾斯．拉森（Niels Lassen）與同事所進行的一項早期神經造影研究（他們發現受測者重複從一數到二十時，同一個大腦區域會活化）。[2]然而近期的研究卻顯示，雖然此區有時在我們進行心算時活動量會增加，但可能最多也只是個輔助性角色而已。

一直以來，我們對每個大腦部位涉及了哪些心理活動的了解，主要依據的來源有二：一是大腦損傷的研究（某特定大腦部位受損時，哪些功能會喪失，哪些則不會），另一是神經造影研究（我們執行特定任務時，哪些大腦區域會活化）。這兩個來源都有其缺點。損傷研究的資料並不精確，因為受損區域很少會有清楚的位置或功能分界。而造影研究的資料讓我們知道執行特定任務時哪些區域會活化，卻無法得知這些活化區域中哪些較為重要，哪些只是少量參與，以及哪些是伴隨活化（指依據執行任務所用方式而引發其他區域活化的情況）。

對於無關某任務的大腦區域在該任務執行時仍會活化的情況，賓州大學認知神經科學中心創辦主任瑪莎・法拉（Martha Farah）以一個例子來解釋。[3]若請你算算本句第一個字有幾畫並克制自己不去讀那個字，你會發現自己不自覺地就讀起字來，還會聯想到此字的意思，於是造成與計算筆畫無關的大腦區域出現活化現象。研究數字運作功能並非易事。研究學者詢問的問題本身以及詢問的方式，都會影響大腦活化的區域。解讀大腦損傷研究與神經造影研究的數據時，必須非常小心。

在瑪麗與安柏的案例中，若無法適當運作的大腦區域並非輔助運動區，那麼又會是哪些區域呢？

雖然我們尚未完全了解數字運作功能的基本神經路徑，但大腦頂葉中的水平頂內溝（horizontal intraparietal sulcus，hIPS）這個部位，被認為是掌管數字感的區域，掌控了我們對數字的直覺認定、數值大小與數字彼此間的關係。

《數字感》（*The Number Sense*）一書作者史坦尼斯勒斯・狄漢（Stanislas Dehaene）將水平頂內溝稱為人類「負責數量的神經路徑」。[4]此區撐起了與數量有關的數學運算能力（包括加法、減法與乘法），若此區出現問題，就會干擾我們其他所有的運算能力。

狄漢說：「我們無法在不活化此區的情況下思考數字。[5]」而且無論數字是以阿拉伯數字、國字、口語、點數或聲調等任何方式呈現，都必定會活化此一區域。狄漢表示，當數字以某種方式呈現出來，大腦中建立此數字相關大小的程序會即刻展開運作。這就好似我們心中有條數值線，讓我們可將數字擺放其上，進而了解數字彼此間的相對關係。

本書第八章所提的左角迴是另一個涉及數字運算的大腦區域。由於數學運算也需要語言的能力（記下加法或乘法的實例），所以此區也間接促使我們獲取更廣泛的數學知識與概念。水平頂內溝與左角迴在了解與運算數字上都扮演著重要角色。

當水平頂內溝無法適當運作，就會造成人們對數量無感。[6]倫敦大學學院認知神經科學研究所的布萊恩・巴特沃思（Brian Butterworth）表示：「如同我們天生就能看見世界上的色彩那般，我們與生就具有能理解世界萬物的數字感。」然而，有些人天生對數字就是有某程度的無感。

數字感是讓我們在所處世界中適當運作的必要條件。沒有數字感，數字的世界彷如火星文。想了解這個大腦缺陷的狀況，可以請某人對你慢慢唸出下列一串數字：5-1-6-9-3-2-7-4。你可以按聽見的順序正確無誤地重複一遍嗎？如果可以，可否請你試著倒唸一遍呢？

接下來再試試短一點的數字串：4-8-1。記下少一點的數字串是不是簡單多了？然而，對這類人士而言，無論多簡單的數字串，只要與數字運算有關，他們都會覺得非常困難。

這類人士難以在腦中進行數字計算（即是教育人士所稱的「心算」）。即使是簡單的數字加總，他們也無法心算，而且還需借助其他的輔助（像是用手指計算、大聲唸出算式或使用計算機）。但他們也無法仰賴計算機，因為他們判斷不出計算機上的答案是否正確。而且因為對數字無感，所以他們無法了解加法與乘法的實例。

英文的「數量」（quantity）一字來自拉丁文的「quantus」，原意為「多少」。此類人士的障礙就是難以了解「多少」的意義，無論是金錢、距離或時間都一樣。為了換算數量，我們將數量拆解成可測量且大小一致的數值單位，像是六十分鐘為一小時，一塊美金為一百美分等等。一般人都能記得數值單位如何換算，也幾乎能馬上了解這些數量單位。一般而言，我們知道自己有多少東西，需要用上多少，還可以留下多少。但對這些人士而言就不是這麼回事了。以錢為例，他們會懷疑：我錢包裡有十元還是八十元？如果我要買的東西是九元，那我拿給店員二十元，他要找我多少錢？

就跟其他的功能障礙一樣，這類人士運用各式各樣的方法來因應這項缺陷。有人會試著採用代償方法，有些則否。有的患者可能會隨身攜帶遠超過自己所需的錢；有些人則極少花費，幾乎省下每分錢；有的則會發現自己身上總是沒錢，錢花光了卻不知道到底用在什麼地方。對他們而言，由於無法估算某段距離的車程需耗掉多少汽油，車子經常在高速公路上沒油。此外，他們上餐廳吃飯時，也總得仰賴別人計算小費。計算食物的熱量也同樣有問題，更不用說要玩數獨謎題了。對他們來說，任何需要時間管理的工作（例如主廚）都會是場惡夢。從事格外需要數字感的工作，最後就是一樣也做不好。

想像一下，一位主廚同時接到數位工作人員傳來點餐內容時的狀況。主廚必須在心中計算每道菜的調理時間，好讓同一桌客人的餐點能夠同時間上菜。主廚還需心算出顧客們所點菜肴的全部數量，並依據每一道菜肴的食材，準備所需的食材分量（可能是兩份或三份）。如果主廚還負責採買食材，他（她）還必須根據菜單、季節與顧客的口味計算出適當的食材數量。對於此認知區域功能不彰的人士而言，股票分析師、精算師、會計師及統計學家都是非常困難的工作。

這類人士要運用時間完成一系列的任務頗為困難，像是早晨起床後到出門前的那段時間，他們就不知道要如何做好該做的事。他們無法估算每項任務所需的時間，也不知道每項任務完成後自己還剩下多少時間。這類人士對時間間隔無感，所以你若對他們說，要在星期二算起的一週後跟他們見面，他們必須實際算一算一週有幾天，才能知道是幾天後要見面。

當然，這些患者還是有代償方案可行。舉例來說，他們可以規劃出嚴謹的晨間例行事項，執行自己必須要做的事，然而一旦出現新狀況，需要他們運用時間執行多項任務時就會出問題。有些人可能會以早點到或待久一點的方式來補足，預留額外的時間來完成工作。其他人可能就會匆忙地執行任務，留下部分未完成的工作，例如行李打包一半就急著上飛機，或是沒洗澡或吃早餐就出門。

任何企業財務管理者都必須具有強大的心算能力，因為他必須持續計算現金流量、盈利、虧損、未來收益、目前開銷與投資金額等數據。數字功能缺陷人士會發現自己無法掌管企業營運。

紐澤西州伊莉莎白市猶太教育中心副主任艾利亞胡．泰茲（Eliyahu Teitz）說：「當學校同意開辦亞羅史密斯課程時，我們認為，那些無法從傳統教育方式發揮潛能的學生有很大的機會能從此課程獲得協助。對於這項課程的功效，我們樂見其成。」他也承認自己原先抱著些許存疑的態度看待此課程之前的成果，直到這些故事發生在自己的學生身上才有所改觀。其中一個故事來自某位有量化障礙的孩子的父親。他寫道：

> 上週末我陪兒子走到他朋友家時，我隨口問他1+1、2+2、4+4、8+8等加法問題。當他回答出16+16等於多少時，我鬆了一口氣。當他又回答出64+64等於多少時，著實讓我印象深刻。當他算到1,024+1,024時，我想就連他也知道自己達到了什麼的程度。雖然他並沒有把這一切歸功於亞羅史密斯課程，但我卻如此認為。

我記得第一次遇見珍妮佛時，她十六歲。她一年級時輕輕鬆鬆就學會了英文字母，但數字部分就不是這麼回事了。她能毫無困難地學著唸出星期一、星期二、星期三等一週各天的名稱，卻不知道這些日子的順序。珍妮佛對月曆沒概念，也不知道兩個日期間的時間差距，她甚至還認為一年有一百八十九週。

因為對每個活動所需的時間毫無概念，所以她列不出時間計畫表。為了彌補這項缺陷，她的母親利用計時器劃分出她晨間每個例行事項的可用時間。當計時器響起，珍妮佛就得轉往下一個任務。這是她能準時出門的唯一方法。問她十塊錢能做什麼，她會說可以看場電影、買條巧克力或是買輛車。數字與時間對她一點意義也沒有。

珍妮佛不會心算加法與減法，也無法解答數學問題；她只會在紙上畫下小點，然後再一個個數過算出答案。

經過兩年的訓練課程後，數字終於對珍妮佛有了意義。她學會加法與乘法，早晨也無需仰賴計時器才能出門。事實上，她對挑戰計時器很有興趣，而且最後在心中建立出時間感後，就不再使用計時器了。現在珍妮佛能做的事可多了：學會看月曆並利用月曆計劃事情、在銀行開戶，並且能算出可花用與存下的零用錢金額。

她終於對數字有了感覺。

將錢裝入信封，標上「房租」、「伙食」與「待付帳單」等分類，是安．塔洛克（Ann Tulloch）處理自己每月財務的方式。基本計算、規劃預算與平衡收支都超出她的能力範圍。在安想出以信封分類這種最原始的財務管理方式之前，她總是用光現金，必須向人借貸，造成自己負債累累。即使已是成人，安卻仍然無法進行像8+3之類的簡單計算。一九八五年，三十三歲的安在完全偶然的情況下，來到亞羅史密斯學校。

評估的結果顯示安有五項大腦缺陷，包括讓她必須使用信封管理金錢的量化缺陷（quantification deficit）。安無法在腦中進行心算，數字對她而言不過是紙上無意義的符號。在校念書時，她的課業成績總是在及格邊緣，但十年級時終究還是到了她的極限。校方告訴她，因為她的態度不佳，即使職業學校也不適合她就讀。那時她的反應是：「我的態度沒問題，我只是學不來東西而已。」

安對繪圖與設計很有興趣，事實上她的一個哥哥後來還成了航太工程師，這顯示安的家族也許具有這方面的天賦。然而，由於安的成績不好，代表她首先必須放棄的就是藝術學校。

安接下來從事了一連串卑微的工作：保險公司的檔案管理員、電影院販賣部的小店員等等。試著說服安離開學校的副校長告訴她：「妳擁有勞斯萊斯級的天分，卻只用了福斯級的努力。」校長只說對了一半，安確實有潛力，但說她不夠努力卻是錯的。安後來雖然還是以高齡學生的身分進入藝術大學，但她的嚴重缺陷讓她無法以藝術為業。

安還住在家裡時，在電視上看到了一部警察影集，劇中一位哥哥解釋著自己的妹妹並沒有某些人認為的智力問題，而是有學習障礙。這是安第一次有了得以解釋自己學習問題的說法，但她的父母卻不接受這個可能。安的問題終於有了頭緒，卻沒有解決辦法。

無法適當表達自己而顯得害羞的安，也缺乏自信與自尊。於是她辭去所有工作，轉至一間馬場工作兩年。馬場實際上是個與人群隔離的地方，馬兒只要定時餵食就很高興，也不會罵她笨蛋。不過接著，轉機出現了。安偶然遇見了譚雅・戴（第十章提到的亞羅史密斯學生）。譚雅與安一樣熱愛馬兒，她常跟安一起去馬廄。

「我們會一起開車前往馬廄。」安回憶道：「然後譚雅會說：『我喜歡車子，我喜歡黑色的車子。我喜歡車子，我喜歡黑色的車子。』雖然她只說得出這些話，但你知道她很聰明。她記得路，只是話講不好而已。後來她開始到亞羅史密斯學校上課，突然間，她就會講話了，那真的很神奇。」安那時心想，如果他們可以幫助譚雅，或許也能幫助她。

於是，為了解決各種認知缺陷，安開始接受長達四年的訓練課程。就像許多聰明但因終身學習障礙而感到迷惘沮喪的人士一樣，安在接受訓練課程後心情輕鬆不少。

安說：「我這輩子第一次覺得總算有人懂我了。我有學習障礙，現在也著手處理中。」

針對此一缺陷所設計的亞羅史密斯課程，包括了**反覆且難度漸增的加減法心算訓練**。此訓練能讓負責量化的神經迴路運作起來。**計算正確是進行這些心算的要點，而且必須在不到一秒的時間中完成**。與亞羅史密斯學校的所有課程一樣，一旦學生精熟了初級訓練，下一級的訓練內容會就更加複雜，加重對大腦的要求。

為了克服自身障礙而接受這些訓練，安說：「很辛苦，也很挫折。」

安的雇主展現了超乎常人的同情心與同理心，他親自來學校看安的評估結果，以便更了解安的問題。當安的認知能力開始進步，她的雇主決定給她全職的工作。於是她由原來的祕書轉任管理階級，薪水也增加了。

安的多項重大缺陷，不但讓她口語表達困難，也難以理解與人對話的內容。她變得害羞退縮，以致經常有人占她便宜。她的大腦功能有所改善後，人生也開始有了顯著改變。舉例來說，她決定與遊手好閒的男友分手，那男人之前讓她相信他會照顧她，但事實並非如此。同樣地，在人際關係上，安也不再讓人占便宜，也不再像她所說的「任人呼來喚去」。她這輩子第一次意識到那是怎麼一回事，雖然常常不是當下就意識到。但她發現自己會回去質問對方：「喂，你這是什麼意思？」

「我覺得更能掌握自己的人生了，」安在一九八六年下了這樣的結論：「這樣的差異真是令人難以置信。我周遭大腦功能正常的人們將一切能力視為理所當然，但對我來說，擁有能看清一切的這份能力讓我極為興奮。我的下一段感情必定會不一樣，絕對截然不同。因為這是我第一次可以睜大眼睛談戀愛了。」

一九九六年，安的父親八十歲時，她決定與父親開誠布公地談談。這是她第一次與父親談到自己的學習障礙，以及這些障礙對她的人生與自尊的影響。在成長過中，每當安淚流滿面地面對許多做不來的功課，父親常會失去耐性且幾近生氣地對她說：「妳到底有什麼問題？」

安說那時父親只是靜靜聆聽，並對她說抱歉——這是安記憶中父親唯一一次的道歉。「對不起，」他對安說：「我之前不懂。」安告訴父親她十一年前在亞羅史密斯學校所做的努力，以及她如何兼兩份工作付清學費。她的父親聽了之後靈光一閃。

「我們的關係有了改善，」她說：「我不再生氣，他也了解了我所經歷的一切。他問我花了多少學費，並開了張支票做為彌補。父親用他的方式來感謝我力爭上游，並認同我為了克服學習障礙所做的一切。」

安的經濟情況最終有了改善。她可以在腦中心算，不再看錯帳單，支票也不再超支。如果她今天忘了轉帳，她會記下金額，明天再轉。她也知道自己的錢包中有多少錢，因為她一直持續記帳。她還開了一個退休金儲蓄帳戶，開始規劃未來。現在的她擁有規劃自己財務的能力，也能為自己編列度假預算，完成自己的夢想假期。

她再也不用把錢放進信封袋了。

第二十一章 左耳進，右耳出

就像其他許多大腦障礙人士，安除了量化缺陷之外，還有多項其他缺陷，其中也包括我所謂的語音聽辨問題（auditory speech discrimination problem）。

語言的處理程序始於兩側大腦的上顳葉區（此區約莫位於耳後的位置）。[1]左右大腦的上顳葉區負責從其他像噪音或音樂之類的聲音中過濾出說話的聲音。接著，左大腦的上顳葉區開始進行個別語音間的確認與分辨——這就是我所說的語音聽辨。

三歲幼兒的大腦有著與成人大腦相似的腦容量，但其腦中的突觸數量卻近乎成人的兩倍。[2]在幼兒成長期間，持續使用的突觸會保留下來，而未被使用的突觸就會被刪除。舉例來說，嬰兒可分辨所有語言的語音，而非只有母語。

然而大腦會重塑聽覺網絡，專司聆聽經常聽見的語音，因而無法分辨周遭環境中聽不到的語音。這個自然而然發生的重塑現象，充分應用了「用進廢退」這個重要原則來增加大腦效能。

然而，語音聽辨障礙人士無法精準分辨語音的箇中原因尚待釐清。聽力師對這類人士進行評估，幾乎都會發現他們的聽力一切正常（這就是安的情況，她也進行了數次聽力測試）。問題是，患者會出現把「hog」（豬）聽成「fog」（霧）的情況。對他們而言，要分辨「fear/hear」（怕／聽）、「doom/tomb」（末日／墓地）這些相似語音的差異，都是極大的挑戰。

韋普曼聽力分辨測驗（Wepman's Auditory Discrimination Test）專門用於評估孩童分辨英文讀音相似的單字間之細微差異的能力。[3] 韋普曼測驗包括了四十對英文單字。每一對英文單字都是單音節，單字的長度也相同。其中十對是兩個一模一樣的單字。其餘的三十對，單字與單字間則有一些微小差異。受測者在測驗時看不到測驗人員的嘴型，當然也看不到紙上的字。受測者必須告訴測驗人員，他所聽到的這對單字相同與否。韋普曼原是專為孩童設計的測試，但用於成人也有些參考價值。不過，亞羅史密斯學校建校初期所收的一位學生，卻迫使我們需應用一套新的聽力測驗。

十七歲的黛娜．荷姆斯（Dana Holmes）回答韋普曼聽力測驗的題目時雖常常猶豫不決，最後卻能完全答對所有題目。儘管如此，她顯然有語音聽辨障礙。黛娜說，對她而言，在教室中聽課實在非常困難（舉例來說，她會把「vulture」〔禿鷹〕聽成「fulture」〔性文化〕），但我在她的韋普曼測驗結果中卻看不出這些問題。高中最後一年她放棄了學業，因為她覺得壓力太大，也很不好意思總是在課堂上請老師再三重複講過的字詞。為了避免聽課，黛娜採用函授的方式完成高中學業。我為她設計了一套更為困難的語音聽辨測驗，裡頭有四十對多音節的英文單字，每對單字之間隱藏了許多差異，例如：demote/denote（降級／表示）、disallow/disavow（禁止／否認）。在這份我們現在廣泛用於成人身上的測驗中，黛娜出現了十六個錯誤。

根據過去多年所進行的亞羅史密斯語音聽辨測試，我們觀察到出現八個以上錯誤的受測者有個共同點：他們都在八年級之前就放棄了法語課（或其他第二外語課），因為他們難以辨識這種語文的語音。

若想體驗一下這類人士的感受，可以在雙耳內塞些衛生紙，只要可以擋住周遭的一些聲音就好，然後打開收音機或打電話給別人（不用衛生紙也能達到同樣效果。只要打開收音機，轉到喜愛的電台頻道偏差一點點的地方就行〔談話性節目尤佳〕）。要聽清楚對話內容是不是很難？你需不需格外費勁才能專心聆聽？對話的聲音是否模糊不清，或聽起來不像母語，反倒像在說外語？這樣費力是否讓你受挫或感到疲憊？你會充耳不聞或馬上結束電話？上述情形就是語音聽辨障礙人士的感受。

盧力亞在著作《人的高階皮質功能》中講述了大腦產生語言的過程。[4] 他了解人類若要發音清楚或理解語言，就必須能從環境雜音（例如樹葉的沙沙聲）中，辨識出並放大他所謂的「不同的語音符號」（distinguishing phonemic signs，也就是形成單字的語音）。這樣的辨識程序從嬰兒時期就開始運作。當這種分辨能力喪失時，「聽見說話的聲音以及理解其內容間的分際就不再明確。」這類人士可以聽見說話的聲音，但無法理解說話內容。

這類人士經常要求對話者放慢速度，或是說清楚一點。根據對方的口型或利用上下文猜字，也是他們常用的因應策略。不過當對話的難度加深許多時，這些策略顯然毫無作用，也常常無法派上用場。有這項缺陷的人總要費力聆聽才能了解對話內容，最終導致自己精疲力竭。然而，愈是疲倦，就愈沒有能力處理語言問題了。

舉例來說，當你上課記筆記時漏聽了一些字，之後就會發現自己的筆記毫無用處。你無法判斷說英文帶有某種口音的人來自哪個國家，也聽不懂這些腔調的英文，所以一位美國患者在看英國電影時，會慶幸螢幕上有字幕。

如果這項缺陷極為嚴重，說話的聲音聽起來會模糊一片，像是背景噪音或陌生的外語。以口語發音為基準的拼字能力也會受影響，這是因為我們會以自己聽到的（不正確）字音來進行拼字與唸字。也如同第十三章所述，在閱讀早期階段學習字母發音時也會受到影響。當語音被背景噪音（在吵雜的房間中）弱化後，辨別語音進而理解語言的情況就會更加困難。

在安的例子中，「them」（他們）在她聽來就像是「vem」這個無意義的字眼。這有點像是想用高中的法文程度去理解速度極快的法文口語。根據患者的能力與說話者的速度，患者每聽一句話，可能每三到四個字就會漏聽一個字，而且漏聽的也許還是關鍵字，於是患者就聽不懂別人在說什麼。對此最務實的比喻就是，患者彷彿部分失聰了。

對這類聽辨障礙人士而言，接電話是恐怖的工作，因為他們看不見對方的表情及嘴型，無法據此進行猜測以彌補自己聽力上的不足。安的情況就是這樣。

「辦公室的電話鈴響時，」安告訴我：「老闆會說：『安，去接電話。』我則緊張得直冒冷汗。在接受語音聽辨認知訓練之前，我無法分辨電話那頭是誰的聲音，即使對方是我認識的人。我覺得自己好笨，甚至分不出對方是男是女。我就是分辨不出聲音。但經過訓練後，現在我可以分辨出來了。」

安在三十五歲左右來到亞羅史密斯學校，那時她對自身缺陷已找到一些因應之道。那些方法有時的確有效，但並非總能派上用場。

「我這輩子都只能當個放馬後炮的人，」她解釋：「我無法適時聽清楚人們在講什麼，就算聽懂了也記不得聽到的內容（因為另一項記憶資訊障礙的緣故），所以只好裝懂。我會估量對話的內容，然後試著用自己的方式繞到話題，這樣才不會顯得自己很笨或是透露自己根本不知道談話內容。不過通常都是徒勞無功。」

由於無法聽清楚歌詞，此項大腦缺陷造成的影響之一就是無法欣賞歌曲。安告訴我，她很難理解歌中的歌詞，除非單字的發音非常清楚或剛好是一段不斷重複的副歌。當安的大腦障礙獲得解決時，她首次感覺到歌詞變得明白清楚。她描述當時的情況：「自己能聽清楚歌詞的親身體驗是如此強大與突然，讓我至今還記得當天的情景。當時我開車行駛在多倫多的羅斯戴爾河谷大道上，車子正接近往唐河谷大道方向的灣景延伸大道上。我開始能夠聽出歌中的不同歌詞，聲音也更加清楚。我可以了解歌詞中的每個字。在這之前，我聽歌時只覺得歌詞像是蜂擁而出，像是噪音一般。」

讓安改變的究竟是什麼呢？針對此缺陷的認知訓練，包括了聆聽陌生外語的口語聲音（斯瓦希里語、庫爾德語、孟加拉語等等）。以英文為母語者難以分辨這些外語的語音，所以大腦此時的活動量會遠超出聽到熟悉語音時的一般活動量。經過一段時間的重複練習後，安辨識語音的能力進步了。

我於二〇一一年與安會面時，她談到自己在通用汽車（General Motors）工作了七年（二〇〇二年至二〇〇九年）。她清楚知道，若沒能解決自己的語音聽辨障礙，她絕對無法勝任這份工作。這份工作包括訂定汽車零件價格與開立發票，這表示她需要用電話聯繫全美各地的汽車經銷商。安必須了解不同口音人士的話語，有些人講起話來有如連珠炮，有些人則輕聲細語。安必須明確聽懂對方的要求，才能針對他們的需求給與回應。另外她也需要迅速在電話中認出不同人的聲音。安的工作表現非常傑出，並樂於承擔所有難搞的要求，使得經銷商特別喜歡找她服務。安不再受限於自己的缺陷，她的表現突出，並獲選為部門最佳職員。

我們之前曾討論過札卡里的情況。札卡里就是那位無法了解世界的多倫多男孩。「什麼什麼什麼？」及「咦咦咦？」是他最常說出口的話。他眾多的大腦缺陷之一就是語音聽辨障礙，下面就是這項障礙對他生活造成影響的實例：札卡里的父親告訴他，他們要去一家名為的「Big Al's」（大聯盟）的寵物店。父親說：「我們要去『Big Al's tent sale』（大聯盟特賣會）。」札卡里很開心，因為他聽成「Big Owl ten sale」（大貓頭鷹十頂帳篷），但他後來非常惱怒，因為不但沒看到貓頭鷹，更遑論十頂帳篷了。於是他大發雷霆，因為就他看來，是父親誤導他了。

有次在一個派對上，札卡里請人幫他倒杯「Pepsi」（百事可樂），但他卻說成「sexy」（性感的）。如果你對他說「Pepsi」，他卻聽成「sexy」，那麼他就永遠學錯了這個字的發音。札卡里會玩一種名為「Go Fish」（釣魚）的紙牌遊戲，但他都稱其為「Goldfish」（金魚），所以他家人也就這麼稱呼這項遊戲了。在學校時，他因為說自己不想上「arts and crap」（藝術及廢話）課而惹上麻煩。其實他要說的是「arts and crafts」（藝術與手工藝），但他在錯聽之下學成「arts and crap」，並無辜地不斷重複說出這個字詞。於是別人就認為他是個麻煩製造者了。

本書的訪談內容由一家專業代理機構負責記錄與編整，其中一位抄寫員引起我的注意，她顯然有語音聽辨障礙。因為她犯下了一些可以快速判定是語音聽辨上的錯誤，像是聽到「She wasn't cold and awful and evil.（她既不冷淡，也不可怕邪惡）」時，會寫成「She wasn't cold and off the needle.（她既不冷淡，也不下針）」。或是把「eye patches（眼罩）」聽成「high taxes（高稅金）」，以及把「Catskills（卡茨基爾；一個山區地名）」聽成「cats' gills（貓的鰓）」。我相信，這位女士在日常生活中一定處處受挫。但她所受的痛苦不僅止於此，因為她選擇了一個需要不斷鑑別語音的工作。

第二十二章 學習障礙的衝擊

紐澤西州蘇卡桑那美國基督教學校裡，幾位研習亞羅史密斯課程的學生在校園中嬉戲時，偶然看到了一隻蟬。這隻腹部朝上且不斷打轉的蟬，正發出牠招牌的電音歌聲——但對這隻蟬來說，這是悲淒的歌聲。

「孩子們要我出去看看，」校長卡蘿．米德基夫（Carol Midkiff）說：「因為這隻蟬肚子朝上地掙扎著，所以我拿了一隻鉛筆，把牠翻回來。牠試著要飛，但由於兩邊翅膀高低不一，所以飛不起來。我把牠放在信封上，帶到灌木籬笆中。我為這隻蟬感到難過，這不是牠的錯。」

對卡蘿而言，這隻蟬正象徵著那些無法用言語表達自己的痛苦、也無法振翅高飛的患童。她很感謝自己的孫子沒有落入與蟬相同的命運，她的孫子正是當天發現蟬的小孩之一。

二〇一〇年十月，我來到多倫多亞羅史密斯學校的教室中，詢問學習障礙對在座學生造成的影響，因而也想起自己的切身經驗。

孩子們有機會分享自身學習障礙的感受時，立即毫不猶豫地表達出來。他們放開心胸，忠實述說自己的感受，那份感染力使得在座師生無不為之動容。我們教室中的每個男孩女孩以及男士女士，與全球所有教室中的學生看起來都一樣——混雜了有著黑髮、金髮、藍眼與棕眼的學生。如果沒有這天小小的探詢，我不會知道這些人的痛苦，也不會知道學習障礙帶給他們的折磨。

與學生們的對談，讓我憶起自己也曾努力對周遭人士隱藏痛苦，連自己的家人及朋友也不例外。就像我過去一樣，這些學生也對這些痛苦三緘其口。

在六到十五歲的初級班與中級班裡，面紙盒不斷來回傳遞。在十八歲至三十歲的青年級班中，流下的眼淚少了些，但故事中每個赤裸裸的片斷都讓人心碎。這些班級中有位學生表示，在那段痛苦黑暗的求學過程中，他曾像我一樣認真地考慮過自殺，並且認為自殺是當時人生的唯一選項。有位學生描述她在十五歲時，如何開始在自己身上劃一刀，她稱此為「象徵性自殺」。她說：「每個人上學都是要去學東西，而我卻是去感受自己有多笨。」

中級班裡一位名為安德魯的男孩，描述了每天肩負著重度學習障礙以及因而遭受霸凌的重擔的情況。「我永遠不會忘記當時的情景，」他說：「只要我到廁所，那伙男生就會跟在我後頭，罵我笨蛋。有一天，他們開始動手打我，於是接下來每一天我都會挨揍。他們警告我，如果我告訴任何人，他們就會給我好看。我日復一日遭到拳打腳踢，我好希望自己可以不用上學。我好想死，好想結束一切。」

「你覺得學習障礙讓你變成霸凌的目標嗎？」我問他。

「是的，」他回覆：「有趣的是，揍我的傢伙之一也有學習障礙。」

一位名為傑森．葛蘭特（Jason Grant）的年輕男士則描述自己集聰明與愚蠢於一身的情況。「在學校時，課程作業的主題各有不同，其中有些作業我就是做不來。然而，有些作業我卻又做得無比出色，讓老師十分驚訝。」傑森以他兒時閱讀英國作家泰德．休斯（Ted Hughes）著作《鐵人：五夜童話》（*The Iron Man: A Children's Story in Five Nights*）時所畫的圖為例。[1]

我的畫讓老師大為震驚。他說：「這是我所見過最有想法的三年級畫作。」然而卻有許多其他事情讓我深感困擾，所以我真的很困惑。我怎麼可能這件事能做得這麼好，另一件事卻完全做不來？多年來，這讓我十分難受，這個陰影始終揮之不去。在後半段高中生涯裡，我告訴自己：「如果接下來的一兩年依然沒有起色，我的人生就該結束了。」我已經準備好，甚至還定了一個日期。事實上，這是我第一次告訴別人這件事。我那時只覺得這痛苦永遠不會結束。

以上就是學習障礙人士遭遇的情況。能運用到自己專長的任務便能表現出色，但任務若與自己的缺陷相關則會陷入困境或無法完成。所處的世界讓這些人士感到困惑，他們的老師與父母也一樣。他們困惑著：「你這件事能做得這麼好，為什麼那件事會做不好？」於是他們做出這樣的結論：「如果你用心一點，就會做得更好。」或是：「你只是不想做而已。」

這些學生也開始對這些觀點信以為真：「他們說我懶惰又不願意做。一定就是這樣。」於是這些學生害怕自己有優異表現，因為他們擔心人們會用這樣的標準來評價他們，然而在學習障礙存在的情況下，這種表現根本無法持續。

有些高中生這樣描述自己的學習困境。他們說，有些人以為學習障礙者是愚笨的。如果他們發現你不笨，就會覺得你不可能有學習障礙。有兩位學生說，他們的手足指責他們假裝有學習障礙以博取更多關心。有位年輕女士告訴我，她的丈夫多年來都不相信她有學習障礙，直到他親眼看過她論文中的拼字狀況。亞羅史密斯學校裡的每個人多少都曾被父母或老師貼上以下標籤：懶惰、難相處、吵鬧、麻煩、沒規劃與無心向學等等。父母老師還會說：「如果你更努力，就能發揮更大的潛力。」有一位學生的老師曾對他說，他不可能從高中畢業。另一位學生則描述大學教授對他說，你是個「沒有天分的垃圾」，於是他就輟學了，因為他再也承受不起這樣的污辱。還有一位學生記得從小學到大學，他的努力從未獲得讚揚。

其實，處處都有心懷慈悲的老師，我那天也聽到了幾則老師助人的故事，像是購買錄音機協助學生記筆記，課後留下來幫學生複習上課內容，還有購買期刊協助學生做自我規畫。但「垃圾」一詞引發其他學生滔滔不絕地說出類似的故事，顯示老師們在學習障礙的教育上仍有許多尚待努力的空間。當天陪同我的亞羅史密斯學校副主任塔拉．安琪兒（Tara Anchel）還記得當年在師範學校時，只上過一小時的特殊教育課程（學習障礙還只是其中的一小部分呢）。

這些學生的故事讓我們清楚得知，老師們雖沒有惡意，但不加思索就將學生貼上標籤，會對學生們造成不可磨滅的傷害。一位沒有學習障礙的學生也許可以掙脫這種評語的束縛，但對一個不斷受挫與失望的學生而言，這卻會直接刺傷他的心。身為教育者，我們需意識到這些學生刻意隱藏的脆弱。

我們的文化無法提供適當的環境，讓學生們可以放情地與老師討論自己的難處或尋求支持。在聆聽本書所有訪談學生、家長與老師的心聲後，我再度震驚於學習障礙仍被污名化的現象。這樣的環境讓孩子對學習障礙感到羞愧，於是極力避免讓父母與老師知道自己有學習障礙。只要我們一直忽略這個事實，孩子的行為就會被錯認為是因任性、懶惰或其他錯誤理由造成，而不是學習障礙所導致的實質功能不彰。我在十五年前就已經有過同樣的經歷了。

當天許多學生都談到自己的罪惡感，因為他們覺得自己讓父母失望，或是他們的學習障礙造成了父母的痛苦。實際上，每位學生都因為學校的折挫而心靈受創，還將這份傷痛帶進家庭生活與社交生活。

有位學生只要一想起他「嚴重的考試焦慮」，就會感受到與當時同樣的焦慮。他憶起八年級有次考歷史時，他的腦中一片空白。「強大的焦慮讓我崩潰，於是我在考試時哭了起來。十三歲的我坐在位置上，每個人都圍在我身旁。因為看不懂問題也無法理解題目，所以我哭起來了。」學習障礙讓他難以閱讀與理解考卷上的題目，焦慮則剝奪了他所有的認知思考能力。從此之後，他便受到無情的恥笑。

學習障礙人士常會有「表現焦慮」，一開始只會對特定學習領域感到焦慮，但焦慮的情緒很快會影響其他表現，甚至是他們原本擅長的領域。學生可能對任何學習都會感到焦慮，最後焦慮自成問題，阻礙了所有學習。

我看過太多成年男女終其一生都在處理、掩蓋或彌補自己的學習障礙，以及後續引發的情緒衝擊。這些男女創造出包含各種策略的防禦系統，像是建立嚴格的規範架構、強制列出清單、避免面對新的情況、拖延、吹毛求疵、轉移注意力等等方法。

十年前我接到某位不願具名人士的電話，只說自己是個終生飽受無法書寫之苦的成功企業家。他描述自己為了隱瞞此問題所精心策劃的計謀。像是在一次重要的筆試場合，他以右手打上石膏的模樣出現在考場，於是獲得以口試代替筆試的機會。他說自己在職場建立了粗暴強勢的形象，好讓員工對他保持距離，無法發現他的障礙。如果有人請他寫東西，他會咆哮：「這是祕書的工作！」只有他太太及一位最知心的好友知道他的問題。他希望其他人將來不用像他這樣遮遮掩掩。

我們在課堂上坦然地談起不同的認知障礙對學生人生所造成的影響，也討論到障礙獲得解決而出現新能力時所帶來的轉變。每個學生的經驗都受到認同。

愈早開始處理這些障礙，效果就愈好。早期的評估與治療可以讓年輕的孩子擁有更寬廣的就業機會。

我在多倫多亞羅史密斯學校的辦公室，就位在安德魯教室的樓上，那裡掛著一幅裱框的現代藝術作品，畫中使用了深淺不一的棕色，並寫著「勇氣」兩個中文字。我買這幅畫作是為了提醒自己，學生面對與克服自己的學習障礙所需的是什麼。

長期以來，最常受到引用的統計資料顯示，北美地區的學習障礙發生率為十分之一。最近有些研究甚至提出更低的數值。然而，我認為確實的發生率至少為百分之十，還可能高達百分之二十。

為什麼研究的數據較低？因為儘管「學習障礙」一詞並不陌生，許多人卻以為自己或孩子不會發生這個問題。這些家長也許知道自己的孩子正經歷一些學習困難，也許會想讓孩子做做評估，但事實上他們尚未做好心理準備。部分家長不願意讓別人知道自己孩子有學習障礙。最後，許多被診斷有學習障礙的學生不久後就輟學，不再回報自己的學習障礙情況。

我曾與一位孩子就讀亞羅史密斯學校的母親對談，她是研究社會問題的公共衛生學者。她認為學習障礙應被視為大眾健康議題。「某種程度上，學習障礙是種更為隱密且難以看見的問題，這些人容易因為自己的障礙受到指指點點。」她說：「學習障礙人士常會感到受辱。如果你像我兒子一樣有嚴重的學習障礙，你的心理健康也會受到影響。」她指出有研究顯示，處於我們所謂「正常」邊緣的人士，更容易放縱自己做出高風險行為。她懷疑這些行為可能與學習障礙造成的困惑有關。由於無法理解自己為何做不到別人輕鬆上手的事，學習障礙者會變得聽天由命。他們會自問：「為什麼要試？這重要嗎？反正我就是沒有未來啊。」

即使專業如這位公衛學者，也承認自己過了一段時間才能接受兒子的障礙並著手處理。「我並沒有馬上告訴兒子『你有學習障礙』。我那時應該馬上告訴他：『我知道你一定不好受，但我們會嘗試任何能讓你獲得幫助的事。』因為當我終於告訴他『你的學習情況與其他孩子不同』時，他大大鬆了一口氣。我應該早點告訴他的。」

我一次又一次地聽到家長們有這樣的想法：以不告訴孩子他們有學習障礙的方式來保護他們。有些父母認為學習障礙無法解決，有些則著重孩子的優勢能力。但一個有學習障礙的孩子知道一定有什麼地方不對勁。生活在此問題未獲得任何解釋的情況下，比直接面對它的壓力還大。除非人們不再羞於坦承自己有學習障礙，不然研究報告仍會持續低估學習障礙的發生率。書中每位受訪者的見證都殘酷地提醒我們以下事實：學習障礙造成的羞恥感、學習障礙加諸於婚姻與家庭的壓力，以及面對周遭環境所需忍受的苦痛。這些牢籠中充滿眾多自小在學習障礙中痛苦掙扎的男男女女，然而學習障礙的人數統計數值卻高低不一，從百分之三十八至百分之八十皆有。無論受到學習障礙禁錮的人數確實比例為何，其代價都遠高於我們所能承受。

要如何評估因學習障礙而丟了工作所造成的損失？[2]又該如何估算因夫妻兩人或其中一人有學習障礙所引發的情緒或財務負擔，連帶促使婚姻生變所造成的損失？此外，又有多少人因為學習障礙而自殺？這些我們都無法評估。

曾有人對學習障礙所造成的社會損失進行大規模估算。二〇〇八年於加拿大艾柏塔路易斯湖召開的學習障礙世界高峰會指出，加拿大的學習障礙問題意味著一年三百三十億美金產值的損失。這還要加上一百至兩百億的相關醫療照護花費。至於美國的數字因人口數的不同，可能會是加拿大的十倍。學習障礙造成的實際損失無法估計。不過我知道學習障礙雖然會帶來的痛苦，卻可以避免。

精神科醫師諾曼．多吉也開始了解，他從臨床精神病人身上看到的某些情緒問題，其實是學習障礙造成：

我看到人們接受亞羅史密斯課程的訓練後認知能力變佳，也看到渴望學習的孩子與青年們突然能夠沉浸於閱讀，享受夢寐以求的學習樂趣。然而，我也首度看到學習障礙所造成的情緒崩潰。為什麼我之前沒能察覺？因為他們為現實所困，對此欲言又止，同時也受到逃避與防衛行為的束縛。於是，我開始了解到這一切是想要隱瞞自身認知問題的續發防衛機制所造成。

我也看到人們的認知能力雖然有所改善，卻無法馬上揮別學習障礙所造成的情緒傷害。他們喜歡改善後的現況，但多年來認定自己愚笨或懶惰的想法仍干擾著他們的自信心。所以諷刺的是，我又得回頭進行心理治療，以協助他們了解自己經歷的一切。一旦他們能從自身的認知缺陷中解放，他們就能回頭處理其他一般的心理治療問題，並進展神速。

一想到學習障礙造成的影響，我就非常難過。這是大腦可塑性的一項副作用……有認知缺陷的生活經驗所造成的負面自我觀感不容易根除，這也是為什麼任何一位深入思考與探討此問題的人士都會了解，大腦可塑性並非全然有益。可塑性是大腦的一項資產，它能促成我們喜歡的事情，但也會帶來負面效應。

我們告訴有學習障礙的孩子其本身具有一定能力的次數多到數不清，但當他自身的經驗與我們的鼓勵完全相抵觸時，又有誰能責備他不相信呢？這就是我強烈認為必須盡早處理這些認知障礙的原因，這樣孩子才會擁有正面的學習經驗，也才能在擁有實質競爭力的情況下建立出健康的自我觀感。

當我們完全了解自己可以達成過去以為不可能之事時，伴隨學習障礙出現的羞恥感才會煙消雲散，因為「我們可以從根本深入改變自己的學習能力」。

第二十三章 口耳相傳

二〇〇一年

加拿大國家雜誌《週六夜晚》（*Saturday Night*）在五月二十六日刊出一篇由諾曼．多吉醫師所寫的專題報導〈創造更好的大腦〉，這天成了我畢生工作的轉捩點。[1]這件事緣起於多吉的某位病人對他提起亞羅史密斯課程，並促使他來到我們學校。他在好奇心的驅使下來到這裡，除了親身嘗試了一些腦力訓練，也開始與我們的學生及家長們面談。接著，他也開始轉介一些病人到我們學校。我們的學生是他首次看到神經可塑性能夠運作的實際臨床案例。

多吉說：「結果常常令人驚奇。我看到自己轉介的病人有了進展，也知道那些轉變都是真的。」

多吉將自己在亞羅史密斯學校的經驗稱為「一個極其重要的偶遇」，這個經驗改變了身而為人且又是臨床醫師的他待人處世的心態。他開始明白，除非自己能了解某人認知能力的優缺點，及其獨一無二的大腦天性與連結方式，否則他恐怕難以理解每個人的世界觀，或是他所說的「世界配置圖」。

《週六夜晚》上的專題報導在我與多吉相遇的一年後刊出，這篇論及神經可塑性、盧力亞、札茲斯基、我的童年往事與亞羅史密斯學校的專題，內容豐富且切中主題。

這篇專題迅速造成廣大迴響，促使我們學校的註冊人數劇升。為了因應需求，我們找了一個更大的校地：一棟位於聖克萊爾大道的老舊三層樓房。我們拆下原先的內裝，重新裝潢後搬入。接著我們在隔壁的樓房也進行了同樣的工程。雜誌專題同時引發溫哥華當地某些人士的興趣，於是他們在那兒創辦了學校，引進亞羅史密斯課程。

今日共有三十五間遍及加拿大及美國的學校教授亞羅史密斯課程，此外還有數間學校正在籌備中。每年夏天約有三十位新老師來到多倫多接受為期三週的訓練，讓他們可以回到自己的家鄉擔任亞羅史密斯課程教師。

每年八月，我都謙恭地面對這些老師，他們都有極大的熱情，想讓有學習障礙的孩子獲得不一樣的人生。所有老師都對現況感到失望，也敞開心胸去接受這些教導學習障礙者的新方法。

我的願景是建立一個世界，讓孩子不再受困於學習障礙，不會因學習障礙而受辱，也無需為此持續感到痛苦。

我也希望世上所有學校都能成為孩子訓練大腦、提升學習效率的地方。期許以神經可塑性為基礎的認知訓練，能夠成為每間學校的例行課程。唯有將認知訓練整合入一般課程，才能盡早處理學習問題，而沒有認知缺陷的學生也能從認知刺激訓練中受益。

在目前的過渡期中，我的目標是每個孩子都能接受早期評估，明確判斷出其大腦（嚴重或輕微）的缺陷，並為克服其學習障礙量身訂定一套腦力訓練。運用早期介入的方式，根深柢固的負面行為就不會發生了。

學習障礙者不敢懷抱夢想的想法讓我心碎。我們現在有方法可以解決這些問題，強化、重組並改善學習障礙者的大腦，避免他們遭受不必要的巨大痛苦。

我熱中於這項工作，熱中於它能改變與改善他人生命的能力。我每天都祈禱著，這項慈悲為懷的工作，能夠毫無窒礙地將神的恩典散播到世界各地。

第二十四章 四年後：風向轉變與慈悲之路

本書於二〇一二年首度發行，那時在加拿大及美國兩地設有亞羅史密斯課程的學校計有三十五間。二〇一六年，我寫下這段文字時，全球設有此課程的學校總數已攀升至九十間以上，其中還包括了澳洲、紐西蘭、南韓、馬來西亞及泰國等地的公私立學校。

這讓人感到欣慰。當初在二十三章（本書初版的最後一章）所描繪的願景，在這四年間稍微站穩腳步，也是我極為樂見之事。我的夢想是，學校能提供低年級學生以神經可塑性為基礎的認知訓練課程。我從不認為能在有生之年看到這樣的情景：早早在正規學校課程中處理孩子的學習問題。這樣的介入不僅能找出認知能力不足的學生，針對他們的問題進行處理，讓這些孩子在未來免於遭受諸多挫折。此外，由於認知訓練課程能夠強化認知能力，就連沒有認知缺陷的學生也能受惠。

有兩間學校目前已將學習問題納入正規學校課程，一間位於澳洲，一間位於美國。我在本章後續會進一步闡述所謂的「全班模式」（whole-cohort model）。

近四十年來，我一直認為，以精確的方式刺激大腦，可讓大腦產生生理與功能上的改變，進而解決認知缺陷問題。有人仍對此存疑，有些心理學家和教育人士則不認同我的假設：「大腦特定區域或網絡，可經由特定認知訓練得到強化。」然而，溫哥華英屬哥倫比亞大學（University of British Columbia）以及位於芝加哥南部卡本代爾（Carbondale）的南伊利諾大學（Southern Illinois University）對大腦影像所進行的初步研究卻顯示，情況確實符合我的假設。英屬哥倫比亞大學的新研究也顯示，認知訓練有益於創傷性腦傷患者，此部分將在本章後續大略提及。

簡而言之，這是個好消息。

不過讓人更為擔憂的現況是，嚴重的學習障礙問題仍然存在。當前的因應方式仍是採用補救教學，而非認知課程；這種作法就像是將ＯＫ繃貼在未經處理的傷口上，雖然它是種看不見的傷口。我從二〇一二年起開始巡訪全球各地，前往首次發行此書的國家（加拿大、英國、美國、澳洲、紐西蘭），在圖書節及教育研討會中發表演說。有聽眾在演說結束後私下找我，談及他們自身或所愛之人的學習障礙經驗，那些常是讓人痛苦與心碎的故事。故事中的主人翁飽受痛苦，他們的另一半及家人也同樣痛苦。

本章集結了我與數十人的訪談內容，他們有老有少，許多人都曾經或現在仍是亞羅史密斯課程的學生及家長。我訪談全球各地的夫婦、家庭及認知訓練教師，想與他們一同探討他們的想法觀點，了解學習困難直接導致的行為及模式。

我想要問的是，我們是否一直都透過認知的視角來看待所謂的異常或問題行為？這個世界能否變得更加慈悲寬容？我們傾向將行為歸咎於情緒或個性因素，卻沒考量到能夠驅動行為的認知問題。透過具有缺陷的認知視角來看世界，會扭曲個人感受並形塑出人格特質。

舉例來說，被認為「非常自我中心」的人，實際上可能是難以處理有關推理（請見第八章）及非口語性思考（請見第十一章）的認知問題。由於這些缺陷，這樣的人無法理解或解讀他人的需求。他們有著如同溺水之人的恐慌，所以怎麼可能不沉迷於自我和自身的生存呢？若是我們不去指責他們缺乏同理心，而是將其視為是因認知問題而受到局限的人，並對其心懷慈悲，會不會比較好呢？

在訪談中，我問了有關被貼上標籤的問題。我問這些學習障礙的孩子，你們被貼上什麼樣的標籤？我逐一列下他們的回答：珊卓拉被貼上「被寵壞、自私、自戀」及「搞砸一切的公主病女生」這樣的標籤。其他的還有「古怪又粗心」。科特被說是「懶惰的學生」，「只有全力以赴時」才會好些。凱爾則被說是「古怪又笨手笨腳」。喬許的父親說他是「白痴」，當父親離家出走時，喬許責怪自己：「若是我聰明一點，爸爸就不會走了。」普麗西拉因為在學校裡會迷路，就被說是「笨蛋」。小男孩傑克則是因為看了電影後，有樣學樣地拍了媽媽的背，就被說是「行為不當」（電影的敘事方式是他唯一可以揣摸了解的）。

布蘭登有語言障礙。小學二年級時，老師叫大家「檢查自己的作業寫得對不對」，布蘭登於是在每個句子旁打上對的勾勾，老師理所當然就把這樣的舉動視為「挑釁」了。布蘭登的母親艾瑞卡盡一切所能——上輔導課、調整飲食、食用營養補充品、檢測房子的鉛污染，甚至讓布蘭登參加在吊床上讀詩的課程。但一點用處也沒有。有用的只有亞羅史密斯學校的認知訓練。艾瑞卡告訴我：「這不只改善了他的學業狀況，也改變了他的社交和心理狀態。這救了他一命。」

我從不厭倦聽到這類故事，因為這些故事給了我強大的能量，讓我堅守並宣揚神經可塑性的重要性。就像我所訪談的其他家庭，這家人很確定若是認知訓練沒有介入，孩子將會結束自己的生命。

二〇一六年五月，我在多倫多亞羅史密斯學校與一整班高年級生在一起時，他們道出自己被貼上的標籤，面紙盒在教室中來回傳遞以拭去他們的淚水：這些年紀輕輕的孩子被說是「不負責任」、「粗魯」、「太敏感」、「健忘」、「搗蛋鬼」、「不成熟」、「笨蛋」、「失敗者」、「蠢蛋」、「負面教材」、「愛出風頭的女生」……

每個案例裡的孩子都面臨到學習挑戰。這些孩子都很聰明，但貼在他們身上的標籤有時會持續數十年，直到學習問題正面獲得解決。焦慮、憂鬱和自尊心低落對他們產生了連鎖效應。對於因為認知低下所導致的長期生活挫折感，有位學生說了個能夠捕捉到這種情況的恰當比喻。他說：「我的整個求學過程都很痛苦，可以這麼說吧，如果有顆彗星會撞上地球，對路線進行小小的修正其實就能解決……」換句話說，學生的意思就是，早期介入改變了彗星的軌道，避免它撞上地球，也避免了伴隨而來的所有傷害。

在第八章中，我描述了札卡里的案例，他來到多倫多亞羅史密斯學校時才六歲，是個與世界嚴重脫節的男孩。札卡里的母親亞莱莎相信絕對是在亞羅史密斯學校的這三年生涯救了札卡里。她說：「如果沒有來到這裡，他就不會變成正常人，這一點毫無疑問。他出不了家門。他就像是遭到全世界攻擊一樣，只能躲在家裡。」

札卡里現在十二歲，不再與世界脫節。當亞莱莎和丈夫想去度假，只消給札卡里一張信用卡，他就會用電話辦妥從租車到訂旅館等一切事項。他會詳細閱讀租約，也準備好在細節上爭取權利。亞莱莎曾描述旅館櫃檯人員傾身向前，驚訝地聽著一個一百五十公分高的長髮神童說：「不，不，不。根據XX頁上清楚的訂房說明，應該要……才對。」

扎卡里很古怪。他仍然不碰金屬，但他現在會笑了，也會惡作劇，並熱中於美國政治議題。他還與父親一起買賣二手車和股票。扎卡里不再徘徊在認知的迷霧當中。

亞莱莎目前正在倡議兒童入院時可以進行認知檢查。世界知名的多倫多兒童醫院在身為家庭顧問的亞莱莎協助下（甚至連札卡里也在表格製作上盡了些心力），現在會讓年輕患者的父母填寫一張表格，請他們列出孩子潛在的「觸發因子」（例如明亮的燈光或喧鬧的噪音）、最佳的溝通方式（口頭、書面、電子設備）、平靜下來的策略（像是耳塞、毯子）、孩子表達痛苦的方式（尖叫、變安靜，激動），以及在繁忙的醫院裡可能是最重要的事：「你的孩子能夠等多久？」

這至少是一個開始。除了記錄孩子的血壓和病史之外，醫院的工作人員都會問孩子的父母：「能讓我們了解你家孩子的認知情況嗎？」

在此同時，一些跨國企業表示有興趣開設亞羅史密斯課程，包括進行認知測試與認知訓練。我們的想法是：公司會鼓勵員工去健身房健身，所以鼓勵員工保持頭腦敏銳又有何不可呢？

瑪麗蓮．麥金儂（Marilyn MacKinnon）擔任加拿大西部曼尼托巴省（Manitoba）學習障礙協會會長已有十六年之久，目前只有她的協會與薩斯喀徹溫省（Saskatchewan）的學習障礙協會提供亞羅史密斯課程。為什麼呢？

要開設像亞羅史密斯這樣的課程，需要進行典範轉移（paradigm shift）。瑪麗蓮說：「人們被教育成相信人到了某個年紀，認知能力就固定不變了。所以對他們來說，亞羅史密斯課程不合常理。」瑪麗蓮談到一位有嚴重學習障礙的學生在參與三年的亞羅史密斯課程後，重新接受當地公立學校的評估，結果已不符「學習障礙」的標準。學校當局並沒有對這種戲劇性的變化感到好奇，反而因為無法再提供學生特殊教育服務而向家長道歉。

瑪麗蓮和我都同意轉捩點即將到來，但來得還不夠快。因此，三年前，瑪麗蓮與曼尼托巴省學習障礙協會理事會在未先諮詢教育主管人員的情況下，就開設了亞羅史密斯課程。她說：「我知道會有阻力，不過我覺得若要尋求許可，倒不如做了再道歉就好。」瑪麗蓮猜得沒錯。「教育部的主管人員簡直氣炸了，」她說：「他們說話的樣子，就好像我們綁架了孩子，還把他們藏在地下室裡。」讓孩子們離開學校進行認知訓練（這樣他們在學校會表現得更好）不僅違反常規，還引發軒然大波，但瑪麗蓮在家長的大力支持下堅守立場。

瑪麗蓮認為，目前為學習障礙兒童提供的解決方案，與她三十多年前所見的方式並無不同。技巧有所改變，但理論本質仍然不變，仍然堅持大腦心智能力無法改變，也就是堅持我所謂的「前神經可塑性典範」（pre-neuroplastic paradigm）。

不過瑪麗蓮最終還是堅定樂觀以對。她說：「神經可塑性是關鍵之一，但要面對極大需求和挑戰的是學校，所以其他關鍵還是在學校的共同組織上。我很高興曼尼托巴省的教育部系統已經找到方法，讓亞羅史密斯課程成為家長的一個選項。」瑪麗蓮稱此課程是「形式與執行面最為全面且嚴謹的神經可塑性課程」。

她也強調了見證此課程付諸執行的重要性。「這真是令人著迷，」她說：「我的意思是，這是一段歷程。它的巨大潛力在於，能將教育經驗從上傳到下。」

全球首先全面實施二年級認知課程的是坎伯當學園（Camperdown Academy），這是南卡羅萊納州一所專收讀寫障礙孩童的學校。就如該校一位老師所說，校方在實施「全班」教學兩年後得到了「非常驚人的」成果。他們採用的教學法就是在每天的課程中，進行兩堂亞羅史密斯訓練課程與一些核心課程及歐頓—吉林瀚（Orton-Gillingham）課程，而歐頓—吉林瀚課程是個著重閱讀、寫作與拼字技巧的課程（有位老師說這些課程是「完美的組合」）。

到了三年級時，參加混合課程的孩子在接受數學程度測驗時，比四、五年級的學生表現更好。他們面對挑戰時不再害怕，遇到更加困難的數學問題時也躍躍欲試，而未上過亞羅史密斯課程的學生則會感到排斥，兩組學生形成強烈對比。正如一位老師所言：「亞羅史密斯課程中的一些東西，讓學生們在面對新事物時躍躍欲試。」我認為，過去學生因本身缺陷而有挫折感與失敗感，但在亞羅史密斯課程賦予學生提升認知能力的資源後，他們就能成功面對同樣的情況。

閱讀、寫作、拼字、記憶、理解及執行過去害怕的任務（例如說出現在是幾點幾分）的能力都明顯好轉。我訪談過的三位老師都提到了一個關鍵改變。曼蒂．布蘭琪（Mandy Blanch）老師說：「我們開始實施這種教學法後，不到三個月就發現孩子們不再哭泣，挫折感也降低了。」過去學生們難以維持注意力超過五分鐘，難以進行計劃，難以設定目標，也難以自我組織，現在已經可以持續專注長達七十分鐘了。在英屬哥倫比亞大學與南伊利諾大學的研究結果中，我們看到孩子們在經過認知訓練之後，出現了有關執行功能改善的相同變化（稍後會詳細提到）。

聽到這一切讓人士氣大振。我認為這意味著，老師們已感受到亞羅史密斯課程的卓越成效，以及早期認知介入顯然是該做的事。三位老師都提到在參加教育研討會時，發現神經可塑性成為當前焦點。三人都同意「神經可塑性的時代即將到來」。

亞羅史密斯課程老師、班級導師與家長都發現亞羅史密斯的認知評估易於了解，這些評估結果解釋了每個學生的認知、學業與社交差異。這些家長中有許多人第一次掌握到孩子的行為及優缺點，這種理解增加了他們對孩子的耐心、支持和擁護。正如一位家長所言：「這解釋了孩子為什麼是這個樣子。」經由認知的視角來理解行為能夠產生慈悲之心，這就是改變的起點。

在英屬哥倫比亞大學，由身兼物理治療學系教授、加拿大運動學習神經生物學研究講座教授（Canada Research Chair in the Neurobiology of Motor Learning）與大腦行為實驗室（Brain Behaviour Laboratory）主任的勞拉．博伊德博士（Dr. Lara Boyd）領軍的跨學院研究團隊，在過去兩年一直在觀察五十四位亞羅史密斯學生的大腦掃描影像，並與兩個對照組比對，其中一個對照組是無學習障礙的學生，另一組則是接受傳統特殊教育的學習障礙學生。這項研究有些局限（人數太少，而大腦影像處理起來又非常複雜），但是二〇一六年五月我在溫哥華與勞拉及她的團隊會面討論初步結果時，我感到相當興奮。

二〇一六年六月，博伊德博士在英屬哥倫比亞大學和紐約哥倫比亞大學各進行了一場演講，她在兩場演講中都提到：「我們看到孩子們因亞羅史密斯課程而受益。這些初步數據讓人士氣大振。」

博伊德博士想知道：「在亞羅史密斯課程的『介入』之下，能否對大腦結構和功能產生影響？」初期結果顯示確實是如此。從加拿大溫哥華、白石鎮和美國華盛頓州雷德蒙德（Redmond）等地的伊頓亞羅史密斯學校（Eaton Arrowsmith School）的學生大腦掃描影像所觀察到的現象顯示，在接受十個月的課程訓練後，執行控制的大腦網絡活化情形顯著提升。這些大腦前額區域涉及專注、執行控制、計劃、解決問題、決策與工作記憶所需的高階認知處理過程，因此更加活化這些區域有益於全方位的學習（參見第九章）。這些正是坎伯當學園教師在「全班」教學的亞羅史密斯學生身上所開始看到的初期變化，也是全球各地的教師與家長在亞羅史密斯學生身上所看到的變化之一。而在有關計算能力、抽象思考和感覺整合的大腦區域，也發現到了其他變化。

有趣的是，隨著時間過去，與學習障礙學生那個對照組相較起來，亞羅史密斯學生的某些大腦區域變得較不活躍，這樣的改變表示大腦變得更有效率。博伊德博士這樣解釋：「我們不會希望大腦總是全力以赴。就像肌肉一樣，若是大腦面對任務遊刃有餘，我們就應該省點力氣。這樣一來，就能再次釋出認知資源去從事其他事務。」這項持續進行的研究的目標是，更加了解介入的認知課程如何改變大腦與行為，以及我們如何改善與進一步讓介入的個人認知課程可以適用於每個學生的特定認知問題。

與非亞羅史密斯學習障礙對照組相比，亞羅史密斯學生組在經過一個學年的訓練後，在標準認知及成效測驗中有了顯著進步（卡爾加里大學〔University of Calgary〕腦力增強實驗室〔Brain Gain Lab〕在加拿大和美國的研討會上展示了他們於二〇一四年的研究結果[1]，此結果與英屬哥倫比亞大學的研究結果相似，而英屬哥倫比亞大學的研究結果是：接受亞羅史密斯課程的學生在短期記憶、聽覺處理、流質推理能力、工作記憶和處理速度等認知方面有顯著改善，在各類閱讀和寫作領域、接受性語言〔receptive language，即了解文字和語言的能力〕和數學上也有重大的學業進展）。

在伊利諾州的卡本代爾，一個規模較小的研究團隊正在從事與博伊德博士相似的研究，對接受亞羅史密斯訓練的孩童在休息狀態時的大腦影像進行觀察。「休息狀態」這用語有點不恰當，因為大腦永遠不會關閉，不過，觀察休息狀態網絡的優勢在於，這些網絡可用於預測各種任務的表現，並讓我們深入了解特定大腦區域如何與世界互動。研究團隊成員包括認知暨課程研究所（Institute of Cognitive and Curricular Research）所長李奇・柯林斯（Rich Collins）博士，認知暨課程研究所與布萊漢姆預備學校（Brehm Preparatory School）是關係機構，而布萊漢姆預備學校是一所為學習障礙兒童設立的寄宿學校。二〇一三年九月，在柯林斯博士到多倫多研究我們的課程後，布萊漢姆預備學校即開始提供亞羅史密斯課程。

柯林斯博士與葛瑞格・羅斯（Greg Rose）博士一起從事研究，羅斯博士是南伊利諾大學認知暨神經科學整合研究中心主任，長期以來都對大腦如何學習和記憶深感興趣。這兩位博士跟我都一樣好奇：我們是否可以經由大腦掃描影像，捕捉到認知課程介入後隨著時間所產生的實際和功能性大腦變化？根據初步數據和小規模樣本所得的結果顯示，答案顯然是肯定的。羅斯博士說：「根據相隔一年的行為測試與功能性核磁共振造影，我們初步的研究結果顯示出學生們的大腦執行功能變好，這可解讀為安排日常事務的能力變佳，後續也能夠完成這些事務，以及做更周密的決策和整體規畫。到目前為止的大腦影像結果顯示，有關內部資訊處理（深入思考）和記憶的大腦區域應該是作用得更好了。在這一點上，科學尚未發展到能夠做出更具體的預測。還有很多研究要做。我們正在進行更多的分析，以確認我們的初步結論。無論如何，亞羅史密斯訓練課程看起來確實促進了大腦功能性活動的改變。」

我們懷抱的希望是，這些私人贊助的研究將成為政府補助研究的墊腳石。甚至也出現了能夠跨越教育和神經科學間的古老鴻溝的跡象。

二〇一六年五月，英屬哥倫比亞大學醫學院及教育學院的研究人員決定募資兩百萬加幣，以啟動加拿大首個跨教育和神經科學等學科的計劃。這筆錢將用以贊助研究生、駐校學者及研討會，而種子基金將用於結合神經科學與學習的新興學科研究計劃。隨著英屬哥倫比亞大學的亞羅史密斯—楊神經科學與教育合作計劃（Arrowsmith-Young Collaborative for Neuroscience and Education）推出，這個夢想在二〇一六年十月有了重大進展。來自加拿大、美國和歐洲各地的三十五位計劃參與者齊聚英屬哥倫比亞大學，以表達對於讓英屬哥倫比亞大學成為北美教育神經科學前瞻中心一事的支持。我畢生致力於將神經科學納入教育，看到這樣的支持真是令人欣慰。諸如此類的創新計劃將改變教育的面貌。

博伊德博士認為，「關鍵的下一步」是探究此一問題：精確的認知訓練是否活化了大腦特定的區域或網絡，並產生功能上的改變，而這些變化是否與行為變化相符？

這份工作讓我走上了自己從未想過的方向。二〇一六年初，我在英屬哥倫比亞大學時，遇到了前任校長馬克．華生（Mark Watson），他是溫哥華、白石鎮與華盛頓州雷德蒙德伊頓亞羅史密斯學校的現任執行長。這位前阿爾伯塔大學金熊隊（University of Alberta Golden Bears）前鋒（他的身高將近一百九十公分，體重將近一百二十公斤）在幾年前罹患癌症，因此對各種研究很感興趣，特別是針對創傷性腦傷患者的研究。華生說：「我接受了良好的治療。他們為什麼不行呢？」

華生是個富有同情心的柔情大漢，天生就有讀寫困難，也因為踢足球而經歷過幾次腦震盪。他與霍華德．伊頓（Howard Eaton，其於二〇〇五年在溫哥華創立了第一所伊頓亞羅史密斯學校）合作，在英屬哥倫比亞大學創建了華生大腦健康中心（Watson Centre for Brain Health），邀請腦傷患者來嘗試亞羅史密斯課程。雖然無法保證課程必定會起作用，但由於這些人在過了急性期後所能獲得的協助十分有限，因此馬克、霍華德與我都認為值得一試。

這裡的受測人數同樣不多，只有十二位成年人，但初步結果振奮人心。馬克將我們介紹給莉莉安．黃（Lillian Wong）認識，她在一九八〇年代末出了一次可怕的車禍，造成頸部骨折，頭部嚴重受創。我們在伊頓亞羅史密斯學校的辦公室裡見到了她。這位面帶微笑且拄著拐杖的嬌小女性詳細描述了事發經過、緩慢的恢復過程、隨之而來的難受和沮喪心情，以及她多麼全心全意地接受了亞羅史密斯課程。我問她，課程有幫助嗎？「哦，當然，」她加重語氣說：「我終於能感覺到自己了。以前，我總陷在迷霧中。現在，我的思路更加清晰，事情變得有意義，我能夠更快抓到重點。一位朋友告訴我，現在我重複做同樣事情的情況少多了，這讓我備感驚奇，因為我從來不知道自己會重複做同樣的事。」

在此同時，華生一直在與全國曲棍球聯盟、加拿大橄欖球聯盟和國家橄欖球聯盟的前職業選手交流，這些選手都積極參與球員協會。對運動員而言，腦震盪永遠是個隱憂，而且人們越來越常提出以下問題：職業聯盟需要為球員結束職業生涯後的認知能力下降負部分責任嗎？部分研究表示，半數從事接觸性運動的運動員會在後半人生中發生認知障礙。馬克一直在向這些前職業選手展示我的成果。他說：「他們感興趣的程度不一，不過至少都感興趣。」

英屬哥倫比亞大學醫學院物理治療學系及迪賈瓦．莫瓦法亞腦健康中心（Djavad Mowafaghian Centre for Brain Health）的助理教授納茲寧．維爾吉巴布（Naznin Virji-Babul）博士正領導一個研究團隊，對於創傷性腦傷所引發的複雜大腦結構和功能變化，他們已發展出一套研究方法。北美每年有近兩百萬人遭受到這樣的腦傷。維爾吉巴布博士及其團隊（包括神經心理學家、神經專科醫生和醫學物理學家）正在使用同樣的方法來測試亞羅史密斯課程的成效，這些成效包括協助刺激大腦產生正向改變，以及協助腦傷患者恢復健康。根據國家衛生研究院的流質認知測量所得的結果，接受課程三個月的研究數據就已經表現出顯著的改善。流質認知是種不受先前學習所影響的分析和解決問題能力，這種關鍵能力對於解決各種問題至關重要，而創傷性腦傷患者的這種能力常會受損。

維爾吉巴布博士在我們訪談即將結束時說了些引發我共鳴的話。她說：「這個研究最重要的發現，是大腦擁有可以改變的驚人能力。給予希望是非常重要的事。腦傷研討會的研究人員談及創傷性腦傷後大腦恢復的高原期。我們的訓練課程在這方面所得的結果是，即便是在慢性腦傷之後，特定的密集認知介入訓練也可以改變大腦。無論所受的腦傷嚴重程度如何，只要經過適當的介入，大腦確實會產生改變。這是個非常重要的訊息。整個團隊聚集在這裡以全新的方式了解腦傷。」

我的希望與夢想是人們將會持續探索神經可塑性的醫學和教育用途，以及像維爾吉巴布博士、博伊德博士和羅斯博士這樣的研究人員能夠更進一步拓展這個領域。

澳洲有一所公立學校開始提供兩項課程，一項是為九名有學習障礙（澳洲的用語其實是

「特定學習困難」）的小學生提供每天四堂的認知課程，另一項則是讓全班共二十名的一年級學生每天上一堂亞羅史密斯課程（大腦符號排序運動區訓練課程）。我之所以選擇這個課程，是因為它是種對於學習閱讀和寫作至關重要的認知功能，而這正是一年級學生所需要的。

我在二〇一六年八月與該校老師交談時，對方說雖然要對這次試驗的實際數據下定論還太早，但「我們肯定取得了進展」。海倫是位擁有三十年經驗的老師，她認識上述一年級班級中幾乎一半的學生，因為她在幼兒園中教過他們。「他們更有定性，」她說：「整體的閱讀能力也變得更好。他們的字跡較為工整，字體也能夠寫得比較小。這些孩子當中原先有五個被認定需要補救閱讀能力，也就是參與讀寫補救課程；現在他們已經跳脫這樣的認定了。」

班級中的一位男孩過去深受注意力缺陷症困擾，並習慣爬上桌子。海倫說，現在「他變得有定性，能夠進入狀況。所有的孩子在課堂上都表現得更好，更能投入其中」。

海倫任教於澳洲第一所實施亞羅史密斯課程的公立學校。她相當推崇具有前瞻思維的校長，順道一提，校長本人非常滿意目前的成果。

「在澳洲，」海倫告訴我：「我們正迫切需要為那些有學習困難的孩子做些什麼。老師們有迫切需求，父母們也有迫切需求。我們有學生在高中畢業後還是無法讀寫。我們必須為他們做點什麼。」

那海倫的想法是什麼呢？就是所有一年級生都能上這種訓練課程。她說：「這將是邁向成功的第一步。」

這一步看似渺小，但事實並非如此。在我寫下這些話的同時，我們也在一步步地向前邁進。二〇一六年八月時，我吃驚地意識到，我在這段追求的路途上走了多遠，還有為了廣為宣傳神經可塑性的力量和優點以及它所能降低的傷害，我必須還要走多遠。

附錄一 亞羅史密斯課程治療的認知缺陷說明

本附錄共列出了十九項認知缺陷，以其常見特性做為每項缺陷的名稱（粗體字部分），並附加一句與各項認知缺陷相關的文句。這段字文句是缺陷患者可能會說的話，有時可以幫助我們了解此項缺陷。本書無法逐一詳細討論每一種缺陷，所以我只著重於對生活有重大影響的缺陷。

亞羅史密斯課程的認知評量工具，能夠確認個別患者的學習障礙是由哪個認知區域功能不彰所造成，而評估結果也成為我們為每位學生設計個別認知課程時的依據。

你閱讀這份附錄時，請記住這並非絕對、完整的清單。認知區域間彼此持續且錯綜複雜的交互作用，讓我們難以對任何認知區域列出確切的症狀。

有些相同的症狀會出現在不同的認知區域。這是因為如象徵符號思考、人因思考、表語運用等認知區域缺陷，都有可能造成同樣的症狀（例如：無法計劃）；在我們看來都一樣的症狀，背後的原因卻不相同。

最後，若是你發現自己的情況不符合某個認知區域缺陷的常見特徵，那麼你此區的功能應該就是正常了。

符號排序運動能力

「請不要擦掉黑板啊。」

此項能力由左大腦的運動前區主掌，其涉及依序產生一組具一致性符號（例如字母或數字）所需的動作學習計畫程序。此項功能不足時，與眼睛輸入（閱讀）、手部輸出（書寫）及口部動作（講話）相關的程序都會受到不同程度的影響。這項缺陷代表眼睛無法適當進行追蹤，以致產生看錯內容的問題（把step hill〔陡坡〕看為step hall〔步行大廳〕）。有此問題的人士的字跡潦草，不工整也不自然。他們寫字的時候必須全神貫注，於是抄寫成了苦差事（像是把黑板上的內容抄到筆記中）。他們的拼字混亂，口語表達也是亂七八糟。他們描述事情時總是會遺漏幾項重點，使得別人難以聽懂。

象徵符號關係

「我就是不懂啊。」

這種能力讓我們能理解兩個以上的想法或概念關係。此缺陷出現在左大腦枕葉、頂葉與顳葉的交會處。此區功能嚴重異常的人士在此區逐漸被占用的情況下會顛倒字母，像把b看成d或是把p看成q。他們也難以看懂時鐘。

這些人士能記下數學運算過程，卻不了解其中意義。數學與邏輯常常都會出現他們無法了解的相對關係，像是百分比或分數。這項缺陷十分嚴重的人無法了解事情的因果關係，也不知道事情發生的原因，進而影響他們在學校、工作與社交場合中的學習情況。

由於介系詞（與……一起、不與……一起、在……之中、在……之外）與相對關係有關，所以有此種認知缺陷的人難以理解。此外，這些人士對文法也一竅不通。同樣的內容縱使念了好幾次，他們還是無法確定自己到底懂不懂。

資訊記憶或指令記憶

「我的記憶就像有孔的篩子。」

這是用來記憶大量資訊的能力。由於難以記下資訊，所以這類人士無法跟上課程內容、延續對話或遵循指令。同樣的指令必須重複多次他們才能記住。這個缺陷與前述幾項缺陷一樣，都與左大腦有關，特別是顳葉區。

有此項缺陷的人確實難以跟上廣播節目或新聞報導的內容。他們容易退縮，甚至不與人交談，因為要記得對話內容實在太費力了。

表語運用

「我用字順序不一定對。」

有此缺陷會讓將思緒轉化成系統性文字序列的神經邏輯程序出現問題。這類人士無法學習字句結構的運用規則，出口話語與文章字句都很簡短，也難以了解長句內容。於是他們就記下一堆短句來因應。不過糟糕的是，因為他們無法透過內在言語先在心中排練即將出口的話語或動作，所以也無法預測自身言語及行動的後果，可能會給人無禮且不得體的觀感。口語、文字與內在言語的表達，全部都會受到影響。

布洛卡區的語言發音

「別人說我講話含糊不清。」

有字詞發音困難是因為左大腦前額葉功能不彰，此區就是我們所知的布洛卡區，因十九世紀第一位發現此項關聯的法國解剖學家皮耶．保羅．布洛卡（Pierre Paul Broca）而得名。有此缺陷的人士經常發錯音，或避免使用自己認識但不確定如何發音的單字。於是他們的口語字彙可能會局限於較為簡單的字詞。

由於這類人士說話必須十分專注，所以無法一邊說話一邊思考，否則容易失了頭緒。此外，除非事先準備好談話內容，不然他們無法在大眾面前開口。程度嚴重者的言語趨向平淡單調，也缺乏節奏感與語調，容易變成含糊不清的話語。這項缺陷也會干擾學習外語的能力。此外，這類人士在學習閱讀時，更難將文字轉換成聲音。

語音聽辨

「不好意思。可以麻煩你再說一遍嗎？」

這是用於分辨兩個相似語音（例如：「fear/hear」（怕／聽）、「doom/tomb」（末日／墓地）的能力。左大腦的部分上顳葉區受損會造成這項功能不彰。

象徵符號思考

「計劃事情從來就不是我的強項。」

這是一種與左大腦有關（特別是前額葉）的主動思考能力。有此項缺陷的人難以建立行事策略。如果直接給他們一個行事策略，他們也許可以照著執行，卻無法建立出自己的策略。他們很容易分心，常會因注意力不足而受到責備。對他們而言，組織、計劃、自我引導與建立長期目標都是重大挑戰，因此他們容易養成得過且過的生活態度，造成其他人以為他們不可靠或過於輕浮。

象徵符號辨識

「我的閱讀能力沒好過。」

這個問題出在左大腦，尤其是左枕顳區，也就是讓我們可以辨識與記憶文字或符號的區域。

有此功能障礙的人士必須花比一般人更多的時間學習，才能記得住一個單字，並且在下次讀到此字時正確發音。在許多案例中，這類人士即使重複學習多次還是記不得單字的模樣，每次讀到一個應該認得的字時，還是像第一次讀到那個字般得先試唸看看。於是，學習閱讀與拼字就成了緩慢的過程。

詞彙記憶

「我記不住東西的名稱。」

這是記憶文字的能力。這類人士難以記住個別文字與事物的名稱（例如星期、顏色與人名）。掌管此功能的區域是左大腦的顳葉區。

肌動知覺

「我真是個笨蛋。」

這是感受我們身體兩側或其中一側在空間中位置的能力。左右大腦（或其中之一）的頂葉體感區域無法全力運作時，就會造成肌動知覺功能不彰。這類人士的患側身體容易撞到東西，開車或使用電動工具都有危險。若是負責書寫的慣用手位於患側，握筆的力道會不平均，造成字跡扭曲。

口語肌動知覺

「我講話有時會含糊帶過。」

此項缺陷讓人對嘴唇、舌頭的位置毫無感覺，進而導致說話含糊不清。這絕對是肌動知覺問題，此缺陷主要影響的大腦區域是負責掌控讓我們可以清楚說話的舌頭、嘴唇與口部回饋控制區域。這類人士難以重複快速發出像「truly rural」（真正的農村）或「three free throws」（罰三球）這類的捲舌音。這項障礙的問題可能出在左右大腦之一，也可能兩者皆有。

人因思考

「我只是不太懂別人的想法而已。」

這是理解情緒並據以調整行為所需的能力。與此功能有關的主區域要是右大腦的前額葉皮質。

這類人士無法解讀如臉部表情與肢體語言等非口語線索與資訊，因此無法根據別人發出的訊息修正自己的行為。他們無法「解讀」長官、老師、朋友及親戚的非口語資訊，所以無法做出適當反應，也無法自我修正。他們不但無法了解他人，也不了解自己。

視野狹小

「看書時我眼睛會不舒服。」

此項功能負責個人在單次注視中所能看到的符號及物體數量。左右大腦（可能兩者皆有，或為其中之一）後方的枕葉是問題所在區域。因為這類人士的視野受到限制，所以在單次注視中無法看到所有文字。一般人看個幾次就能閱讀一行文字時，他們卻要花費三到十倍的次數才能做到，而且他們的眼睛容易感到疲倦，閱讀速度也很緩慢。

物體辨識

「我們以前見過嗎？」

這是辨識與記憶物體（包括臉孔）視覺細節的能力。此項缺陷就位在右大腦的某個網絡。這類人士在購物、找尋冰箱中的某件東西或附近的地標時，要花費較長的時間才能辨識與定位出這些物體。他們難以辨識與記住臉孔，也會忽略臉上的細微表情，進而造成社交與人際問題。

空間推理能力

「我一直在迷路。」

空間推理能力與右腦頂葉極為相關，是一種在執行一連串動作前先行在腦中演練一遍的能力。此功能不彰時，就無法在腦中排定從一處到另一處的路線圖，也無法轉換腦中路線圖的方向。這類人士經常忘記自己把東西放在哪裡，因為他們無法建構出物體與其位置的配置圖。這也造成他們的辦公空間觸目所及皆是成堆的物品。如果他們把東西放到文件櫃或抽屜中，之後就難以想出東西在哪了。

機械推理能力

「我就是不夠靈巧。」

機械推理能力障礙起因於右大腦，這類人士難以推理出機械運作與零件相互作用的方式，也難以有效運用工具。

抽象推理能力

「我不知道要如何設定錄影機來記錄生活。」

執行某些任務時需要內在邏輯順序，其中最重要的就是步驟順序。抽象推理障礙也是起因於右大腦。這類人士在執行電腦程式、調理複雜菜餚或設定錄放影機這類無關語言的任務時，會發生難以按順序執行步驟的情況。電腦程式設計師通常也是位好廚師，因為他們知道事情最合宜的執行順序，但有抽象推理障礙的人就不一樣了。

主要運動能力

「我的反應有點慢。」

主要運動能力出了問題，會干擾身體其中一側肌肉的運動速度、肌力與動作控制，造成動作笨拙與患側肢體動作不流暢。前額葉皮質後方所謂的主要運動「帶」就是受到影響的大腦區域，可能是左右大腦的主要運動帶皆受影響，亦可能是其中之一。這跟能提供回饋進而引導及調整動作的肌動知覺不同（可以想想美式足球中接球員的複雜接球模式），主要運動區域只負責讓肌肉移動（讓前述接球員幾乎是反射性地接到球）。跟其他許多大腦區域一樣，肌動知覺區域與主要運動區域亦是共同合作。

輔助運動能力／量化能力

「我對數字毫無概念。」

此大腦區域能力不佳代表無法在腦中進行心算。對這類人士而言，簡單數數、找零錢、學習加法或乘法表可能都有問題。此項缺陷肇因於與數量及數字理解有關的大腦頂葉區。

人類行為極其複雜，沒有單一因素可以完整解釋。心理創傷、文化背景、人格特質與成長過程都能影響我們的行為。儘管這份列表顯然並未完整列出所有與學習相關的大腦區域，但這十九個認知區域卻是主要關鍵。其中任何一項功能的優劣，都會對我們的生活方式造成重大影響。

許多接受亞羅史密斯課程的學生有六個以上的缺陷，有些還被判定為重度缺陷。對他們而言，這些缺陷個別來看就已經是沉重的負擔，更遑論多重缺陷一起發生且共同作用時的加倍重擔了。

附錄二 腦葉

這是人類四大腦葉的側面圖：

額葉——執行功能、思考、計畫（特別是前額葉皮質）、動作計畫與執行

頂葉——體感知覺、空間感

枕葉——視覺感知與處理

顳葉——聽覺感知與處理、記憶

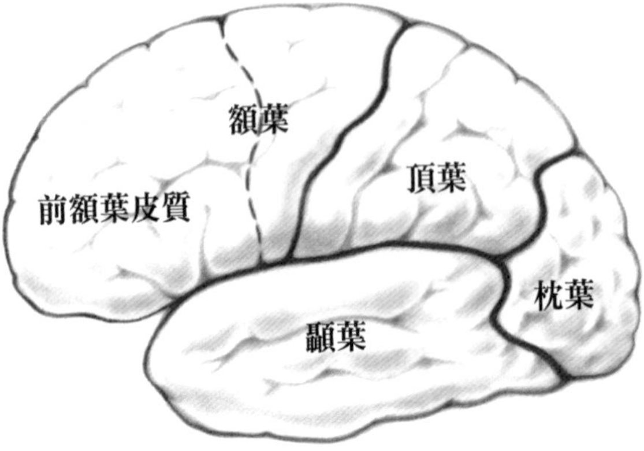

圖15：腦葉

附錄三 大腦布洛德曼區

德國神經學家柯比尼安・布洛德曼（Korbinian Brodmann, 1868-1918）依據細胞的構成與組織，將人類大腦分成四十三至四十七個區域。現今的神經科學文獻仍然沿用這些分區。經由大腦造影研究，我們現在知道許多區域還包含數個子區域，每個子區域也有各自不同的功能。圖十六為大腦的外側表面圖，所以圖中看不到位於大腦內側表面的區域。

下表是本書所提及之認知區域與布洛德曼大腦區域的對照表。圖十六及下表並未提及許多區域的子區域。此外，大腦沒有任何區域可以獨立運作，書中所提到的運作程序，都是由多個大腦區域聯合而成的神經網絡共同執行。

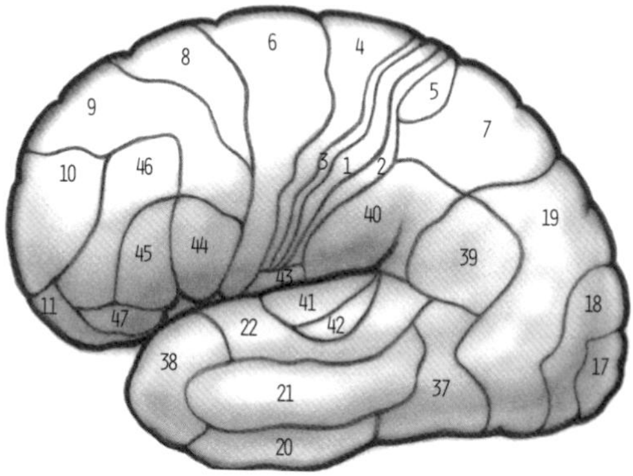

圖16：大腦布洛德曼區

布洛德曼區與各章節認知功能對照表

章節	布洛德曼區	區名	亞羅史密斯認知區域
第八章：迷失在解讀中	39	角迴——頂葉、枕葉與顳葉交會區	象徵符號關係
第九章：碰壁	8、9、10、11、44、45、46、47	左前額葉	象徵符號思考
第十一章：做事不經大腦	8、9、10、11、44、45、46、47	右前額葉	人因思考
第十二章：當你看不出畫中蘊含的千言萬語	37	右大腦枕顳區中的梭狀迴	物體與臉孔辨識
（參照第十二章圖九：臉孔辨識的相關區域）	18、19	枕葉區——次級與視覺聯合運作區	
第十三章：天書	37	左大腦枕顳區中的梭狀迴	象徵符號辨識（視覺字形區／大腦字庫）
（參照第十三章圖十：與閱讀相關的其他區域圖）	18、19	枕葉區——次級與視覺聯合運作區	
第十四章：空白的家書	6	運動前區	符號排序運動
第十五章：對自己的身體視而不見	3、2、1 4	體感皮質 主要運動皮質	肌動知覺 主要運動

第十七章：在空間中迷失	5、7	頂葉	空間關係
第二十章：當二加二不等於四	7的部分區域、39、6的部分區域	水平頂內溝 角迴 輔助運動區	量化
第二十一章：左耳進右耳出	22	上顳葉區	語音聽辨

謝誌

這本書得以完成必須大力感謝許多人。

首先是我的父母，他們給與我的天賦以及後天栽培，讓這份工作得以有所進展。

接著是我的兄弟：艾力克斯、葛瑞格、當諾與威爾，以及嫂嫂與弟妹：蜜雪兒、安妮、珍妮佛和德瑞莎，他們以愛及鼓勵來支持我。

其中特別要感謝當諾，他從一九八〇年代初就與我攜手合作，將許多認知訓練轉換成電腦課程。

還要感謝亞羅史密斯學校及課程，謝謝所有亞羅史密斯學員所留下的心聲，以及那些在書中分享自身故事的人。謝謝你們曾經教導過並持續教導我的所有事情，也謝謝在各地學校開立此課程的所有老師與主管。

謝謝每日讓工作順暢運作的所有亞羅史密斯教職員：安卓雅・皮爾森、克莉絲汀娜・費塔朵（Christina Furtado）、海倫・費達奇斯、茱麗葉・萊諾－麥克尼爾（Julia Reynolds-McNeill）、萊斯・沃勒（Lise Waller）、當諾・楊（Donald Young）、威廉・楊（William

Young）、珍妮絲・喬丹（Janice Jordan）、柯斯緹・尤西拉（Kirsti Jussila）、伊恩・泰勒－賴特、雪莉・連恩・豪伊、麥克・瑟若畢屈（Michael Cerovich）、傑森・金賽（Jason Kinsey）、史黛西・霍布斯（Stacey Hobbs）、莎拉・莫爾特比（Sarah Maltby）、戴娜・露絲札克（Daina Luszczek）、奧黛麗・霍華德（Audrey Howard）、安娜・卡耶哈（Anna Calleja）、亞德里安娜・普拉特（Adriene Pratt）、珍妮佛・里奇蒙（Jennifer Richmond）、蜜雪兒・羅奇（Michelle Roach）、珍妮佛・史密斯（Jennifer Smith）、夏農・杜克（Shannon Duke）、伊凡娜・雷里米若畢克（Ivana Velimirovic）、馬修・卡本斯（Matthew Coppins）、羅柏・岡寧（Rob Gunning）、克莉絲汀・霍普金斯（Christine Hopkins）與凱拉・岡寧（Kayla Gunning）。

也感謝多倫多亞羅史密斯學校副主任塔拉・安琪兒與彼得堡亞羅史密斯學校副主任吉兒・馬辛柯斯基，他們幹練且俐落地運作這兩所學校，並將無比的慈悲與愛心具體呈現在自己的工作上。

還要感謝亞羅史密斯課程的首席教育主任安妮特・古德曼，她將自己的智慧與愛心帶入這份工作，深入傾聽老師、家長與學生的想法，並利用這些資訊提升課程品質。對於我們兩人從一九九一年相識至今持續增長的深厚私人情誼，我也由衷感激。

還要感謝那些從一九九七年開始在亞羅史密斯學校之外開立這項課程的首批教師，其中數位迄今仍然堅守岡位：希拉・布朗（Sheila Brown）、瑪格・奎因（Marg Quinn）、瑪麗・珍・麥金（Mary Jane McKeen）、雷娜塔・迪皮耶羅（Renata DiPiero）、卡梅拉・費里（Carmela Ferri）、伊蓮・梅格尼斯－希爾（Elaine Magennis-Hill）、雪倫・羅斯（Sharron Rose）、艾瑞卡・鮑爾斯（Erica Powers）與瑪麗・費里西安尼（Mary Feliciani）。也要感謝兩位早期就大膽支持我們的教育局人員：約翰・斯圖爾特（Johanne Stewart，前多倫多天主教教育局主任）與珊卓拉・蒙哥瑪利（Sandra Montgomery，前多倫多天主教教育局特教司長）。

謝謝另一位前鋒，身為猶太拉比的赫許・葛拉斯博士（Dr. Heshy Glass），他是美國首位在自己學校設立亞羅史密斯課程的校長。

感謝諾曼・多吉，他在多前年就看到因學習障礙求助精神醫師的人們，能從亞羅史密斯課程獲得治療的可能性。也謝謝他教育大眾關於神經可塑性一系列的實際應用，讓大家了解過去曾被認為無可改變也難以治療的障礙，現在可經由神經可塑性的應用而獲得改善。

謝謝霍華德・伊頓，他因自己的數位病人接受亞羅史密斯課程的成果而引發了好奇心，促使他深入研究這種教學模式並加以執行，還根據結果撰寫了《大腦學校》一書。

感謝威廉・蘭斯（William Lance），他針對我們課程成果的研究提供了有關研究設計與資料分析方法的建議，也將我們的紙筆評量方式轉化成電腦網路評量系統。

謝謝我在威士伍創意藝術家公司（Westwood Creative Artists）的經紀人傑基・凱薩（Jackie Kaiser），感謝他的支持、指導與寶貴意見，也謝謝他曾經說過這是本值得撰寫的書籍。

感謝希拉蕊・瑞德蒙（Hilary Redmon），她明智且審慎的編輯校訂，清楚闡明了各個故事的精華。

謝謝瑪塔・沙斯（Marta Scythes），她繪製了絕佳的插圖。

謝謝瑞克・奈爾（Ryk Narre），他協助我將舊照片轉檔。

謝謝賴瑞・史坎蘭（Larry Scanlan），他為撰寫過程注入了沉著態度與清晰思路。

感謝肯・羅斯（Ken Rose）與麥克・莫斯科維茨（Michael Moskowitz），他們對第五章的神經傳導段落提供了建議與校正。

感謝芭布洛・喬韓森（Barbro Johansson），她慷慨分享神經受到刺激的解說投影片，這也成為本書第五章內容的基礎。

謝謝大衛・皮徹（David Pitcher），他好心讓我使用一張標示出包括臉孔感覺區在內數個皮質區域位置的研究投影片。

謝謝納伽馬・卡門（Nechama Karman），他大方回答我有關感覺回饋的問題。

感謝麥克・科爾（Michael Cole），讓我能夠求證盧力亞的事蹟。

感謝凱瑟琳・羅伊（Catherine Roe），她協助整理本書所有資料的背景細節，包括尋找與歸檔所有參考資料。

感謝佛瑞達・伊薩克斯（Freyda Isaacs），謝謝他深刻的同理心與多年的指引，以及在本書起起伏伏的催生過程中給與的支持。

感謝瑪拉・高登（Marla Golden）與麥克・莫斯科維茨，他們應用神經可塑性原則治療慢性病痛的表現極為出色。他們讓我重生，也給了我完成這本書的能量。

感謝艾倫・卡特勒（Ellen Cutler）的酵素研究成果，讓我得以補充營養。

感謝芭芭拉・柏克（Barbara Burke），這位相伴十五年的好友是我的心靈導師，聆聽我的心聲也無條件支持我。

感謝在撰書期間鼓勵我的朋友們：卡拉・派普勒（Carla Peppler）、瑪夏・史東豪斯（Marsha Stonehouse）、茱琳・布蘭特（Julaine Brent）、海倫・瓦羅（Helen Valleau）、琳達・維索斯基（Lynda Vysosky）、泰米・費爾茲（Tammy Felts）、溫蒂・亞勃特（Wendy Abbott）、史蒂芬妮・漢倫（Steffany Hanlen）、珍妮斯・莫維妮（Janice Mahwinney）、莎麗・葉吉克（Shari Ezyk）、艾莉娜・柏亞（Iryna Bonya）、黛弗拉・加蘭、維琪・佛伊（Vikki Foy）與唐・佛拉斯特（Don Frost）。

最後，要謝謝所有畢生致力大腦知識的神經學家，沒有他們的努力，我無法建立出亞羅史密斯課程，也就無法撰寫本書了。特別感謝盧力亞為我在黑暗中點了一盞明燈，以及心理學家羅森茨維格為我點亮在黑夜中能夠前行的路徑。

上述名單若有遺漏，還請海涵。所有錯誤與遺漏皆是本人疏失。

注釋

前言

1 A. R. Luria, *The Man with a Shattered World*, trans. Lynn Solotaroff (Cambridge, MA: Harvard University Press, 1972), 8–9.
2 Ibid., 135.
3 Ibid., 154.
4 Ibid., 11–12.
5 Ibid.
6 Ibid., 145.
7 Ibid., 23.
8 Ibid., 86.
9 Samuel A. Kirk and Barbara Bateman, "Diagnosis and Remediation of Learning Disabilities," *Exceptional Children* 29 (1962): 73.
10 Luria, *Man with a Shattered World*, 11–12.
11 Ibid., 113.
12 Ibid., 132.
13 Mark R. Rosenzweig, D. Krech, E. L. Bennett, and M. C. Diamond, "Effects of Environmental Complexity and Training on Brain Chemistry and Anatomy: A Replication and Extension," *Journal of Comparative and Physiological*

Psychology 55 (1962): 429–437. Mark R. Rosenzweig, "Environmental Complexity, Cerebral Change, and Behavior," *American Psychologist* 21 (1966): 321–332. Mark R. Rosenzweig, W. Love, and E. L. Bennett, "Effects of a Few Hours a Day of Enriched Experience on Brain Chemistry and Brain Weights," *Physiology and Behaviour*3 (1968): 819–825.

第一章 阻力的剖析

1 *The Brain that Changes Itself* (New York: Penguin Books, 2007).

2 Thomas S. Kuhn, *The Structure of Scientific Revolutions* (Chicago: University of Chicago Press, 1996), 5.

3 Katie Ronstadt and Paul B. Yellin, "Linking Mind, Brain and Education to Clinical Practice: A Proposal for Transdisciplinary Collaboration," *Mind, Brain, and Education* 4 (2010): 95–101.

4 P. N. Tandon, "The Decade of the Brain," *Neurology India* 48:3 (2000): 199–207.

5 Gerd Kempermann and Fred H. Gage, "New Nerve Cells for the Adult Brain," *Scientific American* (May 1999): 48–53.

6 Eric Kandel, "Nobel Lecture: The Molecular Biology of Memory Storage: A Dialog between Genes and Synapses," presented at Karolinska Institute, Stockholm, December 8, 2000. http://www.nobelprize.org/nobel_prizes/medicine/laureates/2000/kandel-lecture.html.

7 Santiago Ramon y Cajal, *Advice for a Young Investigator*, trans. Neely Swanson and Larry W. Swanson (Cambridge, MA: MIT Press, 1999), xvi.

8 Celine Cherici, "Vincenzo Malacarne (1744–1816): A Researcher in Neurophysiology between Anatomophysiology and Electrical Physiology of the Human Brain," *Comptes Rendus Biologie*, 329 (5–6) (2006): 319–329.

9 Jerzy Konorski, *Conditioned Reflexes and Neuron Organization* (Cambridge: Cambridge University Press, 1948).

10 Jeffrey M. Schwartz and Sharon Begley, *Mind and the Brain: Neuroplasticity and the Power of Mental Force* (New York: Regan Books, 2002), 368, 372–373.

11 "The Nature of Things," CBC Shows, November 28, 2010, http://www.cbc.ca/video/#/Shows/The_Nature_of_Things/1242300217/ID=1605117929.

12 Sophia Vinogradov, "What's New in Schizophrenia Research," summarized by Thomas T. Thomas, November 28, 2007, 2. http://www.thomastthomas.com/Schizophrenia%20Research,Vinogradov,112807.pdf. Summary of a speech presented at the National Alliance on Mental Illness, East Bay Chapter, Albany, California, November 28, 2007.

13 "The Nature of Things." November 28, 2010, http://www.cbc.ca/video/#/Shows/The_Nature_of_Things/1242300217/ID=1605117929.

第四章 一片茫然

1 Paul J. Whalen and Elizabeth A. Phelps, eds., *The Human Amygdala* (New York: Guilford Press, 2009).

2 譯注：歐美有些家庭會在聖誕節前夕製作一份家庭新訊分送給朋友，讓朋友了解自己家庭的現況並獻上佳節祝福，其功能有些類似聖誕卡。

第五章 大腦運作：亞羅史密斯原則

1 艾瑞克．肯德爾，〈諾貝爾獎文獻：記憶儲存的分子生物學：基因與突觸的對話〉（Nobel Lecture: The Molecular Biology of Memory Storage: A Dialog between Genes and Synapses），二〇〇〇年十二月八日發表於瑞典斯德哥爾摩卡羅林斯卡醫學院（Karolinska Institute）。請參考網址：http://www.nobelprize.org/nobel_prizes/medicine/laureates/2000/kandel-lecture.html。

2 D. O. Hebb, *The Organization of Behaviour: A Neuropsychological Theory* (New York: Wiley, 1949).

3 Mark R. Rosenzweig, "Environmental Complexity, Cerebral Change, and Behavior," *American Psychologist* 21 (1966): 321–332.

4 T. L. Briones, A. Y. Klintsova, and W. T. Greenough, "Stability of Synaptic Plasticity in the Adult Rat Visual Cortex Induced by Complex Environment Exposure," *Brain Research* 1018 (2004): 130–135. T. A. Comery, C. X. Stamoudis, S. A. Irwin, and W. T. Greenough, "Increased Density of Multiple-Head Dendritic Spines on Medium-Sized Spiny Neurons of the Striatum in Rats Reared in a Complex Environment," *Neurobiology of Learning and Memory* 66

(1996): 93–96. K. D. Federmeier, J. A. Kleim, and W. T. Greenough, "Learning-Induced Multiple Synapse Formation in Rat Cerebral Cortex," *Neuroscience Letters* 332 (2002): 180–184. J. A. Kleim, E. Lussnig, E. R. Schwarz, T. A. Comery, and W. T. Greenough, "Synaptogenesis and Fos Expression in the Motor Cortex of the Adult Rat after Motor Skill Learning," *Journal of Neuroscience* 16(1996): 4529–4535.

5 Bogdan Draganski, Christian Gaser, Gerd Kempermann, H. George Kuhn, Jurgen Winkler, Christian Buchel, and Arne May, "Temporal and Spatial Dynamics of Brain Structure Changes during Extensive Learning," *Journal of Neuroscience* 26 (2006): 6314–6317. Joenna Driemeyer, Janina Boyke, Christian Gaser, Christian Buchel, and Arne May, "Changes in Gray Matter Induced by Learning—Revisited," *PLoS One* 3 (2008): e2669. Eleanor A. Maguire, David G. Gadian, Ingrid S. Johnsrude, Catriona D. Good, John Ashburner, Richard S. J. Frackowiak, and Christopher D. Frith, "Navigation-Related Structural Change in the Hippocampi of Taxi Drivers," *Proceedings of the National Academy of Sciences, USA* 97 (2000): 4398–4403. Christian Nordqvist, "Juggling Makes Your Brain Bigger—New Study." *Medical News Today* (February 1, 2004). http://www.medicalnewstoday.com/releases/5615. php. S. W. Lazar, C. E. Kerr, et al., "Meditation Experience Is Associated with Increased Cortical Thickness," *NeuroReport* 16 (2005): 1893–1897. Eileen Luders, Arthur W. Toga, Natasha Lepore, and Christian Gaser, "The Underlying Anatomical Correlates of Long-Term Meditation: Larger Hippocampi and Frontal Volumes of Gray Matter," *NeuroImage* 45 (2009): 672–678. J. Scholz, M. Klein, and H. Johansen-Berg, "Training-Related Cortical Thickness Changes," *Proceedings of the International Society for Magnetic Resonance in Medicine* 19 (2011): 539.

6 Mark R. Rosenzweig. "Environmental Complexity, Cerebral Change, and Behavior," *American Psychologist* 21 (1966): 331.

7 Niels A. Lassen, David H. Ingvar, and Erik Skinhoj, "Brain Function and Blood Flow," *Scientific American* (October 1978): 70.

8 Erin Clifford, "Neural Plasticity: Merzenich, Taub and Greenough," *The Harvard Brain* 6 (2009): 16–20. Mark R. Rosenzweig and Edward L. Bennett, "Psychobiology of Plasticity: Effects of Training and Experience on Brain and Behavior," *Behavioral Brain Research 78 Neuroplasticity and the Power of Mental Force* (New York: Regan Books, 2002).

9 Tracey J. Shors, "Saving New Brain Cells," *Scientific American* (March 2009): 47–54. Tracey J. Shors, M. L. Anderson, D. M. Curlik, and M. S. Nokia, "Use It or Lose It: How Neurogenesis Keeps the Brain Fit for Learning," *Behavioral Brain Research* (2011) doi: 10.1016/j.bbr.2011.04.023.
10 Jonas Salk, *Anatomy of Reality: Merging of Intuition and Reason* (New York: Praeger, 1985), 7.
11 Roger Sperry, "Messages from the Laboratory," *Engineering and Science* (January 1974): 152.

第八章　迷失在解讀中

1 A. R. Luria, *Traumatic Aphasia: Its Syndromes, Psychology, and Treatment*, trans. Macdonald Critchley (The Hague: Mouton & Co., 1970), 226.
2 R. Luria, *Basic Problems of Neurolinguistics*, trans. Basil Haigh (The Hague: Mouton & Co., 1977), 127–136,195–201.
3 William James, *The Principles of Psychology*, vol. 1 (New York: Holt, 1890).

第九章　碰壁

1 A. R. Luria, "Disturbances of Higher Cortical Functions with Lesions of the Frontal Region" in *Higher Cortical Functions in Man*, 2nd ed., trans. Basil Haigh (New York: Consultants Bureau, 1966, 1980), 246–365.
2 A. R. Luria, *Human Brain and Psychological Processes*, trans. Basil Haigh (New York: Harper, 1966), 413.
3 Wilder Penfield and Joseph Evans, "The Frontal Lobe in Man: A Clinical Study of Maximum Removal," *Brain* 58 (1935): 115–133.
4 Jonah Lehrer, "Don't! The Secret of Self-Control," *New Yorker*, May 18, 2009.
5 E. K. Miller and J. D. Cohen, "An Integrative Theory of Prefrontal Cortex Function," *Annual Review of Neuroscience* 24 (2001): 193.
6 Tracy Packiam Alloway, "Working Memory, But Not IQ, Predicts Subsequent Learning in Children with Learning

Difficulties," *European Journal of Psychological Assessment* 25:2 (2009): 92–98.
7 Kate Kelly, *You Mean I'm Not Lazy, Stupid or Crazy?* (New York: Scribner, 2006).

第十章 詞不達意

1 A. R. Luria, *The Working Brain* (New York: Penguin, 1973), 319.
2 A. R. Luria, *Traumatic Aphasia: Its Syndromes, Psychology, and Treatment*, trans. Macdonald Critchley (The Hague: Mouton & Co., 1970), 298–299.
3 譯注：國際文憑課程（International Baccalaureate program）是一個由國際文憑組織所發展運作的課程，主要對象為十六至十八歲的青少年，所得文憑為世界各所大學名校所接受。此課程的難度高於一般高中，等同大學程度，故亦比一般高中文憑獲得更高的評價。
4 Lev Vygotsky, *Thought and Language*, trans. Alex Kozulin (Cambridge, MA: MIT Press, 1986), 225, 243.

第十一章 做事不經大腦

1 A. R. Luria, *The Working Brain* (New York: Penguin, 1973).
2 Roger W. Sperry, "Nobel Lecture: Some Effects of Disconnecting the Cerebral Hemispheres," December 8, 1981. http://nobelprize.org/nobel_prizes/medicine/laureates/
3 Wilder Penfield and Joseph Evans, "The Frontal Lobe in Man: A Clinical Study of Maximum Removals," *Brain* 58 (1935): 115–133.
4 Julian P. Keenan, Jennifer Rubio, Connie Racioppi, Amanda Johnson, and Allyson Barnacz, "The Right Hemisphere and the Dark Side of Consciousness," *Cortex* 41 (2005): 695–704.
5 譯注：故事內容是說一個金頭髮（Goldilocks）的小女孩有天迷了路，恰巧走進一間三隻熊住的木屋裡。小女孩餓就喝了桌上的麥片粥，其中一碗太燙、一碗太冷、一碗則是剛剛好。後來人們就將「金頭髮」一字用來指不慍不火、剛剛好的情況。

6 K. Vogeley et al., "Mind Reading: Neural Mechanisms of Theory of Mind and Self-Perspective," *NeuroImage* 14 (2001): 170–181.
7 A. R. Luria, *Higher Cortical Functions in Man*, 2nd ed., trans. Basil Haigh (New York: Consultants Bureau, 1980), 335.

第十二章 當你看不出畫中所蘊涵的千言萬語

1 "Good-bye, till we meet again!" Lewis Carroll, *Through the Looking-Glass* (Mineola: Dover Publications, 1999), 62–63.
2 Oliver Sacks, "You Look Unfamiliar," *New Yorker*, August 30, 2010, 36–43.
3 David Pitcher, Vincent Walsh, and Bradley Duchaine, "The Role of the Occipital Face Area in the Cortical Face Perception Network," *Experimental Brain Research* 209 (2011): 490.
4 Martha J. Farah, *Visual Agnosia*, 2nd ed. (Cambridge, MA: MIT Press, 2004).
5 Stephen M. Kosslyn and William L. Thompson, "Shared Mechanisms in Visual Imagery and Visual Perception:Insights from Cognitive Neuroscience," in *The New Cognitive Neurosciences*, 2nd ed., ed. Michael S. Gazzaniga, 975–985 (Cambridge, MA: MIT Press, 2000).
6 Oliver Sacks, "A Man of Letters," *New Yorker*, June 28, 2010, 27.

第十三章 天書

1 Quote attributed to Frederick Douglass (1818–1895), orator, author, reformer, and ex?slave, http://www.online-literature.com/frederick_douglass/.
2 E. Paulesu et al., "Dyslexia: Cultural Diversity and Biological Unity," *Science* 291 (2001): 2165–2167. Laura Helmuth,"Neuroscience: Dyslexia: Same Brains, Different Languages," *Science* 291 (2001).
3 Sally E. Shaywitz, Maria Mody, and Bennett A. Shaywitz,"Neural Mechanisms in Dyslexia," *Current Directions in*

Psychological Science 15 (2006): 278–281. Sally E. Shaywitz, "Dyslexia," *Scientific American* (November 1996): 98–104. W. E. Brown et al., "Preliminary Evidence of Widespread Morphological Variations of the Brain in Dyslexia," *Neurology* 56 (March 2001): 781–783.

4 Niels A. Lassen, David H. Ingvar, and Erik Skinhoj, "Brain Function and Blood Flow," *Scientific American* (October 1978): 62–71. Julie A. Fiez and Steven E. Petersen, "Neuroimaging Studies of Word Reading," *Proceedings of the National Academy of Sciences USA* 95 (1998): 914–921. Stanislas Dehaene, *Reading in the Brain* (New York: Penguin Books, 2009).

5 Stanislas Dehaene, *Reading in the Brain* (New York: Penguin, 2009), 71.

6 G. R. Lyon and L. C. Moats, "Critical Conceptual and Methodological Considerations in Reading Intervention Research," *Journal of Learning Disabilities* 30 (1997): 578–588.

7 Steven D. Levitt and Stephen J. Dubner, *Freakonomics* (New York: HarperCollins, 2005).

第十四章 空白的家書

1 A. R. Luria, *The Working Brain* (New York: Penguin, 1973), 32.

2 A. R. Luria, *The Working Brain* (New York: Penguin, 1973), 32.

3 A. R. Luria, *Higher Cortical Functions in Man*, 2nd ed., trans. Basil Haigh (New York: Consultants Bureau, 1980), 220.

4 A. R. Luria, "Functional Organization of the Brain," *Scientific American* (March 1970), 69.

第十五章 對自己的身體視而不見

1 Oliver Sacks, "The Disembodied Lady," in *The Man Who Mistook His Wife for a Hat* (New York: Summit Books, 1985), 45–46.

2 A. R. Luria, *The Working Brain* (New York: Penguin, 1973), 174.

第十七章 在空間中迷失

1 "Getting Lost: A Newly Discovered Developmental Brain Disorder," *Science Daily*, September 29, 2008. http://www.sciencedaily.com/releases/2008/09/080922135227.htm.

2 Eleanor A. Maguire et al., "Navigation-Related Structural Change in the Hippocampi of Taxi Drivers," *Proceedings of the National Academy of Sciences*, USA, 97 (2000): 4398–4403.

3 Eleanor Maguire et al., "Routes to Remembering: The Brains behind Superior Memory," *Nature Neuroscience* 6:1 (2003): 90–95.

4 Lawrence Scanlan, *Grace under Fire: The State of Our Sweet and Savage Game* (Toronto: Penguin, 2002), 128.

5 Scene from the W. C. Fields film *Man on the Flying Trapeze* (Paramount 1935) in *W. C. Fields: A Life on Film* by Ronald J. Fields (New York: St. Martin's Press, 1984). Verification courtesy of W. C. Fields Production, Inc.

6 David C. Geary et al., "Sex Differences in Spatial Cognition, Computational Fluency, and Arithmetical Reasoning," *Journal of Experimental Child Psychology* 77 (2000): 337–353. David C. Geary and Catherine DeSoto, "Sex Differences in Spatial Abilities among Adults from the United States and China," *Evolution and Cognition* 7 (2001): 172–177.

第十八章 腦中一片空白

1 Alexandra Horowitz, "How to Memorize Everything," review of *Moonwalking with Einstein: The Art and Science of Remembering Everything*, by Joshua Foer, *New York Times Book Review*, March 11, 2011. Joshua Foer, *Moonwalking with Einstein* (New York: Penguin, 2011).

2 Eric Kandel, "The Mystery of Memory," video, 2009. http://nobelprize.org/nobel_organizations/nobelmedia/partnership/s/astrazeneca/documentaries.html (accessed October 3, 2010). Eric R. Kandel, *In Search of Memory: The Emergence of a New Science of Mind* (New York: Norton, 2006).

3 Anthony J. Greene, "Making Connections," *Scientific American Mind* 24 (July–August 2009): 24.
4 A. R. Luria, *Higher Cortical Functions in Man* (New York: Consultants Bureau, 1980), 131.

第二十章 當二加二不等於四

1 Lewis Carroll, *Through the Looking-Glass* (Mineola: Dover Publications, 1999), 87–88.
2 A. R. Luria, *Human Brain and Psychological Processes*, trans. Basil Haigh (New York: Harper, 1966), 251–260.Niels A. Lassen, David H. Ingvar, and Erik Skinhoj, "Brain Function and Blood Flow," *Scientific American* (October 1978): 70.
3 Martha J. Farah, *Visual Agnosia*, 2nd ed. (Cambridge, MA: MIT Press, 2004), 8–9.
4 Stanislas Dehaene et al.,"Three Parietal Circuits for Number Processing," *Cognitive Neuropsychology* 20 (2003): 487–506.
5 Stanislas Dehaene, *The Number Sense* (New York: Oxford University Press, 2011), 239.
6 Brian Butterworth, "Brain's Counting Skill 'Built-In,'" *BBC News*, August 19, 2008.

第二十一章 左耳進右耳出

1 A. R. Luria, *Higher Cortical Functions in Man*, 2nd ed., trans. Basil Haigh (New York: Consultants Bureau), 121.
2 Jeffrey M. Schwartz and Sharon Begley, *The Mind and the Brain: Neuroplasticity and the Power of Mental Force* (New York: Regan Books, 2002), 118–120.
3 Joseph M. Wepman and William M. Reynolds, *Wepman's Auditory Discrimination Test*, (Los Angeles: Western Pychological Services, 1973).
4 Luria, *Higher Cortical Functions in Man*, 114, 115.

第二十二章　學習障礙的衝擊

1 Ted Hughes, *The Iron Man: A Children's Story in Five Nights* (London: Faber and Faber, 1989).
2 Burke & Associates. *A Call to Action: World Summit on LD* (Lake Louise, AB: Burke & Associates, 2008). http://www.ldac-acta.ca/en/learn-more/research/other-research.html (accessed September 15, 2010).

第二十三章　口耳相傳

1 Norman Doidge, "Building a Better Brain," *Saturday Night*, May 26, 2001, 221–229.

第二十四章　四年後：風向轉變與慈悲之路

1 除了以下研究，本章所引用的多數研究尚待發表。
H. A. Kubas, J. A. Carmichael, K. R. Fitzer, and J. B. Hale, "Effects of the Arrowsmith Program on Academic Performance: A Pilot Study," poster presented at the Canadian Psychological Convention, Vancouver, June 2014, http://www.arrowsmithschool.org/arrowsmithprogram-background/pdf/Kubas%20CPA%202014%20Final%20June%203.pdf; and K. R. Fitzer, H. A. Kubas, J. A. Carmichael, and J. B. Hale, "A Brain-Based Intervention Program That Changes Cognition: Implications for Academic Achievement," poster presented at American Psychological Convention, Washington, D.C., August 2014, http://www.arrowsmithschool.org/arrowsmithprogram-background/pdf/APA%202014%20Poster%201BH%20FINAL%20Edits.pdf.

國家圖書館出版品預行編目資料

改變自己大腦的女人：從多重學習障礙到創辦學校的國際教育家 / 芭芭拉.亞羅史密斯-楊(Barbara Arrowsmith-Young)著；蕭秀姍，黎敏中譯. -- 初版. -- 臺北市：商周出版：家庭傳媒城邦分公司發行, 2018.10
面； 公分. -- (Viewpoint ; 96)
譯自：The woman who changed her brain : and other inspiring stories of pioneering brain transformation
ISBN 978-986-477-535-4(平裝)

1.學習障礙

529.69 107015077

ViewPoint 96

改變自己大腦的女人：從多重學習障礙到創辦學校的國際教育家

（原書名：讀不出時鐘指針的女人：從多重學習障礙到創辦學校）

作　　者／芭芭拉・亞羅史密斯－楊（Barbara Arrowsmith-Young）
譯　　者／蕭秀姍、黎敏中
企劃選書／羅珮芳
責任編輯／羅珮芳
版　　權／林心紅
行銷業務／張媖茜、黃崇華
總 編 輯／黃靖卉
總 經 理／彭之琬
發 行 人／何飛鵬
法律顧問／台英國際商務法律事務所羅明通律師
出　　版／商周出版
台北市104民生東路二段141號9樓
電話：(02) 25007008　傳真：(02)25007759
E-mail:bwp.service@cite.com.tw
發　　行／英屬蓋曼群島商家庭傳媒股份有限公司城邦分公司
台北市中山區民生東路二段141號2樓
書虫客服服務專線：02-25007718、02-25007719
24小時傳真服務：02-25001990、02-25001991
服務時間：週一至週五上午09:30-12:00；下午13:30-17:00
劃撥帳號：19863813；戶名：書虫股份有限公司
讀者服務信箱E-mail：service@readingclub.com.tw
城邦讀書花園：www.cite.com.tw
香港發行所／城邦（香港）出版集團有限公司
香港灣仔駱克道193號東超商業中心1F；E-mail：hkcite@biznetvigator.com
電話：(852)25086231　傳真：(852)25789337
馬新發行所／城邦（馬新）出版集團【Cite (M) Sdn Bhd】
41, Jalan Radin Anum, Bandar Baru Sri Petaling,
57000 Kuala Lumpur, Malaysia.
電話：(603) 90578822 傳真：(603) 90576622
Email: cite@cite.com.my

封面設計／日央設計
內頁排版／陳健美
印　　刷／韋懋印刷事業有限公司
經　　銷／聯合發行股份有限公司
地址：新北市231新店區寶橋路235巷6弄6號2樓
電話：(02)2917-8022　傳真：(02)2911-0053

■2018年10月2日二版　定價380元

Printed in Taiwan

城邦讀書花園
www.cite.com.tw

 ISBN 978-986-477-535-4